u books

おだまり、ローズ

子爵夫人付きメイドの回想

ロジーナ・ハリソン

新井潤美＝監修
新井雅代＝訳

THE LADY'S MAID: MY LIFE IN SERVICE by Rosina Harrison
This edition first published in 2011 by Ebury Press, an imprint of
Ebury Publishing, A Random House Group Company
First published in the UK with the title Rose: My Life in Service
by Cassell & Company in 1975

Japanese translation rights arranged with Ebury Press,
an imprint of The Random House Group Ltd., London
through Tuttle-Mori Agency, Inc., Tokyo

本書の執筆を可能にしてくれたリー〝レジー〟・クラッチリーに

おだまり、ローズ——子爵夫人付きメイドの回想　目次

ハウスキーパー――セントジェイムズ・スクエア4番地
（ウィリアムズ夫人）

- ハウスメイド頭（C・ナッシュ）
  下級ハウスメイド2名
- 雑用係1名（J・ギャモン）
  大工1名（A・ミーアン）
  電気技師1名（H・パトリック）

- ート
  船頭
- 車庫
  首席運転手
  （チャーリー・ホプキンズ）
  運転手4名
  馬匹運搬車・狩猟用運搬車担当含む
- 自作農場
  ホワイトプレース農場
  （H・J・フォースター・スミス）
  - 耕作地
    農夫長
    農夫8名
  - 牧場
    牧夫長
    牧夫8名
- 種畜牧場
  厩務員（W・ガイ）
  作業員7名
- 屋内スタッフ
  ――クリヴデン
  家令／執事（エドウィン・リー）

- レディ・アスターづきメイド
  （ローズ・ハリソン）
  オノラブル・フィリス・アスターづきメイド
- 洗濯場
  洗濯場主任
  （エマ・ガードナー）
  洗濯場メイド3名
- 電話交換手
  （エミリー・ブレイバー）
- 夜警
  （T・ハリソン）

プリマス――エリオット・テラス3番地
秘書兼管理人
ハウスキーパー（フロリー・マニング）

- 料理人
  厨房メイド1名
- 運転手

アスター家の使用人　1928年

会計主任──セントジェイムズ・スクエア4番地
（ミス・A・M・キンダースリー）
会計士1名（C・H・スウィンバーン）
会計助手2名

子供部屋──クリヴデン
乳母（ミス・ギボンズ）
子守メイド2名
家庭教師（フランス人または
ドイツ人）1名

アスター家管理事務所
（H・J・フォースター・スミス）
事務員2名

秘書室
アスター卿：秘書2名
レディ・アスター：個人秘書2
政治秘書1
クリヴデン：秘書1名
プリマス：秘書1名

保守
主任（バート・エメット）
ペンキ職人6名
大工2名
作業員2名
煉瓦職人1名
配管工と助手
電気技師3名
時計のねじ巻き係
1名（非常勤）

庭園
庭師頭
（W・カム）

露地主任
庭師8名
庭師小屋づきハ
ウスキーパー

温室主任
庭師6名
デコレーター1名
庭師小屋づきハウ
スキーパー

森林
森林管理人
3名

猟場管理人
（ベン・クーパー）
助手1名

厩舎：
狩猟・乗馬
馬丁頭
馬丁3名

男性使用人
従僕（アーサー・ブッシェル）
副執事
下男3名
ホールボーイ1名
雑用係2名
建具屋1名

厨房
シェフ
（ムッシュー・ジルベール）
厨房メイド3名
洗い場メイド1名
通いのメイド1名

ハウスキーパー
（フォード夫人）

食料品貯蔵室
主任
（D・ドルビー）
メイド1名

ハウスメイド頭
（ロッティー・ムー
下級ハウスメイド3
通いのメイド2名

サンドイッチ──レスト・ハロー
ハウスキーパー兼管理人
（メアリー・デイ）

庭師／雑用係
（F・キングトン）

ハウスメイド1名

ジュラ島──スコットランド
土地管理人（マッキンタイア夫妻）
船頭／漁師
釣り・狩猟案内人3名

まえがき

　これは家事使用人の仕事についての本ですが、それだけでなく、さまざまな人物についての本でもあります。そして、わたし自身を別にすると、そのなかでもある特定の人物が大きくとりあげられています。アスター子爵夫人ナンシー、レディ・アスター。奥様の個人として、政治家としての人生については、ほかにも多くの人が書いていて、奥様を高く評価している人もいれば、手厳しくこきおろしている人もいますが、わたしとそれらの人々とのあいだには、大きな違いがあります。まず第一に、わたしはあんな難しい言葉は使えませんし、高等教育も受けていなければ、立派な家柄の出でもありません。ですからレディ・アスターの人生のうち、自分には理解できない部分には立ちいらず、理解できることだけをとりあげました。そのせいで奥様の肖像が偏ったものになったかもしれませんが、こういうものはだれもが自分の立場から書くしかありませんし、少なくともわたしには、三十五年ものあいだ、ずっと奥様に接してきたという強みがあります。時期や場所の関係で、奥様がわたしの目の届かないところにいらした場合もあり、そんなエピソードをご紹介するときは、奥様にお仕えしていたスタッフのうち、その場に居合わせた人々の記憶を頼りにさせてもらいました。その場合でも、語られているのはあくまでも使用人から見た奥様のお姿で、奥様と同じ階級に属するお仲間や友人の方々が、奥様をどう思っていたかではありません。

奥様との日々は絶えることのない衝突と無理難題の連続で、二人ともちょくちょく痛い思いをしたにもかかわらず、わたしたちはそんな毎日をとてつもなく楽しんでいました。身分や懐具合は違っても、わたしたちは性格的には似た者同士でしたし、お互いに相手に一目置いていたように思います。この本がだれも傷つけることのないよう願ってやみません。そんなつもりで書いた本ではありませんし、ましてや、長年のあいだにわたしの人生そのものを物語る存在になったご婦人のイメージを傷つけたいなどとは、夢にも思っていないのですから。そして何はともあれ、この本に書かれているのは、わたしが見たままの真実です。

この本を書くにあたっては、多くの方々にお世話になりました。この場を借りてお礼を申しあげます。シリル・プライス。ウォルトン・オン・テムズのフランクとロナルド・ルーカス。わたしの知識の隙間を埋めてくれたエドウィン・リー、チャールズ・ディーン、フランク・コプカット、ノエル・ワイズマン、ゴードン・グリメット。つねにわたしならできると信じ、そうすることで勇気を与えてくれた妹のオリーヴと〝アン〟ことスザンヌ。エージェントのデズモンド・エリオット。発行者のマイケル・レゲット。編集者のメアリー・グリフィス。どこまでも根気よく、何度も原稿をタイプしてくれたジェニー・ボーラム。そして最後に、リー・〝レジー〟・クラッチリー。この本はあなたに捧げます。

1 子供時代

　わたしは一八九九年にオールドフィールドで生まれました。これはヨークシャーのリポン近郊にある小さな美しい村で、あの有名な遺跡ファウンテンズ修道院のすぐ近くです。村とその周辺の土地は当時、スタッドリー・ロイヤルに住むリポン侯爵が持ち主でした。意識したことはありませんが、侯爵はわたしたち一家を含めて、領内に住む農民以下のすべての人間の生活を支配していたのだと思います。侯爵はいわば情け深い絶対権力者で、侯爵ご夫妻に会うと、男たちはうやうやしく前髪に手を触れたり帽子をとったりし、女たちは膝を折ってお辞儀しました。少しでも侯爵のご機嫌を損ねれば、まずいことになったはずですが、わが家の人間に関しては、そんな心配はまずありませんでした。分をわきまえていたからです。これは卑屈にふるまっていたという意味ではありません。分をわきまえるのは、いわば当時の処世訓で、わたしたちはそれを律義に守っていただけのこと。どのみち、それが正しいか間違っているかについて考える暇などありませんでした。当時の庶民は働いて子供を育てるので手いっぱいで、それどころではなかったのです。

わたしの母。1953年に85歳で死去。

わたしの父。1922年に54歳で死去。

父はリポン侯爵お抱えの石工でした。これは技能職で、仕事の内容は石やスレートを細工し、領内の建物を修理すること。ファウンテンズ修道院の保存も手伝って、給料は週一ポンドでした。父はオールドフィールドとスタッドリーの教会両方の寺男と管理人も兼ねていて、こちらの稼ぎは年三〇シリング。結婚式や葬式があると、そのつど手当が加算されました。墓掘り人でもあった父は、お墓の草むしりと花の手入れをして、さらに何シリングか稼ぎ、夏には教会の敷地内の草を刈って小さな干し草の山を作り、それを近くの農家に売って、ささやかな臨時収入を得ていました。

母は結婚前はトランビー・クロフトとスタッドリー・ロイヤルの洗濯場メイドをしていて、それが縁で父と知りあいました。お屋敷の方々は母の仕事ぶりに満足されていたに違いありません。父と所帯を持ってからも、母は自宅を作業場にして、それまでどおり侯爵ご夫妻が身につけるものも含めたお屋敷の洗濯物を引き受けていたからです。あの洗濯物の群れ！　子供心にも、あの光景にはうんざりでした。台所から洗濯物が消えるのは土曜日と日曜日だけで、わたしは実家を離れるまでに、ちょっとどうかと思うくらい大量に、婦人物と紳士物の下着を目にしたに違いありません。ストーブの火が見えるのは週末か、パンを焼いたり料理をしたりするときだけ。それ以外のときは、いつも干し物掛けがぐるりとストーブを囲んでいました。父はよく文句を言っていましたが、こぼしても無駄なことは承知していました。洗濯の仕事のおかげで入ってくる余分のお金は、わが家にはぜひとも必要なものだったからです。正確な金額は知りませんし、父も知らなかったと思いますが、何かあったときは、母はいつも必要なだけのお金を持っていました。

　子供はわたしを含めて四人。わたしがいちばん上で、そのあとに弟のフランシス・ウィリアム、そして妹のスザンヌとオリーヴが、それぞれ二歳違いで続きます。わたしの洗礼名はロジーナで、これは縮めてローズと呼ぶのが普通ですが、同じくローズという名の母が、娘と区別するために〝オールド〟・ローズと呼ばれるのを承知しなかったため、わたしは家族にはずっと〝イーナ〟と呼ばれてきました。どうせなら名前をつける前にそこまで考えておいてほしかったと思います。そうすれば、この名前がもたらしたさまざまな混乱やいらだちは、すべて回避できたでしょうから。

　よく人に、美しい田園地帯の村で育ったわたしはとても運がいいと言われます。自由に出入りできる野原や小道があり、さまざまな動物がいる素朴な環境に恵まれ、そして何よりも、のどかな雰囲気のなかで暮らすことができたのだから、と。こうやって書いてみると何やら詩的に聞こえますし、実際、ある意味ではそうだったのかもしれません。ただ、そんなふうに言う人々はもちろん、ときにはわたし自身も忘れているのは、当時は幼い子供にとってさえ、あくせくと働くことが生活の大部分を占めていたという事実です。わたしたちはみな、物心がついたころから家事を分担していました。母とわたしが起きるのは、毎朝六時前。父は六時半には家を出て、ファウンテンズ修道院の番小屋まで歩いていき、その日どこで作業をするかについて、土地管理人の指示を受けるのです。一時は自転車で通っていたのですが、落雷で怖い思いをして、それからは二度と自転車に乗ろうとしませんでした。

わたしの朝一番の仕事は、焚きつけをくべて火をおこすこと。薪《まき》は領地からひと山いくらで払いさげられた木材を、父とわたしが横引きのこで切って作っていました。石炭は使っていませんでした。なくてもすみましたし、値段も高かったからです。パンを焼くのにも薪を使いました。薄い木切れを小さく切ってオーブンの下に押しこみ、火力を調節するのです。火をおこしたら、次は水運び。普段は外のポンプから、好天続きの夏に井戸が干あがったときはもっと遠くにある村の井戸から、バケツで水を汲んできて、ストーブの小さなボイラーをいっぱいにしなくてはなりません。いつでも使えるお湯の供給源は、このボイラーとやかんだけでした。それがすむと今度は母を手伝って、父の朝食を作ります。それにもちろん、弟と妹たちを起こして着替えを手伝ってやらなくてはなりません。それも、いつもせかしたり怒鳴ったりしながら。

学校に着いて、ほっとひと息。わたしは学ぶのが好きな子供でした。校舎は当時の典型的なタイプのもので、教室は二つ。先生はリスター校長と奥さんで、内容は読み書き算術を中心に、地理、歴史、美術を少々。女の子には裁縫と刺繍も教えてくれました。学校の向かい側に原っぱがあり、よくみんなでサッカーをしたものです。わたしが片方のゴールを守り、相手チームのゴールキーパーは校長先生。その楽しかったことといったら。わたしは腕のいいキーパーで、めったに得点を許さなかったのに加えて、試合中は思いきり声を出せたからです。試合のあいだじゅう、ずっと金切り声で味方をけしかけ指示を飛ばしつづけるわたしの声は、村じゅうに響きわたり、家に帰るとかんかんになった母に、はしたないまねをするなと大目玉を食らったものです。効き目はまったくありませんでした——次に試合があると、わたしはまた同じことをしたのです。サッカーをすると靴の爪先がだめになるので、とうとう母に木靴を履かされましたが、わたしはへっちゃらでした。結局のところ、木靴はヨークシャー本来の履物なのですから。一度、かわいらしいボレロとたっぷりしたスカートという格好で登校したことがありました。汚さないようくれぐれも気をつけろと言われていたのに、つい誘惑に負けてサッカーをしたところ、スカートの裾に足がひっかかり、ウエストの縫い目がほとんどほどけてしまったのです。そのままの姿で母がいる家に帰る勇気はなく、校舎に戻って、校長先生の奥さんと二人でほつれたところを縫い直しました。

学校では多くを学び、とくに読み書きの勉強は、その後の人生で大いに役立ちました。昔から文通が好きなのも、そのおかげです。いまもとってある何通もの手紙は、この本を書くにあたって、記憶を新たにするのに役立ってくれることでしょう。たいていの子供が十四歳で卒業したのに対して、わたしは十六歳まで学校に残っていました。これには理由があって、母とわたしは、わたしの将来についてある計画を持っていたのです。そんなわたしにとって、リスター校長とその奥さんがちょくちょく個人教授をしてくれた余分の二年間は、かけがえのないものだったと信じています。

わたしたちがディナーアワー〔当時の庶民は夜ではなく昼に正餐をとっていた〕と呼んでいた昼休みになると、わたしは家にお昼を食べに戻りました。食べてしまうと洗濯場に行って絞り機のハンドルをまわし、母が午前中に洗っておいた洗濯物を脱水するのを手伝います。午後の授業が終わると帰宅して、父のお茶を用意する母の手伝いを。午後のお茶は、父にとっては一日でいちばん本格的な食事でした。お茶のあと片づけをすませると、今度は父の靴下を何段も編まなくてはなりません。これは張り合いのない仕事で、いくら編んでも靴下はちっとも長くならないように感じられましたが、もちろんそれはただの錯覚で、何年ものあいだ父の靴下は、わたしが編んだものだけで間に合っていました。

編み物のあとは針仕事や繕い物をして、弟と妹たちを寝かしつけると、わたしもベッドに入ります。土曜日には、いつもの仕事に加え、台所のストーブを掃除して黒鉛を塗らなくてはなりません。黒鉛は石鹸のような塊になっていて、ジャムの瓶に入れてありました。使うときは冷水をかけ、根気よくゆすってやらなくてはなりません。やがてペースト状になるので、これを刷毛でストーブに塗り、乾くのを待って、ぴかぴかになるまで磨くのです。作業が終わったときのわたしは、

オールドフィールドのわが家。1676年に建てられた石造りの家で、壁の厚さは1フィート。背後に見える教会はさらに10年古い。

さぞかしひどい姿だったに違いありません。毛穴の目立つ肌だったので黒鉛が詰まりやすく、かなりの量が実際に肌に染みこんだらしいからです。土曜日が来るたびに、家族みんながそれを見て大笑いするのは当時のわたしにはずいぶんな仕打ちに思えましたし、いまあらためて考えても、あのとき以上にそう思います。ストーブ本体がすむと、今度は鋼鉄のストーブ囲いに紙やすりをかけ、磨かなくてはなりません。

すべての作業が終わると、ストーブはそれは美しく見えました。そしてストーブには、そうやって大切に扱われる資格がありました。そういう呼び方をしてよければ、わが家でいちばん重要な家具だったからです。ストーブはなくてはならない道具として、わたしたちの生活を支えていたのです。いまでもはっきり覚えています。片側がオーブン、反対側がボイラーになっていて、そのあいだに火床があり、その上にレッキンという鉄の棒が渡されていました。ほとんどつねにストーブの上に載っていた大きな黒い鉄のやかんや、必要なときに火にかけられる長いまっすぐな柄がついたフライパンは、この鉄棒から吊るすのです。やかんやフライパンの高さは、レッキンについている鎖の長さで調節できました。夜になると二匹の飼い猫がそっと台所に入ってきて火床の両側に飛び乗り、片方はオーブンの上に、もう片方はボイラーの上にうずくまる。それはいつになっても忘れることのない家庭の情景です。

土曜日には、日曜日に備えて父のブーツをきれいにするのもわたしの仕事でした。天気のいい午後、焚きつけ用の木切れを拾いに行くのも、子供たちの仕事です。スタッドリー・パークはいい狩場で、わが家の近くには大きな雑木林がありましたが、あまり頻繁に出かけていくのははばかられました。林のなかではキジが飼われていて、猟場管理人は人の出入りがキジの生活を乱すのをいやがったのです。それだけに、平日に嵐や強風があると、ちょっと得した気分。仕事がぐっと楽になるからです。

わたしが少し大きくなったころ、父が当時でいう心臓衰弱になりました。そのため父の負担をなるべく軽くするのが家族の義務になり、わたしの土曜日の仕事がまたひとつ増えました。教会のボイラーに火をつけて燃料をくべ、母を手伝って教会を掃除し、磨きあげるのです。土曜日は週に一度の入浴日でもあったので、汚れ仕事をするには好都合でした。冬は台所のストーブの前にお湯を張った大きなブリキのたらいを置き、そのなかで立ったまま体を洗うだけですが、夏には家の外にある洗濯場で洗濯用ボイラーの水を熱し、大型の洗濯桶にお湯を張って、贅沢《ぜいたく》気分を楽しんだものです。そしてある日、父がスタッドリー・ロイヤルから、廃棄処分になったすてきな腰湯用の浴槽を持ち帰りました。それからというもの、わたしたちは入浴するたびに百万長者になった気分を味わいました。湯船に身を横たえるとどんな感じがするのか知ったのは、お屋敷奉公を始めてからのことです。

ほかの曜日とは違うとはいえ、日曜日も安息の日ではありません。わたしはいつもとほぼ同じ時間に起き、教会に行ってボイラーに燃料をくべました。八時の聖餐式があるときは教会の鐘を鳴らし、その後、司祭の侍者を務めます。それから家に帰って朝食を食べ、家族みんなで朝の礼拝に出る支度をするのです。父とわたしは聖歌隊のメンバーでした。聖歌隊で歌うのは楽しく、たまにソロを任されたときは、楽しさもひとしおでした。わたしたちが日曜日の正餐《ディナー》と呼んでいた日曜日の昼食は、一種の儀式でした。その週でいちばん豪勢な食事で、なんであれ、そのとき食品貯蔵庫にあるなかでいちばん上等な食材が使われるのです。そしてもちろん、パイやタルトの前には必ずヨークシャープディングが出されました。

うちの両親を宗教に関して心の狭い人間だと非難することは、だれにもできません。昼食がすんで片づけが終わると、わたしたちはメソジスト教会の日曜学校に行かされたからです。ある日、それは正しいことなのかと質問すると、母は「どこの教会も似たり寄ったりだからね」と答えました。「それに、おまえたちがどこかで悪さをしてるんじゃないかと気を揉まなくてすむし」何はともあれ、日曜学校はわたしたちの生活に変化を与えてくれました。そして、わたしたちが本を持つきっかけにもなりました。毎週休まずに通っていると、年に一冊、本をもらえたからです。といってもどれも『ジョン・ハリファックス』〔ダイナ・クレークが一八五六年に発表した、孤児の成長を描いた小説〕のような道徳的な本で、わたしには歯が立たず、読んだのは何年もしてからでした。

夜になると、わたしたちはまた教会に出かけます。宗教活動ばかりでうんざりしたのではないかと思われそうですが、そんなことはありません。スタッドリー教会での礼拝は、わたしにとってとりわけ大切な思い出のひとつです。農夫も村人もみな、身を清めて身づくろいをし、晴れ着に身を包んで声高らかに聖歌を歌う。それは幸福感に満ちたひとときで、週に一度のこの集いは、わたしたちに共同体意識と村の一員としての誇りのようなものを与えていたのです。スタッドリー教会はとても美しく、わたしたちのものでした。使用人としての生活のなかで、信仰心と子供時代に教会に通ったときの思い出は、つねにわたしを支えてくれました。わたしたち家事使用人はクリスチャンらしくふるまうことを期待される一方で、仕事に支障が出るために、教会に通ってお勤めに励むことはめったにできなかったからです。これは恨み言ではなく、単に事実を述べているだけです。

わが家の客間が活気づくのは週に一度、日曜日だけ。平日に客間に人を通すことはなく、これは村のどの家でも同じでした。うちにはピアノがあって、当時はステータス・シンボルだったこの楽器は、母が洗濯の仕事で稼いだお金で買ったもの。わたしたちはある程度の年齢になると週四ペンスの謝礼でピアノを習い、四人ともあまり上達はしませんでしたが、歌を歌うときに伴奏のまねごとをする程度ならできるようになりました。一九一四年に戦争が始まり、近くに軍の駐屯地ができると、ハリソン家で催される日曜の夜の集いは、駐屯部隊にとってもわたしたちにとっても、すばらしいひとときになりました。『さよならドリー・グレイ』、『青い服を着た二人の女の子』、『炉火を絶やすな』など、当時の流行歌を歌う母はいきいきと輝き、兵隊たちが持ってきたお酒のせいもあって、父でさえくつろいで陽気になったほど。おかしな話ですが、あの戦争はわたしにとっては楽しい時代で、行進の足音や銃や軍服で、村や野山が活気づいたように感じられました。ダンスや駐屯地での演奏会など、全体としていつもより娯楽が増えたのに加えて、本来なら生まれなかったはずの赤ちゃんが何人か生まれたことは言うまでもありません！

それでも仕事は続けなくてはなりません。月曜日には汚れ物が入った籠が届けられ、台所にはふたたび洗濯物がはためきます。ここではっきりさせておくべきだと思いますが、母は家事の片手間に〝洗濯物の内職〟をしていたのではありません。あれは片手間ではなくフルタイムの、しかも技術を要する仕事でした。すでに書いたように、母はリポン侯爵ご夫妻の洗濯物を引き受けていましたが、そのほかにソーリリー・ホールのレディ・バロンからも、ご一家の下着類すべてと上等なリネン類の洗濯を請け負っていました。ご一家がロンドンで社交シーズンを過ごしているときも、洗濯物は鉄道を使ってロンドンに送られました。母を雇っていた方々は好みがやかましく、また、そうするだけの余裕があったのです。さて、だれもが洗濯物の白さを競っているように思える昨今、いまならだれもが使うことのできる洗濯機や漂白剤の助けを借りずに、母がどうやって洗濯物を白く仕上げていたかには、皆さんも興味がおありかもしれません。まず屋根から流れ落ちる雨水を、二つの大きな木の樽に集めます。それをバケツで洗濯場の隅にある煉瓦《れんが》でできた洗濯用ボイラーに運び、火床にコークスをくべて熱します。お湯が熱くなったら細長い木の洗い桶に移し、いちばん上等な石鹼、当時でいえばナイト社のカスティール石鹼を使って、衣類を注意深く手洗いするのです。それほど汚れてはいないので、こすり洗いはまず必要ありませんが、ごしごしこする必要があるときは、木の洗濯板を使いました。ポピュラー音楽の時代が始まったころ、手製楽器として使われたスキッフルボードは、この洗濯板の仲間です。

きれいになった衣類は、三つの桶に順に移されてすすがれます。ここで登場するのが、足が三本ついた洗濯棒。これを手で左右にまわして、水のなかで洗濯物をかきまわすのです。そのあとで煮沸が必要な場合は、洗濯物はボイラーに戻され、その後、もう一度すすがれます。あとは衣類を絞り機にかけ、庭に大きく角度をつけて張った二本の物干し綱に吊るし、とびきりきれいな田舎の空気のなかで乾かすだけ。傷みやすい衣類は、もちろんすべて手洗いで仕上げられました。

アイロンかけには、それ専用になっていた台所の窓の下のテーブルが使われました。台所のストーブには、アイロンを載せる棚を二つとりつけられるようになっていて、作業中はずっと高温に保たれていたこの棚には、いつも八台から十台ほどのアイロンが載っていたのではないでしょうか。そのなかには紳士用カラーや糊づけした正装用シャツの胸をぴかぴかに仕上げるための小さな丸いアイロンもありましたし、母がペチコートや寝間着のフリルをひとつひとつはさんでひねり、きれいに波打たせるのに使ったひだつけ用アイロンは、いまもわたしが持っています。アイロンかけがすむと、すべての衣類を火のまわりに吊るして風を通します。そして最後に薄紙でていねいに包み、洗濯籠に入れたらできあがり。蓋が閉められる前に籠のなかのにおいを嗅いだのは、子供時代の美しい思い出のひとつです。芳香剤としてラベンダーの小袋が入れられたことは一度もありませんでした。その必要がなかったのです。仕上がった洗濯物は、刈りたての干し草以上にかぐわしい、清潔で心地よい独特の香りをさせていたからです。

いまの人に父がいくら稼いでいたかを告げ、その収入と母が洗濯をして稼いだお金とで、二人が曲がりなりにも四人の子供に食べさせ、服を着せ、とりたてて不自由な思いをさせずに育てあげたと話すと、「そりゃあ当時はいまとは状況が違うし、お金の価値もいまよりずっと高かったわけだから」と簡単に片づけられがちです。たしかに当時の状況は、いまとは違っていました。国民保険制度はなく、そのため人々はつねに病気や失業におびえ、面倒を見てくれる家族がないまま年をとって無縁墓地に葬られることを恐れていました。電気も下水も水道も冷蔵庫もなく、野菜も果物も、手に入るのはその季節のものだけ。ラジオ、テレビ、レコードプレーヤー、自動車などがなかったことは、わたしにとっては問題ではありません。一度も持ったことのないものは、なくても苦になりませんし、なかには持たないほうがよさそうなものもあるからです。

正確なところはわかりませんが、当時のわが家の収入はたぶん週三〇シリングくらい。これはどうにか暮らしていけるぎりぎりの金額でした。それも家族全員が自分の役割を果たしたと仮定しての話です。上手なやりくりと近所との助け合い、周囲の人々みんなとの協力関係も欠かせませんでした。食べるのに不自由しなかったのは、食料のかなりの部分を自給自足できていたからです。わが家の肉料理の定番は兎《うさぎ》で、父が持ち帰るもの。猟場管理人の家でのちょっとした修理仕事をいつでも二つ返事で引き受け、その見返りに領内に罠を仕掛けることを許されていたのです。ある日、父が兎を二羽持ち帰ったときのことは、一生忘れないでしょう。母がわたしのほうを向き、こう言ったのです。「ほら、イーナ。おまえももう兎の皮はぎを始めてもいいころだ。母さんがやるのを何度も見ているんだし、台所に持っていって腕試しをしてごらん」

さて、作業は順調に進みましたが、それも頭にとりかかるまでのこと。どんなにがんばっても頭の皮がはがれてくれず、兎の目にじっと見つめられているのに耐えられなくなったのです。母に頭を切り落としていいかと尋ねましたが、お許しは出ませんでした。「脳みそは父さんの好物だし、使えるものを無駄にするのはこの家のやり方じゃないよ」そう言いながらも、母は台所に来て手を貸してくれました。わたしはじきにこつをのみこみ、十六歳になるまでに、いやというほどたくさんの兎の皮をはぎました。いまここに、あのころ皮をはいだ兎の数だけのお金があったら、どんなにかうれしいでしょう。兎はありとあらゆる方法で料理されて食卓に載りましたが、母がいくら目先を変える工夫をしても、スコットランドの徒弟が鮭など見るのも食べるのもいやになるように、わたしたちは兎にはいいかげん飽きてしまいました。そのくせ、こうしてすわって母が作ってくれた兎のパイのことを考えていると、生唾が湧いてきます。父が空いた土地を野菜や果物の栽培に使いたがり、それをちょくちょく卵と交換できていたため、わが家では鶏は飼っていませんでしたが、猟場管理人から年をとった雌鶏を手に入れることができました。春になると、キジの卵を抱いてくれる雌鶏がたくさん必要になります。そして無事に雛《ひな》が孵《かえ》ると、父は用済みになった雌鶏を一羽当たりわずか数ペンスで買うことができたのです。硬い肉でしたが、母は料理の仕方を心得ていて、肉の味わいを余すところなく引きだしてくれました。

同じく猟場管理人のおかげで手に入ったご馳走に、鹿肉がありました。侯爵は鹿の群れを飼っていて、数が増えすぎるのを防ぐために、年をとった雄鹿と妊娠していない雌鹿の一部が、頻繁に撃ち殺されていたのです。父が肩に鹿をかついで帰ってくるのを見ると、それだけでわくわくしたものです。それからしばらくは、連日、ご馳《ち》走《そう》を食べまくることになるのですから。どの部位もおいしく食べられました。内臓だかレバーだかがとくにおいしいそうですが、これは話に聞いただけで、実際に口にしたことはありません。内臓は父が食べるものと決まっていたからです。

鹿と兎の毛皮は保存処理をしておいて、ときどき村にやってくる行商人に売りました。魚は週に一度やってくる魚売りから買っていて、燻製のニシンは大のご馳走でした。父はスタッドリー・パークのあちこちにある水門をしじゅう開けなくてはならず、そんなときは籠を持っていき、ウナギでいっぱいにして戻ってきました。それを見ると、わたしは複雑な気持ちになりました。ウナギはおいしいけれど、問題は下ごしらえ。ウナギに塩をすりこんで皮をむくと手が荒れ、赤くなってひりひりするのです。

ここで秘密をひとつ明かすことにします。父には絶対にだれにも言わないと約束しましたが、もう六十年以上も前の話ですし、いまさら大ごとになるはずもありませんから、約束を破っても許してくれるでしょう。実をいうと、父は密猟者だったのです。急いでつけ加えれば、夜中に網や罠を持って出ていったりしていたわけではありませんが、それでも法の目から見れば、立派な密猟者でした。父はパチンコの名人で、いつだったか、襲いかかろうとした狂犬を眉間への一発で撃退したという自慢話を聞かされたことがあります。それが本当の話かどうかはともかく、父が一〇〇フィート〔約三三メートル〕離れたところからキジを仕留めることができたのは事実で、わたしもこの目で何度も見ています。

ある意味では、わたしも事後従犯だったのでしょう。見張りを務め、パチンコで飛ばす鉛の玉を作るのも手伝ったのですから。わが家の客間の向かい側には野原があって、そこにはよくキジが来ていました。いまにして思えば、父が獲物をおびき寄せるために穀物の粒をこぼしておいたのかもしれませんが、とにかく夏の夜には、その野原でキジが餌をついばんでいる姿がよく見られました。わたしが先に気づいたときは父に知らせ、二人で客間に行って、そろそろと窓を開けます。父がパチンコで狙いをつけ、ゴムがぱしっと鋭い音をたてたと思うと、十回のうち九回はキジがばたりと倒れるのです。

さあ、難しいのはその先です。すぐ隣には村の警官が住んでいて、ほかには犯罪など起きたためしがなかったため、もっぱら密猟の取り締まりに励んでいました。父はもちろん、この隣人がいつ何をしているかを知っていたので——村ではだれもがほかの住人みんなの動静を把握しているものなのです——犯行は敵の巡回中に行なわれました。難関はキジの死骸を野原から家に運びこむところです。最初はわたしがその役目を買ってでたのですが、父は聞く耳を持ちませんでした。まだ少女だったわたしの評判に傷をつけるのを嫌ったのです。父は暗くなるのを待ち、獲物を袋に入れて回収しました。捕まったことこそないものの、父の犯行はばれていたに違いありません。さっきも言ったように、村ではだれもがほかの住人みんなの動静を知っているものですし、どう考えても、だれかが父のしていることに気づいていたとしか思えないのです。というのは、回収に行くと獲物が消えていることがたびたびあったからです。最初はキジは気絶していただけだったのだろうと考えた父も、その後、確実に息の根を止めたとわかっているときに同じことが起きると、自分のものを横どりされたと言ってかんかんになりました。すでに〝盗っ人にも仁義あり〟ということわざを聞きかじっていたわたしは、こういう場面で口にするのにぴったりの言葉だと思いましたが、実行する勇気はありませんでした。とにかくそんなわけで、キジはときどきわが家の食卓に花を添えていたのです。父は仕事の行き帰りにもパチンコを使いましたが、狙うのはカケスとシギだけでした。キジ、ヤマウズラ、ライチョウをとるのはご法度とされる一方で、カケスとシギはとってもいいことになっていたのです。

牛乳らしきものは、いつもふんだんにありました。なぜ〝らしきもの〟かというと、親しくしていた農夫が、ファウンテンズにあるスタッドリー・ロイヤルの乳製品製造場にバターの原料乳を納めていたからです。クリームを分離したあと、スキムミルクは持ち帰って家畜の餌にしますが、この農夫はいつもそのうちひと缶を、うちのコテージの塀の端に置いていってくれたのです。バターに関しても、わたしたちは幸運でした。父が乳製品製造場と〝取り決め〟をしていて、必要なときはいつも一ポンド半〔約六八〇グラム〕くらいの塊をひとつもらえたからです。それともうひとつ、いまでも覚えているのは、例の農夫がくれる〝初乳〟がとても楽しみだったこと。初乳は雌牛が子牛を産んだあと最初に出すお乳で、こってりと濃厚でとろみがあり、これを使うとすてきな凝乳タルトができました。

パンはすべて自家製で、小麦粉は大袋単位で注文しました。肉はときどき買いましたが、これは日曜日以外は父専用でした。当時は家長、つまり一家の生計を支える稼ぎ手が、それだけ重んじられていたのです。大黒柱にはいつもしっかり食べさせ、元気でいてもらわなくてはなりません。それは道理にかなったことでした。稼ぎ手が働けなくなれば、一家揃って飢え死にしかねないのですから。

服にはお金がかかりました。当時は安い仕立て屋や服屋などなかったのです。これは頭の痛い問題になりかねませんでしたが、幸い母は村に持ち家がある、働かずに食べていける身分のご婦人と懇意にしていました。どうやら二人は、母が教会の掃除をし、そのご婦人が教会に花を活けるときに顔を合わせていたようです。母がちょっとした問題で何度かそのご婦人の力になったことがあり、相手のご婦人はそのお礼に服をくれたというわけです。たいていは子供の服でしたが、ときには父のスーツをもらったことも。もちろんどれもお古で、そのままでは寸法が合いませんでしたが、それは母の針がすぐに解決してくれました。わたしが着ただけでなく、妹二人にもお下がりがまわったところを見ると、どれも上等な服だったのでしょう。末の妹のオリーヴはいまだに、子供のころは一度も新品の服を着たことがなかったとこぼしています。でもまあ、大人になってからその埋め合わせはできているのですから、めでたしめでたしというべきでしょう。

休暇はわたしたちには無縁なものでした。家族で旅行に行ったことなど一度もなく、行ってもとくに面白いことはなかったでしょう。わたしは年に一度、聖歌隊の遠足で海辺に行きましたが、いつも楽しみにしていたわりに、期待したほど楽しかったことは一度もありません。お小遣いを六ペンスもらい、そのなかから両親へのお土産《みやげ》を買ったことを覚えています。母は毎年二日だけ、だれか下の子をひとり連れてダービーシャーの母親に会いに行きました。父の娯楽は村のクリケットクラブで審判をすることと、エールを一杯やること。わたしたちの村にはパブがなかったので、エールにありつくには片道三マイルの道のりを歩かなくてはなりません。終点にご褒美《ほうび》が待っている行きはいいとして、帰りはそうではないうえに、足元が少々あやしくなっている可能性もなきにしもあらず。母はのちに、父のために家にエールの小樽を置くようになりました。もっとも、父のためだと言うわりには、母自身もときどき一杯やっていたようですが。ある程度大きくなってからは、わたしの最大の娯楽はリポンで映画を見ることでした。リポンへは自転車で往復し、教会の掃除とボイラーの世話でもらった四ペンスをそっくり使ってくるのです。内訳は、映画館の入館料が三ペンスで、残りの一ペニーはあめ玉代。村では年に一度、ダンスパーティーが催されました。クリケットクラブ主催で、会場は学校です。この催しには父と母が揃って出かけ、わたしは下の子たちの面倒を見るために家に残されました。

わたしたちの生活はどこまでも家を中心にしたものでした。注意深い計画に従って切り盛りされ、ひとりひとりがささやかな犠牲を払い、家族全員が一丸となって働くことで営まれていた家庭。意地の悪い人々は、わたしたちがお金を払わずに食べ物や服をせしめ、施しを受けていたと言うかもしれません。母も父も、誇りなどみじんも示そうとしなかったと。ある意味ではそうかもしれません。けれども別の意味では、うちの両親はわたしの知っているだれよりも自尊心の強い人間でした。それも正当な理由から。二人には胸を張って生きる資格がありました。額に汗して働き、まっとうに暮らし、家族の面倒を見るかたわら周囲の人々を助け、幸せな家庭を築き、四人の子供全員に骨身を惜しまず働こうという気持ちを植えつけ、いい仕事をすれば満足感を味わえることを教えてくれたのですから。それは立身出世につながるような教育ではありませんが、当時わたしたちが得ることのできた種類の職につくためのいい土台作りになりましたし、最後まで子供たちに愛されつづけたことは、二人にとって十分な報いだったはずです。

父の葬儀は、故人が得ていた人望のほどを目に見える形で示すものでした。父に最後の別れを告げるために、村じゅうの人が集まってくれたのです。母は父よりも長生きし、のちにオールドフィールドを離れましたが、そうでなければ父同様、盛大に見送ってもらえたに違いありません。

2　いざお屋敷奉公に

わたしたちのような境遇に生まれた娘には、仕事を選ぶ苦労はありませんでした。ほぼ例外なく、だれもが奉公に上がるものと決まっていたからです。仕事の内容をより好みする気はなかった一方で、わたしにはひとつだけ個人的なこだわりがありました。物心ついてからずっと、旅行に憧れていたのです。いまでは子供に何をしたいかと尋ねると、ほとんどだれもが〝旅行〟と答えます。それが当世風の答えなのです。わたしの若いころはそうではなく、どうせばかげていると思われるだけなので、わたしは口をつぐんでいました。

最初にその気持ちを知ったのは母でした。わたしたちはとても仲がよく、わたしが少し大きくなってからは、母はわたしに打ち明け話をし、いくらか頼りにもするようになっていたのです。意外にも、母はわたしの話を聞いても笑いませんでした。それどころか、「それはひとつ考えてみなきゃいけないね」という母の言葉には、励ましの響きさえありました。実際、母はちゃんと考えてくれました。数日後、二人きりのときに、こう言ったのです。「このあいだの旅行がしたいという話だけどね、それほど難しいことじゃないかもしれないよ。お屋敷勤めの召使のうち、男なら従僕、女ならお付きのメイドは、ご主人がどこに行くときもお供するのが普通だからね。ちょっとうまく立ちまわれば、おまえだってお付きメイドになれるかもしれない」

それ以来、わたしはお付きメイドをめざすようになりました。〝ちょっとうまく立ちまわる〟というのは、その響きから受ける印象と違って、何かずるいまねをすることではありませんでした。母に言わせると、それはフランス語と婦人服の仕立て方を習う必要があるという意味だったのです。そして母は、「教わることがあるうちは、学校にも通いつづけないとね」とつけ加えました。

そこで計画が立てられました。わたしは何も犠牲を払わずにすみますが、両親には迷惑をかけることになります。最初の職にありつくまではお金を稼げないので、わたしは家計を助けるどころか負担をかけることになるからです。ひとまずハウスメイドか厨房メイドとして奉公に出て、働きながらお付きメイドをめざすのはどうかと提案しましたが、母に却下されました。「いったん何々メイドという色がついてしまったら、どうしたってそこから抜けだせるもんじゃない。だめだよ。お付きメイドになりたいなら、最初からお付きメイドとして奉公しないと」

わたしはリポンでフランス語の個人教授を受けることになりました。教授料は一回につき六ペンス。そして十六歳で学校を終えると、リポンにある大きな洋裁店〈ヘザリントンズ〉に見習いに入りました。見習い期間は五年でしたが、わたしは二年で店を離れました。観察力の鋭さにものを言わせ、知りたいことはどしどし質問したおかげで、必要なことはすべて学んでしまったと感じたからです。それに、まったくお金を稼いでいないことに対して、もどかしさと後ろめたさを感じはじめてもいました。そこで十八歳になると、母にもう求職の準備はできたと言いました。ここでもまた、母のお屋敷勤めの経験が役に立ちました。「いまのおまえにはまだ一人前のお付きメイドは勤まらないし、勤まるなんて思わないほうがいい。斡旋所に手紙を書いて、〝令嬢づきメイド〟の求人がないかどうか訊いてみよう」

　母が言うには、勉強部屋づきメイドとも呼ばれる令嬢づきメイドは、奉公先の奥様のお世話をするお付きメイドの妹版で、奉公先のお嬢様のお世話をするのが仕事です。わたしの場合、お世話するのは令嬢たちでした。わたしが応募して採用されたレディ・アイアーニ・タフトンのお宅には、十八歳のパトリシア様と十二歳のアン様という二人のお嬢様がいて、わたしはお二人の両方にお仕えすることになったからです。はじめての職を得てひどくわくわくしたのは当然ですが、いま思うと不思議なことに、これっぽっちもびくついてはいませんでした。ロンドンが怖いとも思いませんでした。ロンドンに行ったことはなかったけれど、母から話は聞いていたからです。一部の母親と違って、母はロンドンで待ち受けている誘惑や危険について警告しようとはしませんでした。それだけわたしを信用していたのでしょうが、あるいはすでに家族みんなの前でわたしたち姉妹に言い渡した、結婚もせずに身ごもったりしたら、戻ってきても家には入れてやらないからそう思え、という言葉だけで十分だと思っていたのかもしれません。それ以来何度も、母ははたして本当に言葉どおりにするだろうかと疑問に思いはしたものの、怖くて試してみたことはありません。お断りしておきますが、奉公に出ると決まった時点では、そんなことを考えている暇はほとんどありませんでした。お付きメイドに制服はなく、私服で仕事をするため、仕事着一式をせっせと縫わなくてはならなかったからです。午前用のプリント地のワンピースとエプロンに、午後と夜用の濃い色のワンピース。このときも、必要なお金をすべて出してくれたのは母でした。

ロンドンまでの列車の旅は、あっという間に過ぎ去りました。母に知らない人と口をきくなと言われたかどうかは記憶にありませんが、言われたとしたら、わたしはそれを無視したことになります。わたしがどこに何をしに行くのかは、ほどなく同じ車室の乗客全員の知るところとなり、列車が駅に着くまで、わたしはずっとみんなとおしゃべりしていたのですから。キングズクロス駅には、タフトン家のハウスメイド頭のジェシーが迎えに来ていました。前もって手紙で外見と服装を知らせておいたので、ジェシーはすぐにわたしを見分け、タクシーでタフトン家のタウン・ハウスに連れていってくれました。住所はメイフェア地区カーゾン街のチェスターフィールド・ガーデンズ二番地。大きな六階建てのお屋敷で、お隣はクレイヴン伯爵のお宅でした。わざわざこんなことを書くのは、伯爵がのちにインヴァーゴードンの町書記官の娘と結婚されたからで、この結婚は当時、社交界にかなりの騒ぎを巻き起こしました。わたしはほかの使用人たちに紹介され、自分の部屋を見せてもらったあと、奥様のご都合がつきしだいお目通りできるよう、サーヴァンツ・ホール〔使用人控室〕で待機するよう言われました。その待ち時間のあいだに、わたしはそれまでに見たもののから受けた印象をふり返ってみました。タクシーの車窓から見たロンドンはほぼ予想どおりで、お屋敷は想像していたよりやや小さく、奥様のお付きメイドのミス・エムズと共用の寝室は感じがよく、設備も整っていました。わたしは新しい環境に少しも怖じけづいていませんでしたし、その後も怖じけづくことはありませんでした。のちに大勢の人に、わたしがいともすんなりと新しい世界になじんだのに驚いたと言われましたが、その人たちにも言ったとおり、ヨークシャー娘はちょっとやそっとのことで恐れいったりはしないのです。

そんなわたしが舌をなくしてしまったように感じたのは、このサーヴァンツ・ホールでの待ち時間のとき。どれくらい待っていたのかわかりませんが、わたしには何時間にも感じられました。ようやく上階に連れていかれてお目通りしたレディ・アイアーニは、愛想はいいけれど厳しい方でした。パトリシア様とアン様に引きあわされたあと、奥様づきのミス・エムズに勉強部屋に案内され、仕事内容を説明してもらうことになりました。ミス・エムズはまずご一家の歴史をざっと説明し、ご一家が田舎にお持ちの二つのお屋敷、ウェストモーランドのアップルビー城とケントのホスフィールド・プレースがどんなところかも話してくれました。ご子息が二人いると知ったのも、このときです。陸軍の騎兵隊所属のオノラブル〔子爵・男爵のすべての子と伯爵の次男以下の男子に対する敬称〕・ハリーと、イートン校に在学中のピーター様。ピーター様はご一家の末っ子で、わたしはのちにこの坊ちゃまととても仲よしになりました。

わたしのスケジュールと仕事の内容は、ミス・エムズに説明されたときは簡単そうに思えましたが、当然といえば当然ながら、一連の流れとして見るとかなりややこしいものでした。朝は七時に

働きはじめてまもなく、両親に送るために撮った、わたしのポートレート。

下級ハウスメイドがお茶を運んできて、火をたく準備をしてから暖炉に火を入れてくれます。これはサーヴァンツ・ホールの規則によって与えられた、上級使用人の特権でした。そのかわり、わたしは勉強部屋の火床を掃除し、火をたく準備をして暖炉に火を入れ、室内を片づけ、床を掃いて埃を払わなくてはなりません。それからサーヴァンツ・ホールに行って、下級厨房メイドが出してくれる朝食をとるのです。八時になると、お嬢様方に朝のお茶をお持ちして、お二人が前の晩に着ていた衣類を集めます。アン様に関しては、これはかなりの大仕事でした。脱いだ服をそこらじゅうに散らかす癖がおありだったからです。パトリシア様はもっときちんとされていました。そしてアン様も、わたしが勤めはじめて数か月が過ぎ、影響力を行使できるようになってからは、だらしのないまねはなさらなくなりました。さて、脱いだ服を集めたら、今度はその日着る服をお出しして、お風呂の支度をします。そして最後に、お二人が着替えをすませたら、身なりがきちんと整っているかどうか点検するのです。

お二人が朝食をとっているあいだに、わたしは寝室と勉強部屋でせっせと仕事を片づけます。ここで説明しておくべきだと思いますが、勉強部屋はその名から想像されるような部屋ではありません。机もなければ黒板もないのです。くつろいだ雰囲気の居間で、あるのはすわり心地のいい椅子と本棚と遊び道具、それとピアノが一台。ピアノはパトリシア様のものと見なされていました。パトリシア様は才能に恵まれたピアノの名手で、音楽の世界で身を立てることもおできになったに違いありません。ピアノはパトリシア様にとって生活のすべてで、とても大切なもの。脊髄の神経炎のせいで、乗馬やテニスをはじめ、当時、同じ階級のお嬢様方がしていたことは何もおできにならなかったからです。

朝食後の最初の仕事は、アン様を学校に送り届けること。たいていは運転手が学校まで乗せていってくれますが、車が使えないときは、わたしがタクシーでお連れします。戻ってくると、それからはいわばパトリシア様の手足となって働きます。なんであれ、パトリシア様がなさりたいことを、わたしがするのです。買い物のお供をしたり、エオリアン・ホールにお連れしたり。パトリシア様はここでピアノの個人教授を受けていて、練習室もしじゅう使っていました。よく何時間も続けてパトリシア様の演奏を聴いたものです。おかげでクラシック音楽が好きになり、知識も身につきました。知識といっても、曲名や作曲家の名前を覚えたわけではなくて、あのころ聴いた曲がラジオで流れると、なつかしい気持ちになり、心楽しく鑑賞できるというだけのこと。要するに、人が昔の流行歌を耳にしたときに感じるたぐいのノスタルジアです。音楽鑑賞といえば、ときにはパトリシア様のお供でコンサートにも行きました。

チェスターフィールド・ガーデンズは買い物には便利な場所でした。ボンド街、ピカデリー、オックスフォード街、すべてが徒歩圏内にあったからです。もっとも、わたしたちが利用したのはオックスフォード街のセルフリッジ百貨店と〈マーシャル&スネルグローヴ〉だけ。当時はそれ以外の店はいまひとつ洗練されていないと見なされていたのです。ともかく、買い物は簡単でした。タフトン家はどこの店でもつけが利いたので、よほど小さなものでないかぎり、現金のやりとりがなかったからです。ときにはパトリシア様のお供で公園に散歩に行くこともありました。まるっきりメリーさんと羊そのままで、もちろんわたしが羊です。ただし実際には、わたしは羊ではなくむしろ番犬の役目を期待されていました。わたしがお供していたのはパトリシア様をお守りするためで、実際にそうする必要が生じたことはないとはいえ、わたしの存在そのものが危険防止に役立っていたのだと思います。お供していたのは同時に、パトリシア様が無軌道なまね、作法に反するまねをするのを防ぐためでもありました。パトリシア様はご主人なのだから、なんなりと思いのままにふるまえたはずだと思われるかもしれませんが、社交界の掟はそれを禁じていました。淑女は使用人の前ではつねに品位を保たなくてはならないのです。どのみちパトリシア様が品位を落とすようなまねをなさったとは思えませんが、わたしがその場にいれば、万が一にもそんなまねはできないというわけです。仮にパトリシア様が掟を破ることがあれば、それを奥様にお知らせするのがわたしの義務だったでしょうし、わたしは義務を果たしていたと思います。もちろん直接ご注進に及ぶわけではありません。それは出過ぎたふるまいです。それでもその件が噂話やまた聞きという形で奥様のお耳に入り、「昨日おまえがお供をしていたとき、パトリシア様がこれこれこういうまねをしたというのは事実なの？」とお尋ねがあったら、正直に答えるしかなかったでしょう。良心がどうこうというより、そうしなければ即、推薦状なしで馘《くび》になり、次の奉公先を見つけるのはかなり難しいか、不可能にさえなったでしょうから。

パトリシア様との関係は、うまく説明できません。パトリシア様は否定なさるかもしれませんが、わたしたちは友人ではありませんでした。単なる知人でさえありませんでした。打ち明け話をすることも、周囲の人々について意見を交換することもなく、いくら言葉をかわしても、二人のあいだの距離が縮まることはなかったのです。服やちょっとした買い物に関して助言を求められることはあっても、パトリシア様の演奏や、出会った人々、お互いの個人的な問題について意見を求められたり与えたりすることはなし。わたしもそれを期待したり、もっと親密になれないことを残念に思ったりはしませんでした。当時はそれが普通だったのです。アン様との関係は違いました。まだお小さかったアン様は、成長してからもお姉様よりはわたしに心を開いてくれました。ただし、それもスイスの花嫁学校に行くまでのこと。帰国されたときには、アン様もお姉様と同じような態度をとるようになっていました。わたしたちはほとんど見ず知らずの者同士として再会したのです。その後、関係はしだいに深まったものの、それは以前とはまったく濃さの違う、はるかに淡泊なものでした。

　パトリシア様のお供をしていないときは、わたしはのべつお屋敷内で仕事に追われていました。繕い物に染み抜き、それにアイロンかけ。洗濯はせずにすみました。ご家族の身のまわりのものはすべて、二つあるカントリー・ハウスのうち、アップルビー城のほうに洗濯に出されていたからです。洗濯物は一週間分がまとめて発送され、返送されていました。いつも母の作業を見ていて、ときには手伝うこともあったわたしには、アイロンかけなど朝飯前だったと思われるかもしれません。けれども母が扱っていたのは下着や寝間着だけで、多種多様な素材でできたドレスやワンピース、スーツのアイロンかけや染み抜きの仕方は、新たに学ぶ必要がありました。ドライクリーニングは当時、万策尽きたときに使う最後の手段でした。あれは有害だというのが通り相場だったからです。

　繕い物のほかに、下着もどっさり作りました。フランスから届けられた生地を、ミス・エムズと二人で下穿《したば》き、スリップ、ペチコート、肌着などに仕立てるのです。当時の下着はいまとはずいぶん違っていて、今風のちゃちなブラやパンティーは見かけませんでした。バスト・ボディスやキャミソール、ペチコートのほうがはるかに人気で、コルセットもかなり幼いころからつけていました。もちろん、ちゃんと寸法を計って、体に合わせて作るのです。

　夕方近くになると、わたしは学校にアン様を迎えに行きました。帰宅後、着替えて身づくろいをされたアン様を階下の客間にいるお母様のところに送りだすと、今度はパトリシア様を晩餐のために着替えさせ、また部屋を片づけます。パトリシア様が夜になって観劇やコンサートや舞踏会やレセプションにお出かけになるときは、お供する必要はありません。何人かで行くことがほとんどで、その場合は引率役のご婦人にお任せしておけばいいからです。そうでないときは、レディ・アイアーニが適当なエスコートか付き添い役の女性を見つけていました。

もちろん泊まりがけのお出かけにはわたしがお供をし、おかげで荷造りというとてつもなく難しい作業のこつを身につけました。実際、荷造りは骨の折れる仕事です。単にスーツケースに中身をきちんと詰めるだけなら楽ですが、目的地に着いて荷物をほどいたときに、入れたときと同じ状態――しわがなく、そのままで着られる状態の服が出てくるように荷造りをするのは、間違っても簡単なことではないからです。こつの一部はミス・エムズに伝授されたとはいえ、多くは経験のなかで覚えるしかありませんでした。持っていくものを選ぶ作業も、ひと筋縄ではいきません。出発前の女主人はなんとなく気が急いていて、お付きメイドへの指示もぞんざいになりがちです。「ああ、いつもと同じよ。わたしの好みはわかっているでしょう」とか「あなたに任せるわ、ローズ」という具合に。ところがいざ目的地に到着し、お望みの品を持ってきていないとなると、一転してこちらが責められるのです。わたしはじきに、女主人をくどいほど質問攻めにするという予防策を学びました。もちろんご希望の品を取り寄せることはいつでもできますが、届くのが遅すぎたり、取り寄せてはみたものの、やっぱりいらないわ、となることが少なくなかったからです。ロンドンの社交シーズンが終わり、ご一家がアップルビー城に移るときは、ほとんどすべての服を荷造りしなくてはなりません。移動には鉄道を使ったため、荷物の管理はわたしの役目でした。これは胸を張って言わせていただきますが、わたしは四十五年間の奉公生活のなかで、任された荷物をひとつもなくしたことがありません。面白いのは、当時の上流婦人がほぼ例外なく、旅行するときに枕を持っていったことで、なかにはたったひと晩自宅を離れるだけなのに、シーツまで持っていかないと気がすまないご婦人もいました。

お付きメイドをしていて不便だったのは、いつ休みをとれるかわからないため、事前に予定を立てるのはまず無理だということ。当然、お屋敷の外での社交生活など問題外です。そんなあてにならないスケジュールに我慢できる男性などいるわけもなく、わたしには決まったボーイフレンドはできませんでした。それを残念に思ったことはありません。ある意味では、わたしはキャリアウーマンだったのでしょう。仕事を覚え、その道で成功したいと思っていたのです。上京してから最初の何年かは、市内を歩きまわってロンドンのさまざまな顔を発見するだけで、わくわくできました。お芝居や映画も楽しみましたが、高級店が軒を連ね、上流の人々が行きかうウェスト・エンドのにぎわいも、わたしのような田舎娘には十分に刺激的だったのです。それに娯楽はお屋敷内にもありました。いつも仕事に追われていたとはいえ、使用人はみんな仲がよく、いつでも適当なときに休憩をとって、いっしょに息抜きをしていたからです。使用人はほとんど女ばかり。戦争のせいで、ものの役に立つ男性は、事実上だれもが徴兵されてしまっていたのです。料理人と厨房メイド二人、客間メイド四人、ハウスメイド三人、お付きメイド二人——ミス・エムズとわたし——、それと運転手が一人。雑用係さえいないのですから、もちろん執事もおらず、執事の仕事は客間メイド頭が、タフトン少佐の従僕の仕事は第二客間メイドが担当していました。数年後ならひどく奇妙に感じられたはずのそんな人員構成を、なんの知識もなかった当時のわたしは違和感なく受けいれていました。この時代、お屋敷の地下にある使用人の世界では、ウーマンリブが花盛りだったのです。

アップルビー城に行くと使用人が増えました。運転手が二人、雑用係が二人、食料品貯蔵室担当（客間メイド）が四人、厨房メイドが四人、ハウスメイドが四人。そのほかに、年間を通してお城の管理をしている管理人たちと、数人の庭師たち。幾重にも段をなしてイーデン川のほとりまで続く庭園は美しく、お城の見どころのひとつでした。ホスフィールド・プレースはきれいでしたがめったに使われることはなく、それでもやはり常駐の管理人と庭師が置かれていました。当然ながらこちらのお屋敷も世襲財産の一部で、次の代に引き継ぐことが義務づけられていたため、手入れを怠るわけにいかなかったのです。男性使用人がいないも同然だったので、サーヴァンツ・ホールでの規律はそれほど堅苦しくありませんでした。下級使用人は上級使用人を〝パグ〟と呼んでいました。なぜ、いつごろから始まったことかは知りませんが、母によると、祖母の時代にはすでにそう呼んでいたそうです。そしてパグス・パーラーは、執事または客間メイド頭、料理人、ハウスキーパー、従僕、それにお付きメイドが使う居間兼食堂のこと。わたしが奉公していたころは、上級使用人はすべての食事をこの部屋でとりましたが、第一次世界大戦前は、昼食の前半部分はサーヴァンツ・ホールでとるのが慣例だったとか。食卓の上座には執事が陣どり、それ以外の使用人は序列に従って着席します。そしてその後、上級使用人だけがパグス・パーラーに移り、デザートとコーヒーをいただくのです。上級使用人が食事をするときは、必ずホールボーイか雑用係、または下級客間メイドが給仕を務めました。

お作法や会話にあれこれやかましい決まりがあったサーヴァンツ・ホールでの食事は、さぞかし窮屈に見えたことでしょう。男性使用人がもっと大勢いて、執事がにらみを利かせていたときは、たぶんそんなやり方にもさほど抵抗はなかったのだと思います。だからこそ伝統が誕生したわけです。ほとんど女ばかりで執事がいないと、どうもそうはいきません。もちろんパトリシア様のお供で滞在したお屋敷のなかには、戦地から戻ってきた男性使用人がいるお宅もありました。最初のころは、そういうお屋敷のサーヴァンツ・ホールは恐ろしく感じられました。食事のあいだじゅう、ぞっとするような沈黙が垂れこめているのです。けれどもわたしはじきに、異性同士がテーブルの下でこっそり足を触れあわせることで、ある種の会話をかわしていることに気づきました。赤らんだ頬や、ときたま漏れるくすくす笑いで、そうと知れたのです。

とはいえ、わたしたちが抑えつけられていたという印象を持っていただきたくはありません。わたしの知るかぎり、タフトン家の仲間たちほど恵まれた家事使用人はめったにいませんでしたし、みんな揃ってアップルビー城に移ったときは、もう完全にお祭り気分でした。田舎での日々は、ある意味ではわたしたち自身にとっても休暇だったのです。あちらでは自由時間が増え、わたしたちはその時間を、村の男の子たちの気を引いて地元の娘たちから引き離すのに使いました。半径数マイル以内で催されるダンスパーティーには、端から参加しまくって。わたしたちは大都会から来たあか抜けたお嬢さんとして憧れの目で見られていたようですし、自分で言うのもなんですが、みなそれぞれに魅力的でした。わたしだけが結婚せずじまいでしたが、村の青年たちが気に入らなかったわけでも、先方に相手にされなかったわけでもなく、のちには九年間の婚約時代も経験しています。もっとも、いくら当時は婚約期間が長いことが珍しくなかったとはいえ、九年はいくらなんでも長すぎました。わたしたちはそのあいだほとんど顔を合わせることもなく、婚約は双方の合意によって解消されました。わたし以外はタフトン家の料理人でさえ結婚に漕ぎつけていて、いろいろと悪条件を抱えていたことを思えば、これはなかなかの快挙でした。第二客間メイドのグラディスの結婚相手はアップルビーの町長の息子で、当時は町長といえば大物でした。サーヴァンツ・ホールでは、この結婚は大変な出世と見なされたものです。たしかにこれはグラディスにとっては玉の輿だったかもしれませんが、町長の息子にとっても、出世の足がかりになる結婚でした。結婚後、彼は地元の大きなホテルを買収して夫婦で経営し、ホテルはその後もたいそう繁盛しています。お屋敷奉公の経験がある妻は、夫にとって強力な助っ人だったに違いありません。同じことは、もっと一般的な家庭の多くにも当てはまったはずです。今日では、結婚後に試行錯誤で家の切り盛りの仕方を学ぶ妻が多数派のようですが、往々にして、その過程で犯す失敗の数々が不仲の原因になるようですから。

　ほとんどすべての女性使用人が結婚をめざしていたものの、目的を達成するのはたやすいことではありませんでした。戦争のせいで男性の数が減り、需要が供給をはるかにうわまわっていたのに加えて、お屋敷勤めをしている娘は、休日が少ないうえに不規則だという悪条件を抱えていたからです。おまけに十時の門限があるので、デートは毎回シンデレラの舞踏会のよう。シンデレラとの違いは、靴のかわりに職を失いかねなかったことです。家事使用人の社会的地位は低く、とるに足りない存在で、結婚はそこから抜けだすための手段でした。不思議と使用人同士の結婚はあまり多くありませんでした。わたしの記憶では、アスター卿ご夫妻にお仕えしていた下男のひとりが、第二ハウスメイドのグレースと結婚していますが、これは夫婦のどちらにとっても、あまり幸運な結婚ではありませんでした。グレースの夫はのちに近衛兵に射殺されたからです。

　旅行をしたいというわたしの夢はついに叶えられましたが、どれも大旅行ではなく、行き先はイギリス国内だけでした。スコットランドのアボインにあるグレンタナー卿ご夫妻の本拠地グレン・タナー。二人の令嬢の伯母に当たるレディ・イローナ・キャンベルのご住居があったグレナキル、ターバート、ロッホ・ファイン。当時新婚だったレディ・メアリー・ケンブリッジのレスターシャーはアシュビー・ド・ラ・ズーシュ近郊のお屋敷、そしてアイルランドにあるいくつかのお屋敷。もっとも、当時のアイルランドでは暴力の嵐が吹き荒れていました。ダブリンにあるアバディーン侯爵夫人の邸宅シェルバーン・プレースに滞在していたときは、お屋敷の外に停めてあったタフトン家のハリー様の車が盗まれ、リフィー川に投げこまれるという事件がありました。また別のときはシン・フェイン党員が商店を封鎖していて、わたしが肉屋にマトンの骨つき肉をとりに行く役目を買ってでました。どうにか裏口から店に入り、コートの下に肉を隠して出てきましたが、ばれたらどんな目に遭わされたかわかりません。うさん臭げな目を向けてきた者も何人かいましたが、わたしはたぶん妊娠中の貧しいアイルランド娘に見えたのではないかと思います。帰る途中で何発かの銃声を聞き、のちにすぐ隣の通りでサー・アラン・ベルが車から引きずりだされて撃たれたことを知りました。正直のところ、あの当時のアイルランドが好きだったとは言えません。

一度だけ、パトリシア様のお供でケニアに行く機会がありました。最初パトリシア様からその話を聞いたときは、とてもわくわくしたものです。「最高に楽しい思いをさせてあげるわ。だけど、これだけは覚悟しておいて。向こうには蜘蛛《くも》や昆虫がうようよいるの」

ああ、これでおじゃんです。わたしの顔から笑みが消えました。「でしたら、わたしはお供できません」そう申しあげると、本気で言っているのがおわかりになったらしく、パトリシア様の顔からも笑みが消えました。翌日、レディ・アイアーニに呼ばれたときも、わたしは頑として首を縦にふりませんでした。何が苦手といって、もぞもぞ這いまわる虫ほど苦手なものはありません。「だって蟹《かに》くらい大きいという話じゃありませんか、奥様。そんなものを見たら、心臓麻痺で死んでしまいます」奥様は不機嫌になられ、それからしばらく、わたしたちの関係はぎくしゃくしていました。そんなわたしも、のちにはアフリカに行っていますが、そのころにはＤＤＴのスプレーが考案されていたので、どこに行くにもそれを持っていきました。

タフトン家に勤めはじめて四年を過ぎたころ、わたしは勤め先を変える決心をしました。新しい場所で、新しい顔ぶれのなかで働き、ついでにお給料ももう少しいただければ、と思ったのです。年給二四ポンドは、当時でさえ多いとはいえませんでした。それに仕事のなかで多くのことを学び、そろそろ一人前のお付きメイドとしてやっていけそうだと感じていたこともあって、もう勉強部屋は卒業したい気分だったのです。お暇を願いでるのは、いつだってそうすんなりとはいきません。雇い主はそれを自分に対する侮辱と受けとりがちだからです。使用人にだって自分の人生があり、自分なりの人生設計があるとは考えようとしないのです。それに使用人の側も、忠誠心や友情、情愛に邪魔されて、そう簡単には辞職に踏みきれません。けれども、わたしにはどうしてもお暇をいただかなくてはならない理由がありました。父の病状がたいそう悪く、いまは実家に戻って両親のそばにいるのが自分の務めだと思ったのです。

さっきもちょっと触れたように、それまでの四年間でわたしは実力を証明していました。単に仕事を覚えただけでなく、自分の力で信頼を勝ちとって、責任ある役目を任されるようになり、一人前の頼れるお付きメイドになったのです。これなら頂点まで登りつめられる。そう思いました。強烈なヨークシャー訛りは相変わらずで、その後もずっとそのままでしたが、それ以外のがさつなところは、かなり目立たなくなっていました。さまざまな場面でのふるまい方は、ほかの使用人やお仕えした方々を見て覚えました。服装のセンスも身につき、陶磁器や家具、宝石など、さまざまな高級品の良さもわかるようになり、ユーモア感覚が発達したおかげで、ほかの人間なら文句たらたらになりかねない場面でも、自分自身のしていることを笑いの種にして面白がれるようになりました。そのおかげで、わたしは当時もそれ以後も、最悪の危機をいくつも乗り切り、ときにひどい扱いを受けても、かっとしたり取り乱したりせずに耐えぬくことができたのです。わたしは社交界のしきたりと、そのなかでの自分の位置、すべきこととすべきでないことを学びました。そして自分の力で立派な推薦状を勝ちとりました。手短に言えば、わたしは結構な勤め口を最大限に活用する方法を発見したのです。

この時期にレディ・アイアーニのもとを離れたのは、正しい判断でした。実家に戻ってまもなく、父は眠ったまま息を引きとったからです。わたしは多少なりとも母を支え、慰めることができました。貯めておいたお金が葬式費用の支払いに役立ったことは言うまでもありません。前にも書いたように、お葬式はすばらしいものでした。村じゅうの人々が参列し、教会は人であふれんばかり。いかにも故人にふさわしい、盛大な葬送でした。遺族であるわたしたちは、悲しいなかにもたいそう誇らしく感じたものです。わたしはそれから一年間を実家で過ごし、もう母をひとりにしても大丈夫そうだと感じると、ロンドンに出てハムステッドのＹＷＣＡに部屋をとり、ベーカー街の〈マッシーズ〉とボンド街の〈ミス・セラーズ〉を訪ねました。どちらも当時の有名な家事使用人斡旋所で、〈ミス・セラーズ〉はお付きメイドを専門に扱っていました。〈ミス・セラーズ〉ではアメリカでの勤め口を紹介されましたが、これは断りました。父が亡くなってまだ日が浅いこの時期に、母からそこまで遠く離れてしまうのはどうかと思ったからです。二日後に〈マッシーズ〉から手紙が来ました。メイフェアのチャールズ街二五番地に住むレディ・クランボーンが、お付きメイドを探しているというのです。わたしは面接を受け、採用されました。この仕事には、ひとつだけ難点がありました。奥様はしょっちゅう外国旅行をされるものの、わたしをお連れになる気はないというのです。それでは都合が悪いので、わたしはそう申しあげました。旅行にお供するのも自分の仕事の重要な一部だと思っている、と。これで採用の見込みはなくなったと思ったのですが、そうではありませんでした。奥様は何やら考え深げに微笑すると、おっしゃったのです。「わかったわ、ローズ。考えておきましょう」確約なさったわけではありませんが、わたしは奥様が思い直して、希望を聞きいれてくださったものと解釈しました。お仕えするようになってじきに、レディ・モイラ・キャヴェンディッシュのお付きメイドのベッシーと知りあいました。レディ・モイラはレディ・クランボーンのお母様です。「外国になんて連れてってもらえっこないわよ」ベッシーは言いました。

「まあ見てなさいって」わたしは応じました。この勘は当たっていました。奥様がどこに旅行されるときも、わたしは必ずお供したのです。

チャールズ街二五番地はこぢんまりしたお屋敷で、使用人は厨房に二人、客間メイドが二人、ハウスメイドが二人、わたし、それに乳母と子守メイドが一人だけでしたが、ほかにドーセットのクランボーンに領主館があって、こちらは美しいカントリー・ハウスでした。また、わたしたちが頻繁に訪れたお屋敷のひとつにソールズベリー侯爵の本邸、あの有名なハットフィールド・ハウス〔エリザベス一世がイングランド女王になるまで住んでいた館〕があります。これはクランボーン卿が侯爵の相続人だったからで、実際クランボーン卿ご夫妻は、のちに侯爵家の称号と財産を相続されています。

わたしが勤めはじめたころ、レディ・クランボーンは三十歳を少し過ぎたおきれいな若奥様でした。すでに二人の小さな男のお子様がいて、わたしがお仕えしているあいだに三人目を出産されましたが、たいそうお姿がよく、何を着てもすばらしく着映えがしたものです。お子様方はまだ小さかったので、接する機会はふんだんにありました。というより、ウッドマンばあやの負担を軽くするのも、わたしの仕事の一部と見なされていたのです。この乳母は業界では名の通った大物ばあやで、チャールズ街の子供部屋はすばらしいものでしたし、のちにはハットフィールドの子供部屋が大いに名を馳せました。ウッドマンばあやは一九七四年にホスフィールドで息を引きとりましたが、クランボーン卿ご夫妻のお子様方とそのまたお子様方が、最後まで面倒を見ていました。

わたしがクランボーン家にご奉公に上がったとき、ロバート坊ちゃまは十歳、マイケル坊ちゃまは六歳くらいで、一年後にはリチャード坊ちゃまが誕生されました。ここで説明しておくべきだと思いますが、お子様方の名字はクランボーンではなく、セシルでした。エリザベス一世の側近ウィリアム・セシルを事実上の始祖とする、歴史上有名なあのセシル家です。貴族の息子なので、三人とも名前の前に〝オノラブル〟がつきます。貴族に生まれた者が味わう不便さのひとつは、一族のだれかが亡くなるたびに呼び名が変わることで、これは当のご本人にとっても、そういう方々について書く人間にとっても、なんとも面倒な話です。

わたしのお気に入りはマイケル様でしたが、これはたぶんいっしょに過ごす時間が長かったからでしょう。クランボーン家に勤めはじめてじきに、わたしは休暇のためにマイケル様をスイスにお連れすることになりました（「旅行なんてできっこない」だなんて、ベッシーもよくもまあ）。寝台車の二段ベッドを二人で使ったのですが、レディ・クランボーンはマイケル様を上段に寝かせるようおっしゃって聞きません。おかげで落っこちてきやしないかと気が気でなく、わたしは一睡もしませんでした。わたしたちは楽しい時間を過ごしました。小さい男の子はこちらが何かしてあげると、いつだってとても喜んでくれますし、マイケル様はとても愉快な道連れだったからです。この坊ちゃまがイートン校に在学中、サッカーをしている最中にわずか十六歳で急逝されたのは、なんとも痛ましいことでした。また末っ子のリチャード様は、第二次世界大戦中に戦死されています。

レディ・クランボーンはやさしく愛情深いお母様でした。わざわざこんなことを書くのは、わたしの知るかぎり、そういう母親は上流階級ではまれだったからです。上流階級の子供たちは、親にかまってもらっていないように見受けられました。食事や服、そして物質面では不自由していない一方で、たぶんそのどれよりも大事な唯一のもの——本物の愛情、目に見える形の愛情は与えられていなかったのです。もちろん、あの階級の母親たちは子供を愛しているかと尋ねられれば、だれもが憤慨したように、「決まっているでしょう。よくもそんな質問ができるわね」と答えたでしょうし、たぶん本気でそう思っていたでしょう。けれども愛は目に見える形で与えなくてはなりません。愛はある種の贈り物ですが、普通の贈り物より価値が高いのです。レディ・クランボーンは子煩悩《ぼんのう》なお母様だっただけに、ご子息を二人までも若くして亡くされたことを思うと、たまらなく胸が痛みます。

お世話する相手が奥様おひとりになったことを除けば、クランボーン家での仕事はタフトン家での仕事と似たり寄ったりでした。奥様との関係は、パトリシア様との関係をさらに徹底させたようなものでした。つまり二つの階級のあいだに、よりくっきりした境界線が引かれていたのです。これは多くの点でありがたいことでした。自分の地位や期待されている役割、許される言動と許されない言動を、正確に知ることができたからです。なぜこんなことを書くかというと、その種の安全弁がついていた奉公先は、ここが最後になったからです。レディ・クランボーンがおとりになっていたのは、当時正統とされていたやり方でした。定義のうえでも、ふるまいにおいても、あの方は貴婦人だったのです。わたしの前だけでなく、ほかの使用人の前でも――そんなことがあれば、わたしの耳にも入ったはずですから――淑女らしからぬまねをされたことは一度もありません。レディ・クランボーンはご自分はこうあるべきだという基準を定め、決してその基準を下げようとなさらなかったのです。信じられない話に聞こえるでしょうし、面白みに欠けるように思えるでしょうが、わたしに言わせれば、そういうやり方もまんざら捨てたものではありません。ひとつには、尊敬できる方にお仕えするほうが仕事がしやすかったからです。

旅行をしたいというわたしの夢は、レディ・クランボーンのもとで、より本格的な形で叶えられました。週末はほぼ毎週、どこか滞在先で過ごしました。夏は社交的な訪問で、冬は狩猟パーティー。クランボーン卿は射撃の名手と見なされていて、あちこちから引っ張りだこだったのです。ご夫妻はロンドンの社交シーズンを楽しみ、アスコット・ウィーク〔六月第三週。王室臨席のもとアスコット競馬場で四日間にわたってレースが行なわれる〕は毎年、クリヴデンのアスター卿ご夫妻のもとで過ごされました。最初はわくわくしたものです。遠からず自分がクリヴデンの住人になり、現役時代のほとんどをそこを本拠地として暮らすことになるとは夢にも思わずに。

シーズンが終わると、わたしたちは一家をあげてクランボーン・マナーに移ります。田舎での生活パターンは、基本的にはアップルビー城のときと同じでした。自由時間が増え、農家の息子たちとダンスをして、村の娘たちの不評を買うのです。いっしょにダンスに行く仲間のなかに、マドモワゼル・マニエというフランス人がいました。セシル兄弟のフランス語教師で、わたしのフランス語も彼女のおかげで大いに上達したものです。マドモワゼル・マニエはとてもはつらつとしていて魅力的で、村の青年たちは競って気を引こうとしましたが、彼女は自分の仕事を真剣に受けとめていました。クランボーン家を辞めたあとはケント公爵家のマリーナ妃に雇われ、お子様方にフランス語を教えています。いつだったか駅からクリヴデンに向かう車のなかで、膝にお乗せしたアレクサンドラ王女〔エリザベス二世の叔父ケント公とマリーナ妃の長女〕を相手に、マドモワゼル・マニエについておしゃべりしたことを覚えています。

しばらくクランボーンで過ごしたあとは、当時の貴族階級の人々がよくしていたように、南フランスに行くのがお決まりのコースでした。ヴィラを借りて、何週間かあちらで過ごすのです。今度はわたしがせっせと現地のダンスパーティーに顔を出し、イギリス娘の魅力を見せつける番でした。一度、エズのジャック・バルサン中佐ご夫妻のお宅に滞在したことがあります。中佐の奥様は、前のご結婚ではマールバラ公爵夫人だった方で、モンテカルロと地中海の美しい風景が見える大きなお屋敷には、大勢のお客様が集まっていました。フランスの使用人の生態を目にしたのは、このときがはじめてです。バルサン家には執事と三人の下男を含めて、豊富なスタッフがずらりと揃っていました。フランスの使用人はわたしたちよりずっと働き者で従順だと聞いていましたが、聞くと見るとは大違い。なかでも驚いたのは運転手で、いつでも使いたいときにご主人の車を使えるらしいのです。驚きはしても、嘆かわしいと思ったわけではなく、わたしにはむしろ好都合でした。いっしょに観光に出かけて楽しく過ごせたのですから。

南フランスの次は、ローマにイギリス大使を訪ね、大使館に何日か滞在しました。わたしの記憶では、執事とお付きメイドがどちらもイギリス人だったほかは、使用人は全員イタリア人でした。二人のイギリス人はサーヴァンツ・ホールにイギリス流の規律を持ちこもうとしていましたが、あそこでそれが通用したとは思えません。だれもがいちどきに話しているようなありさまで、その騒々しいことといったら。執事は気が狂いそうになっていたに違いありません。

イタリアとイタリア人について、わたしはごく限られた知識しか持っていませんでした。そのひとつはサーヴァンツ・ホールで仕入れた情報で、イタリア男は情熱的だというもの。短いローマ滞在中に、わたしはそれが事実だという証拠を手にすることになりました。大使館で迎えた最初の朝、下男のひとりが奥様の朝食のお盆を渡してよこしたとき、自分の手でわたしの手を包むようにして、ぎゅっと力をこめたのです。〝おやおや〟わたしは思いました。〝いったい何を企んでいるわけ？〟わたしはすぐにその一件を念頭から払いのけました。〝たぶん、しっかりお盆を持っているかどうか確かめようとしただけよ〟そう自分に言い聞かせたのです。この下男とは昼間のうちに何度か顔を合わせ、相手はそのたびに笑みを投げてよこしました。わたしはそれを親しみの表われと受けとって、笑みを返しました。

その夜、ベッドに入る準備をしていて、夏物の薄い下着上下だけの格好で立っていたとき、ドアの隙間からぬっと手が伸びてくるのが見えました。考えるより先に体が動いていました。すっ飛んでいくと、こちら側に突きでている手に、ありったけの力をこめてドアを押しつけたのです。手は赤くなり、ついで紫になり、ドアの向こう側からイタリア語で何やら口汚くののしっているのが聞こえてきました。どこの国の言葉だろうと、悪態を別のものと聞き間違えることはありません。そのうち声が大きくなってきて、みんなを起こしたくなかったので、わたしはドアを押さえる力をゆるめました。手はすばやくひっこみ、あわてて逃げるような足音が廊下を遠ざかっていきました。それでも用心するに越したことはありません。わたしは重い箪笥《たんす》を引きずってきて、ドアに押しつけました。それからやっと枕を高くして眠ったのです。次の朝、サーヴァンツ・ホールで哀れなわがロミオと顔を合わせました。恨みがましい視線を向けてきた彼は、三角巾で腕を吊っていました。その夜はもう、簞笥でバリケードを築く手間はかけませんでした。

イタリアに行く前に奥様からお話があり、ムッソリーニという名前を口にしないよう言われました。たぶんちょうどムッソリーニがのしあがってきた時期だったのでしょう。わたしは申しあげました。「ご安心ください、奥様。そんな名前を耳にするのはいまがはじめてですし、たとえ聞いたことがあったとしても、難しくて発音できません」

ローマでも、わたしはアスター家のご一行と出くわしました。それは少しばかり気まずい出来事でした。大使館を発つ朝、クランボーン卿ご夫妻の部屋で荷造りをしていると、ドアをたたく音がしました。出てみると、アスター卿の従僕のブッシェル氏が立っています。「なんのご用？」わたしは尋ねました。

「お宅らが出てうせるのを待ってるんだよ」相手は無作法な口調で言いました。「うちのお二人さんがこの部屋を使うことになってるんでね。あとどれくらいかかる？」

合図して声を落とさせようとしましたが、レディ・クランボーンはもう聞いてしまっていました。「どなたなの、ローズ？」と奥様。わたしが答えると、奥様はとびきり冷ややかな口調でおっしゃいました。「アスター卿の使用人に立ち去るように言いなさい。出発の準備が整ったら、こちらから知らせるからと」

厄介だったのは、このブッシェル氏が物まねの名人だったことで、彼があちこちのカントリー・

ハウスで高飛車な作り声でその場面を再現してみせたのは、奥様にはご迷惑なことでした。ローマの次に行ったのは、フランス南東部のアンティーブ（当時もいまと同じく高級リゾート地でした）にあるアバーコンウェイ卿のお屋敷です。サン・ジャン・ド・リュズでホテルに長期滞在したときは、奥様の妹のミス・アリックス・キャヴェンディッシュがごいっしょでした。この令嬢は結核を患い、あの土地の空気が健康回復に役立つのではないかということで療養にいらしたのです。わたしの記憶では、お母様のお付きメイドのミス・ノーマンがお供をしていました。このころには、わたしはあちこちの大きなお屋敷の使用人と顔なじみになりはじめていました。それはのちに、わたしの人生をより快適で生きやすくするだけでなく、ぐっと興味深いものにしてくれました。つきあいが深まれば、それだけ重大なゴシップが耳に入るようになるからです。

パリにはあまりにも頻繁に行ったので、わたしはじきにロンドンと同じくらいパリに詳しくなりました。定宿はヴァンドーム広場のオテル・デュ・ラン。リッツの向かい側にある、とても感じがよくて快適なこぢんまりしたホテルです。レディ・クランボーンのお召し物は、ほとんどがパリ製か、パリで買った生地で作ったものでした。わたしも奥様のお供をして、たびたびファッションショーに足を運んだものです。奥様のお気に入りのデザイナーはジャンヌ・ランヴァンとマダム・シャネル。ときどきショーで見た服を買う一方で、大きな声では言えませんが、わたしたちはずるをしていました。デザインを盗用したのです。わたしは服のカットやシルエットに抜群の記憶力を発揮し、レディ・クランボーンは細かい部分を覚えるのがお得意でした。ときには現場を押さえられないよう注意しながらとはいえ、鉛筆で手早くスケッチをしたことも。そして帰国すると、ショーで見たのとまったく同じ服ではなく、別々の二着の気に入ったところを合体させた服を作るのです。レディ・クランボーンのお好きな生地は絹モスリン。最近はあまり見かけませんが、手触りがシフォンに似ていて、シフォンよりわずかに重い生地です。奥様のお体に合う服を作るのは、楽な仕事でした。前にも書いたように、すらりと背の高い恵まれた体型だったうえ、洗練された、全体としてあっさりした服を好まれたからです。奥様のおかげで、わたしは大いに面目を施しました。これはお世辞でもなんでもなく、お付きメイドの力量を判定するうえで、雇い主の装いは大きくものを言うのです。実際、わたしはずっと、レディ・アスターのお目に留まったのは、それが理由ではないかと思っていました。奥様ご自身は、口が裂けてもそうとはお認めにならなかったでしょうが。

レディ・クランボーンの下着の多くはパリ製でした。素材はほとんどがトリプルニノン〔三重織にした軽い薄地の絹〕で、フランス人のお針子の手で見事なアップリケが施されていました。それ以外はどれも、奥様が買ったものをお手本にして、わたしが作りました。レースと手袋もすべてパリで買い、靴も基本的にはパリのピネ靴店のもの。ただし頑丈な靴だけはロンドンであつらえていて、ツイードの服と一部のスーツも、サヴィル・ロウにあるクランボーン卿ご愛用の仕立て屋で作っていました。社交界の若い女性にとって、あのころはすばらしい時代でした。そのときどきの流行に合わせて優美かつ豪華に装う経済的余裕があったばかりか、そうすることを期待されていたのですから。しかも流行は毎年変わるのです。いまやほとんどの女性にとって、上等な服に手が届くのは、中高年になって容貌も体型も衰えてしまってから。若作りした年増女がやたらと目につくのは、たぶんそのせいでしょう。

れっきとした奥様づきメイドになったいま、わたしももうプリント地のワンピースは身につけません。求められるのは、すっきりと簡素で控えめな、それでいて野暮ったくない服装です。朝と午後はセーターとスカートの上にカーディガンを羽織り、お茶のあとや、それ以前でも外出するときは、青か茶色のワンピースに着替えます。真珠かビーズのネックレスは許容範囲内で、腕時計もかまいませんが、それ以外の装身具をつけると顰蹙《ひんしゅく》を買いました。化粧もしないほうがいいとされていて、現にわたしはのちに口紅をつけたことを咎められています。外出中の奥様やお嬢様とお供のメイドを見て、主従を取り違える可能性はまったくありませんでした。

レディ・クランボーンにはひとつ、いただけない癖がありました。車のハンドルを握るとぐんぐん飛ばし、しばしば無謀運転をされたのです。実のところ、これは上流社会ではありふれた悪癖でした。いまでは無理でしょうが、当時の上流階級の人々は警察を手なずけていたらしく、こちらがだれかを知ると、警官は手帳を閉じて引きさがるのです。奥様といっしょに車に乗っていて、何度、間一髪の目に遭ったことか。いつだったか奥様のラゴンダでニューフォレストを走っていたときのことです。カドナムに出るところで奥様は勢いよくハンドルを切り、車は道幅の三分の二をふさぐ格好になりました。向こうから走ってきたロールスロイスは避けようとしましたが間に合わず、その横腹にラゴンダがぶつかったのです。こちらの車は大きく前後に揺れましたが、ひっくり返るのはまぬがれました。わたしが衝撃から立ち直ってふりむくと、ロールスロイスは道路の側溝に落ちていました。奥様は涼しい顔をして、何もなかったかのように車を走らせています。「まずいですよ、奥様」わたしは勇気をふり絞って申しあげました。「お戻りにならないと。でないと奥様が一方的に悪者にされてしまいます。なんといっても道路の上に動かぬ証拠が残っているんですから」

奥様は答えませんでしたが、ちょっと考えてから車の向きを変え、事故現場に引き返しました。そうなさって正解だったのです。衝突されたのはウィンボーン卿の車で、先方は奥様の顔を見分けていたのですから。談判は長時間に及んだものの、わたしが意見を求められることはなく、こちらも口出しはしませんでした。やがてお二人は握手をされ、それで一件落着となったようです。訴訟その他はいっさいありませんでした。その後、帰り道にハマースミス橋の上で車軸が折れ、タクシーで帰宅するはめになったのですが、そのときのレディ・クランボーンの口ぶりを聞いたら、だれでも悪いのは車を酷使した奥様ではなく、車の製造業者だと思ったでしょう。

実際、奥様は車を酷使する方でした。これはまた別のときの話ですが、レディ・アプスリーのお宅に昼食をいただきに行く途中、いきなり車がめちゃくちゃに跳ねまわりはじめました。レディ・クランボーンはとうとう車を止め、どこが悪いのか調べることになさいました。ひと目見ただけで、後輪の片方がずたずたになっていることがわかりました。「しかたないわね、ローズ」奥様はおっしゃいました。「このまま行くしかないわ。さもないと昼食に遅れてしまうもの」

目的地に着いたときには、問題のタイヤは跡形もなくなり、リムはぺちゃんこにつぶれ、わたしの体のパーツもみなでたらめな位置に移動してしまったように感じられました。奥様は顔色ひとつ変えず、何事もなかったかのように車をおりました。おそらくレディ・アプスリーの運転手が修理してくれたのでしょう。わたしたちがお屋敷から出てきたときには、タイヤは交換されていました。

レディ・クランボーンには五年間お仕えしました。場合によっては、そのままずっとおそばにいたかもしれません。奥様は気持ちよくお仕えできる方でしたし、わたしは張り合いのある日々を送り、旅行をしたいという夢も叶えられつつあったからです。ただ残念なことに、ひとつだけ問題がありました。お金です。わたしの年収はいまだに二四ポンドのままで、昇給のお願いはすべてにべもなく、無作法といってもいい態度ではねつけられていました。上流階級の方々のあいだで使用人の賃金を低く抑えておこうとする陰謀があったのかどうかはわかりませんが、わたしの知るかぎり、その時期にお屋敷奉公をしていた者はみな、同じような壁にぶつかっていました。収入を増やす唯一の方法は、勤め先を変えることですが、これはそう頻繁には実行できません。すぐ辞めたがる当てにならない使用人だという評判が立ってしまうからです。

またしても忠誠心と愛情がわたしの心をゆさぶりました。おまけに今回は、坊ちゃま方をいとおしく思う気持ちとも闘わなくてはなりません。とはいえ、わたしにとって何よりも大事なのは、どんなときでも母と家族でした。父亡きあと、母はけなげに奮闘していましたが、いつまでも働きつづけられるはずのないことは明らかです。母がわたしや妹たちのもっと近くで暮らせるよう、南部に小さな平屋の家を買える身分になりたいと思っても、週給一〇シリングではどうにもなりません。そこで、わたしは心を鬼にして新しい奉公先を探しはじめました。斡旋所に行く必要はありませんでした。すでにあちこちの大きなお屋敷の使用人と顔なじみになっていたので、その情報網を使って、勤め先を変えようと思っていることを広め、何かめぼしい話があったら教えてもらうという手があったからです。この方法には、転職先での仕事の内容や新しい雇い主について、ありとあらゆる情報が得られるという利点もありました。当時の雇い主は推薦状をたいそう重視していました。完全無欠な推薦状がないかぎり、採用される見込みはなかったのです。お屋敷奉公を始めたばかりのころ、わたしは求人に応じるかどうかを決める判断材料として、使用人が雇い主に同じような書類を要求できないのは不公平だと思っていました。けれども勤めはじめて何年かすると、そんなものはなくてもよくなりました。わたしたちには階下版の紳士録と便利帳があり、そこには上流階級の人々について、紳士録などの出版物よりよほど個人的で多彩な情報が詰まっていたからです。ブラックリストもあって、ここに名前が載ったらただではすみません。パーティーを主催される奥様方にとっては破滅を意味しかねませんでした。

結果的には、地下情報に頼る必要はありませんでした。勤め先を変えようと決めてすぐにアスコット・ウィークになり、わたしたちは例年どおりクリヴデンのアスター卿ご夫妻のもとに滞在しました。ある晩、わたしはレディ・クランボーンの寝室のドアの外に立っていました。奥様は入浴をすませ、わたしを呼びいれて着つけにかかる前に、身づくろいをされていたのです。ここで説明しておくべきだと思いますが、当時の貴婦人は、一糸まとわぬ姿をメイドの目にさらすことは決してありませんでした。わたしはただの一度も、お仕えしたご婦人方の裸を見たことはありません。レディ・アスターだけは例外ですが、それもいよいよ死期が迫って、何をするにも介添えが必要になってからのことです。そんな慎み深さは、いまでは理解しがたいものに感じられるかもしれません。当時は違いました。いつでもどこでも威厳を保つべきだという風潮が、断然幅を利かせていたのです。わたしがお仕えしたご婦人方はどなたもみな、一糸もまとっていないときでさえ威厳を保てたと思いますが、なかにはあまりにグロテスクな体型をしているため、高飛車な態度をとられたときにそんな姿を思いだしたら、たいていのメイドが発作的に笑いだしてしまいかねないようなご婦人もいたのです。

さて、話をもとに戻して、わたしがレディ・クランボーンの寝室の外で待っていると、レディ・アスターがお付きメイドのヴィドラー夫人に何か言いながら廊下を通りかかりました。レディ・アスターはちらりとわたしを見て、「こんばんは」とおっしゃいました。わたしは何度もクリヴデンを訪れていたので、顔を覚えられていたのです。やがて廊下の先のほうから、レディ・アスターの声が聞こえてきました。「ああいうお付きメイドが欲しいものだわね」

ご本人は褒めたつもりだったのでしょうが、その言葉はわたしの北部人気質を逆なでしてしまいました。

〝やなこった〟わたしは心のなかでつぶやきました。理由はたぶん二つ。わたしは、レディ・アスターのところでは昔からお付きメイドが居着かないこと、さっきちらりと触れたとおり、世のなかには扱いにくい使用人だけでなく、扱いにくい雇い主もいることを知っていました。それに面と向かってそんなことを言うのは、ヴィドラー夫人に対する侮辱に思えたのです。のちにわたしは、そのたぐいの発言を右から左に聞き流すことを学び、レディ・アスターにお仕えすればその種の針を含んだ言葉を雨あられと浴びせられることを、身をもって知ることになるのですが。

パグス・パーラーにおりていくと、ヴィドラー夫人がいました。わたしは近づいていって、さっきのレディ・アスターのおっしゃりようはずいぶんだと思う、と言いました。相手は笑い飛ばしました。「いつものことよ」と言い、どのみちアメリカに運試しに行くことにしたので、レディ・アスターのところは辞めるつもりだと続けました。

「後任になる気はある?」とヴィドラー夫人。

わたしはろくに考えもせず、反射的に答えました。「遠慮しとく」

「ウィシー様がお付きメイドをお探しよ。あの方にお仕えするのはどう?」ウィシー様というのはオノラブル・フィリス・アスター。レディ・アスターのお嬢様で、のちのアンカスター伯爵夫人です。当時の年齢は十八歳くらい。令嬢づきメイドに戻れば、ある意味では使用人としての格が下がることになります。〝はたして〟わたしは自問しました。〝そうするだけの価値があるかしら?〟

「お給料はいくら?」訊いてみました。

「年六〇ポンドよ」それで決まりました。金の切れ目が縁の切れ目といいますが、こうなるともはや使用人としての格もへったくれもありません。「そうね。応募してみる」

わたしはレディ・クランボーンの反応を考えに入れていませんでした。事情をお話しして推薦状をいただきたいとお願いすると、奥様は「いま辞められては都合が悪いのよ、ローズ」とおっしゃったのです。そう言われてしまうと、もうどうにもなりません。奥様の推薦状が必要だったからです。こんなとき、理屈をこねたり、同情を買おうとして涙に訴えるのは、わたしのやり方ではありません。そこでいったん引きさがり、どうしようかと考えました。驚いたのは、次に顔を合わせたときに奥様がその話を持ちだされたことです。「さっきの話について考えてみたの、ローズ。辞めてほしくない気持ちに変わりはないけれど、ウィシー様ではなくレディ・アスターになら推薦してあげるわ。あの方もお付きメイドをお探しなのよ」〝これはあからさまな二枚舌だわ〟わたしは思いました。

「せっかくですが遠慮させていただきます、奥様。レディ・アスターにはお仕えしたくありません」わたしは答えました。「この話はもうこれでおしまいにしましょう」でも、あきらめる気はありませんでした。推薦状ならレディ・アイアーニにいただいたものがあります。それでは不十分だろうと思いながらも、ものは試しとレディ・アスターの会計主任ミス・キンダースリーに応募の手紙を書いたのです。驚いたことに、二日後に採用通知が届きました。しかも、それはわたしが自由、少なくとも自分自身の選択の自由のために闘った結果なのです。その翌日、わたしは奥様にお暇をいただきたいと申しでました。奥様はわたしがお天気の話をしただけであるかのように、無造作にそれを受けいれました。やがてお屋敷を去る日が来ると、奥様はわたしと握手して、これまでの労をねぎらい、いい奉公先が見つかることを願っているとおっしゃいました。次の仕事が決まっているかどうかについては、なんのお尋ねもありませんでした。

3　アスター家との出会い

わたしがミス・フィリス・アスター、通称ウィシー様づきのメイドとしてクリヴデンに着任したのは一九二八年八月十四日。ウィシー様の兄ウィリアム様が二十一歳のお誕生日を迎えられた翌日のことでした。これはわたしの人生のなかでも記念すべき日でした。すでに書いたとおり、当時は知らなかったとはいえ、わたしはその後三十五年にわたってアスター家に仕えることになるのですから。そのせいで、この本の主題はアスター家でもレディ・アスターでもないにもかかわらず、わたしの奉公人人生を語ろうとすると、どうしてもご一家、とくに奥様が中心になってしまいます。実際、建前ではどなたのためにどんな仕事をすることになっていようと、奥様の周囲にいる使用人の生活は、すべて奥様を中心にまわっていました。どんなときでも奥様はつねにその場を支配してしまい、そのため〝レディ・アスターを満足させれば、みんなが幸せ〟が全員の共通認識になっていたようです。もう少しでレディ・アスターを〝喜ばせれば〟と書きそうになりましたが、奥様を喜ばせるのは不可能でした。だれが何をしてさしあげようと、喜んだそぶりは決してお見せになららなかったからです。わたしたちが奥様に奉仕するのは当然の義務だとでもいうように。そんなわけで、わたしの生活もこれから登場するほかの使用人たちの生活も、つねに奥様を中心に回転しているように見えるでしょうし、そのせいで、わたしが描くお屋敷勤めの実態は特殊なもので、当時の家事使用人の姿を正しく反映したものではないという印象を与えてしまうかもしれません。でも、そんなことはありません。よそのお宅でも、使用人はだいたいにおいてわたしたちと同じような生活をしていましたし、よそのお屋敷も、アスター家のお屋敷と同じように運営されていました。違うのは登場人物と細部だけです。

すでに触れたとおり、クリヴデンはわたしにとって未知の場所ではありませんでした。とはいえ、一時的に滞在するのと、そこで働くのとでは話が違います。お屋敷を見る視点も変わりますし、距離、つまりある場所から別の場所に移動するのに必要な時間が、それまでより重要になるのも当然のこと。スタッフへの接し方も変わります。使用人ひとりひとりの能力や限界、性格を把握し、慎重に関係を築いていかなくてはなりません。最初の時点でご一家の歴史をある程度頭に入れておく必要もあり、そのためにわたしが頼ったのは、その後、わたしの使用人人生においてだれよりも重要な位置を占め、圧倒的な存在感を放つことになる人物――執事のエドウィン・リー氏でした。この人の場合、洗礼名が何かはどうでもいいことでした。記憶にあるかぎり、まったくといっていいほど使われたためしがないからです。お屋敷を訪れる方々にはいつもリーまたはミスター・リーと呼ばれていて、王室の方々にさえその名を覚えられていました。当時はほかにも偉大な執事

レディ・アスターに「クリヴデンのリー卿」と呼ばれた、この時代の偉大な執事エドウィン・リー。リー氏に仕込まれたことは、それ自体が推薦状となりました。隣はアスター子爵の従僕、アーサー・ブッシェル。

が何人もいましたが、その最高峰はリー氏だというのが、おそらくほぼ全員の一致した見方でしょう。一時期アスター家の副執事を務めたチャールズ・ディーン氏は、のちに執事としてミス・アリス・アスター、ブヴァリー夫人、イートン・スクエアにお住まいを移された晩年のレディ・ナンシー・アスター、そしてワシントンのイギリス大使館に仕えていますが、自身も偉大な執事でありながら、リー氏と比べれば自分はまだまだ小物だと考えているほどです。

使用人たちはリー氏を、本人のいないところでは仲間内で〝大将〟とか〝お頭〟と呼んでいました。面と向かって話すときは、男女どちらのスタッフも〝サー〟をつけるのを忘れませんでした。そんなリー氏を、わたしは〝父さん〟と呼んでいました。どんないきさつで、いつからそう呼ぶようになったのかは思いだせません。そんな気安い呼び方をする勇気が自分にあったこと、リー氏がそれを許してくれたことには、いまでも驚かずにいられません。リー氏はわたしを名前で呼んだことは一度もなく、いまだに親友づきあいをしているにもかかわらず、ミス・ハリソンとしか呼ぼうとしないのです。

それはともかく、わたしが奉公に上がってまもないある晩、リー氏は時間を見つけてご一家について話してくれました。リー氏によると、アスター家のご先祖で多少なりとも重要な最初の人物は、十八世紀の終わりごろにドイツからイギリスに移住し、その後アメリカに渡ったジョン・ジェイコブ・アスターです。この人が最初は毛皮商人として、のちには、いまでは市街地になっているニューヨーク港周辺の土地を買うことで、アスター家の富を築いたのです。その財産は歳月とともに値打ちを増しながら二世代にわたって受け継がれたあと、曾孫ウィリアム・ウォルドーフの手に渡りました。旦那様のお父上です。この人は変わり者で、ちょっとした知識人でもありました。父親が他界し、全財産を相続すると、彼はイギリスに身を落ちつけることにしました。これはアメリカでは不評を買いました。リー氏はそれを、アメリカで儲けたお金をイギリスで使ったからだと見ています。いわば不在地主のようなものだというわけです。アメリカ人の気持ちもわからないではありません。実際、ウィリアム・ウォルドーフのお金の使いっぷりは半端ではなかったからです。クリヴデンを買い、ロンドンにもお屋敷を二軒買い、さらに廃墟と化したヒーヴァー城を買って修復しました。ついで城の周囲にチューダー朝風の村を作り、お客を招いて滞在させました。のちにはロイド・ジョージ首相から爵位も買っています。子爵の称号を授けられたのは〝政治的・社会的貢献〟によるとされているだけで、支払われた小切手の額面にはまったく触れられていません。ウィリアム・ウォルドーフは長男ウォルドーフがイギリス貴族の令嬢を妻に迎えることを期待していましたが、旦那様が離婚経験者で前夫とのあいだに小さな男の子のいる奥様と恋に落ちても、反対はしなかったようです。それどころか、ひと目で奥様を気に入りました。そうに違いありません。お二人が結婚したとき、結婚祝いとしてクリヴデンを与え、それとは別に数百万ポンドを贈っているのですから。

リー氏は旦那様にお仕えするようになってじきに、老子爵にお目にかかっています。リー氏が受けた印象では、いろいろと変わった癖はおありでしたが（たとえば、いつもだれかに〝ばらされる〟のではないかと恐れていて、寝るときはベッド脇にリボルバーを二挺置いていました）、温厚で気前のいい方だったそうです。それも家族に対してだけではありません。老子爵にはプーリー氏という執事がいましたが、この執事は十三年間の奉公のあいだに、いつしかお酒に溺れるようになりました。老子爵はついに耐えかねて、馘にすることにしました。「プーリー」老子爵はおっしゃいました。「ああも酒癖が悪くては、辞めてもらうしかない。だが素面《しらふ》のときのおまえのふるまいは立派だし、長年仕えてくれたわけだから、餞別《せんべつ》にこれをやろう」そして銀行手形を一枚、手渡したのです。

部屋を出てから確かめると、額面は千ポンドでした。その夜、プーリー氏がパブで友人たちにお酒をおごりながら言ったとおり、「いやあ、実にめでたい。こんなときくらい酔っ払っても罰は当たらんよ」というところでしょう。

サーヴァンツ・ホールでは親しみをこめて〝うちの殿様〟と呼ばれていた旦那様の話になると、

リー氏は当然ながら個人的な意見はいっさい口にしませんでした。わたしが抱いた印象は、旦那様は完全無欠に近いお方に違いない、というものでした。そうでなければリー氏がずっとお仕えしてきたはずがないからです。誤解しないでいただきたいのですが、これは〝父さん〟が偉ぶっているとか気難しいとかいう意味ではありません。けれどもリー氏は執事はこうあるべきだという基準を持ち、つねにそれを守っていました。雇い主がそれに値する人物でなければ、だれか別の、それに値する方のもとで働きたいと思うのは当然のことです。そしてリー氏なら、わたしがこの名執事の存在をはじめて知った時点でさえ、イギリス全土のどんな勤め口でもよりどりみどりだったでしょう。ところがウォルドーフ・アスターは、イギリス紳士の鑑としか呼びようのない人物でした。旦那様のお父上はかなりの変わり者だったようですが、息子にはちゃんとその時代の裕福なイギリス紳士にふさわしい教育を受けさせています。旦那様はイートン校ではボート部の主将を務め、オックスフォード大学ニューカレッジではポロの大学代表チームに所属し、歴史学で優等学位を取得されました。イギリスや外国の貴族と寝食をともにして育ち、いっしょに狩猟を楽しみ、あちこちのカントリー・ハウスやお城に滞在しました。物腰はゆったりとおだやかで、わざとらしいところ、作ったところはいっさいなし。道徳や宗教に関して、自分はこうあるべきだという基準を持ちながらも、だれもが自分のような生き方をすることは期待せず、人間の弱さに驚くほどの理解を示されました。美しい妻を愛するとともに誇りに思い、生涯を通してつねにそれを態度で示しつづけました。その妻の言動のなかには感心できないものも多かったはずですが、そんなそぶりは一度も見せませんでした。奥様が与えられた愛情のせめて半分だけでも返してさしあげていれば、旦那様はあらゆる意味で豊かな男性におなりだったでしょう。わたしは奥様がそうしてくださることを心から願い、立場上許されるぎりぎりの表現で奥様にその思いを伝えましたが、無駄でした。奥様は愛情を示すことができない方だったのです。旦那様はすばらしい父親でした。お子様方がどんなものを欲しがるかを事前に予測しようとされる一方で、むやみと甘やかすことはありませんでした。ご子息のひとりマイケル様が、ご一家を題材にした『部族の気風』という本を書いています。内容のほとんどは奥様に関することですが、わたしの見たところ〝うちの殿様〟はまぎれもなく部族の長でした。

レディ・アスターの実家ラングホーン家に関しては、リー氏は奥様のご両親より前の代についてはほとんど何も知りませんでした。奥様のお父上チズウェル・ダブニー・ラングホーンは、ヴァージニアのタバコ農園主の家に生まれました。農園は奴隷労働によって成りたっていて、南北戦争で北軍が勝つと、ラングホーンやその同業者は没落しました。この内戦に従軍中、ラングホーンはやはりヴァージニア出身でアイルランド系のナンシー・ウィッチャー・キーンと出会い、結婚しています。所帯を持ってから十五年間、荒廃した南部での生活は苦しく、ラングホーンは夜警、ピアノのセールスマン、タバコや馬の競売人など、さまざまなことをして働きました。不安定な生活のなかでも子供は次々に生まれ、奥様は十一人きょうだいの七番目でした。どうやら奥様の誕生が、お父上に幸運をもたらしたようです。彼は南北戦争中に知りあった将軍に、鉄道建設に従事する黒人労働者の監督役として雇われたのです。ラングホーンはほどなく自分自身で工事を請け負うようになり、何年もせずに大金持ちになりました。一家は奥様が生まれたダンヴィルからヴァージニアの州都リッチモンドに移り住み、ラングホーンは奥様が十三歳になるまでリッチモンドで暮らしたあと、ご本人の言葉を借りれば「働くのは黒ん坊と北部人《ヤンキー》だけ」という哲学に従い、ブルーリッジ山脈のふもとシャーロッツヴィルの近くに、ミラドルという名の広大な家屋敷を買って引退しました。

奥様は少女時代を過ごしたすべての場所を愛していました。わたしものちに奥様のお供で各地を訪れ、その思いを共有することになります。奥様は十七歳で実家を離れ、ニューヨークの花嫁学校へ。その後、長姉アイリーンのもとに滞在しますが、このときすでに、アイリーンはあの有名な画家デイナ・ギブソンの妻になっていました。世に名高いギブソン・ガールの挿絵は、デイナがアイリーンからインスピレーションを得て生みだしたものなのです。奥様は義兄デイナを通じてボストンの名家出身のロバート・グールド・ショーと出会い、やがて結婚しました。リー氏によると、ショー氏は〝暴れん坊〟で大酒飲みだったとか。それがあまりに度を超していたため、息子の誕生後、奥様は耐えかねて夫のもとを去りました。これもリー氏の考えですが、奥様が生涯アルコールを憎むようになったのは、ショー氏のせいではないかということです。それから数年がかりで離婚手続きが進んでいる最中に、奥様はヨーロッパとイギリスを訪れました。イギリスで狩猟シーズンを楽しみ、一九〇五年の秋にふたたび渡英されたとき、同じ船に乗っていた旦那様、まだ子爵ではなかったウォルドーフ様と出会ったのです。お二人は一九〇六年に結婚されました。

レディ・アスターの人となりを語る段になると、リー氏はぐっと用心深くなり、それは慎重に言葉を選んでいました。のちに本人が語ったところによると、うかつなことを言ってわたしに先入観を抱かせたくなかったのだそうです。リー氏は奥様を強い個性の持ち主、まぎれもない大人物と呼びました。「ただしきみが理解している意味での淑女ではないがね、ミス・ハリソン」そう言われたのを覚えています。どういうことかというと、奥様は社交界で淑女らしいとされているようなふるまい方はなさらず、わたしがそれまでの使用人人生で出会ったどの上流婦人とも毛色が違っているという意味です。「扱いやすい方ではないよ」とリー氏は締めくくりましたが、これは奥様に対する批判ではありません。わたしはそれを、扱いにくい方だからこそ、うまく対処できたときの満足感は大きいはずだという意味に受けとりました。もっとも喉元過ぎればなんとやら。いまだからそう言えるというだけの話かもしれませんが！　いずれにしても、さっきアスター卿のときにしたように、ここで奥様の人となりをかいつまんで説明するつもりはありません。とうてい無理な仕事だからです。わたしが奥様をどう思っていたかは、これから少しずつわかっていただくしかありません。

リー氏は次に、お子様方について話してくれました。二十一歳のビリー様、十八歳のウィシー様、十六歳のデイヴィッド様、十二歳のマイケル様、そして九歳のジェイコブ——通称ジェイキー——様。ここに記した年齢は、わたしがレディ・アスターのもとで働くようになった時点でのもの

レディ・アスターとお子様方。左から、ウィシー様、レディ・アスターとジェイキー様、ボビー様、マイケル様、デイヴィッド様、ビリー様。(Mary Evans／アフロ)

です。「きみはきっとお子様方を気に入るよ」リー氏は言いました。「そしてお子様方もきみを気に入るだろう」ある程度長いあいだどこかのお屋敷に奉公していてうれしいことのひとつは、お子様方の成長ぶりを目の当たりにできることです。リー氏の言ったとおりでした。はるかに遅れてご奉公に上がったにもかかわらず、わたしもまたアスター家のお子様方に愛情を抱くようになったのです。すでに触れたとおり、奥様にはもうひとり、前のご結婚で儲けたボビー・ショーというご子息がおありでした。「あの方はアスターじゃない」とリー氏が言ったのは、ほかのお子様方とは毛色が違うという意味です。たしかにボビー様はほかのお子様方とは違っていました。何かと波風を立てたがるのです。思うに、ボビー様はご自分が本当の意味で異父弟妹の世界に属していないと感じ、そのことに腹を立てていらしたのではないでしょうか。ボビー様についてはいくつか意地の悪いことが言われたり書かれたりしていますが、お身内の方々は決してそんなことはなさいませんでした。なかにはもっともな批判もあるかもしれませんが、ボビー様はお母様に対して、とりわけ奥様の最晩年には、ほかのどのお子様よりも大きな愛情と献身を示されました。それについては、いずれこの本のなかで触れたいと思っています。

以上が、わたし自身のコメントでいくぶん色をつけてはありますが、わたしがお仕えすることになるご一家についてのリー氏の説明でした。ご一家と書いたのは、ウィシー様づきとして雇われ、しばらくしてレディ・アスターづきになったとはいえ、わたしはご家族全体にお仕えしているように感じていたからです。そして実際、わたしはご家族全員のお役に立っていました。わたしが奥様を満足させておくことで、ご家族の日々はぐっと楽なものになったのですから。ご家族の方々も、よくそう言ってくださっていました。

わたしの仕事と生活を理解するには、わたしが働いていた場所とその広さ、運営にかかわっていたスタッフの人数も頭に入れておく必要があります。アスター家のお屋敷のなかで最も大きく、最も有名なのはクリヴデンですが、ご一家のお住まいはそれだけではありませんでした。セントジェイムズ・スクエア四番地の大きなタウン・ハウス、ケント州サンドイッチにあるレスト・ハロー、プリマスのエリオット・テラス三番地。これはいわば政治活動用の家で、旦那様がはじめてプリマス選挙区から下院議員選挙に立候補されたときに買ったものです。またインナー・ヘブリディーズ諸島のジュラ島にはターバート・ロッジがあり、ご一家はここで鹿狩りや釣りを楽しまれました。

ありがたいことに、わたしはここには二回しか行っていません。ああいう人里離れた場所での野外活動は、どうも性に合いませんでした。

わたし自身は最初の数年間はセントジェイムズ・スクエア四番地で過ごすことが多かったかもしれませんが、わたしたち使用人はクリヴデンをアスター家の本拠地と見なしていた気がします。知名度はずばぬけて高いというほどではないにしても、クリヴデンがイギリス屈指の壮麗なカントリー・ハウスであることは間違いありません。木々に覆われた険しい丘の上に立ち、北側からはテムズ川を、南側からは広大なテラスと庭園を見おろすそのたたずまいの美しさも、国内有数のものです。ロンドンから三〇マイルしか離れていないので、週末ごとに訪れるのにも好都合でした。

お屋敷は本館と東棟、西棟で構成されていました。本館の一階には広々とした玄関ホールと、テムズ川を見おろす細長い客間、珍しいサビク材の羽目板を張った図書室、ルイ十五世様式の食堂、アスター卿の書斎、レディ・アスターが使用人に指示を与えるほか、着替えや手紙書きをされることもある私室《ブドワール》がありました。上階にはタペストリーの間、薔薇《ばら》の間、オレンジの間、スノードロップの間、ラベンダーの間、などの名前がついたおもだった寝室、そして昼と夜の子供部屋。東棟には客用寝室があり、ざっと四十人ほどを泊めることができました。西棟にはいくつかの作業部屋とスタッフの寝室。地下には厨房とサーヴァンツ・ホール、パグス・パーラー、それとブラッシングルームがいくつか。滞在客の衣類のアイロンかけと染み抜きは、すべてここで行なわれました。さらに陶器室、酒蔵、配膳室、そして銀器用金庫。配膳室にはチーク材の流しがあり、銀器はここで洗われたのちに磨かれるのです。廊下にはレールが敷かれ、かつては料理を厨房から業務用エレベーターまで運ぶのに使われていました。この方法はわたしが奉公に上がる前に廃止され、料理はバトラー・トレー〔側面に蝶番がつき、広げると楕円形になるように作られた長方形の盆〕に載せられて雑用係の手でエレベーターまで運ばれ、食堂の隣の給仕室にある大きなホットプレートに移されるようになりました。移動距離を考えると、食事が最終的に熱々の状態で供されていたのは驚くべきことです。

クリヴデンでのわたしの部屋は広くて立派に内装され、居心地よくしつらえられていました。家具はベッドと安楽椅子二脚、長椅子、それに大きな衣装だんすが二つ。残念なのは、手近にちょっとした洗濯物を干せる場所がなかったこと。いくら洗濯場があっても、なかには自分で洗いたいものもあるからです。そこで部屋に物干し用の綱を張ったところ、まるで子供のころに戻ったようで、いつも下着に見つめられているような気がしたものです。アイロンかけなど奥様の服の手入れはすべてこの部屋でしていたので、わたしはしじゅう腕いっぱいに衣類を抱えて、猛スピードで階段を上がりおりしていました。

家事を切り盛りするために雇われていた屋内スタッフは、家令／執事のリー氏を筆頭に、従僕と副執事、下男三人、雑用係二人、ホールボーイと建具屋が一人ずつ。厨房にはシェフと厨房メイド三人、洗い場メイドと通いの手伝いが一人ずつ。ハウスキーパーの下に食料品貯蔵室づきのメイドが二人とハウスメイドが四人、通いの手伝いが二人。さらに洗濯場メイドが四人と、レディ・アスターとウィシー様のお付きメイドが一人ずつ、そして電話交換手と夜警も一人ずつ。屋外スタッフは屋内よりはるかに大人数で、具体的には領地の管理要員、庭師、種畜牧場と自作農場で働く作業員たち、それに運転手。彼らは領内やその周辺のコテージや下宿に住んでいて、独身の庭師たちは二つの庭師小屋で寝起きしていました。庭師小屋には寮にあるような共同寝室と食堂兼居間があり、料理と掃除はハウスキーパーがしていましたが、食料品を注文するのは自分たちで、代金も自分持ちでした。

屋内スタッフの大半は、平日のあいだはセントジェイムズ・スクエア四番地に移ります。そうすることで、二つのお屋敷の両方を運営していたのです。この方式はうまく行っていて、都会と田舎両方の暮らしを味わえることに、みんな満足していました。

セントジェイムズ・スクエア四番地は、十八世紀に建てられた大きく優美なタウン・ハウスでした。一階にあったのは、直接広場《スクエア》に出ることのできる大きな広間が二つと朝食室、二つある食堂のうち、下のほうのもの、アスター卿の書斎、会計主任の部屋、そして男性使用人の寝室。アスター卿とレディ・アスターそれぞれの寝室と化粧室は、どちらも二階にあり、奥様の私室もこの階にありました。あとは客間が二つと大食堂、それに舞踏室。その上の階にはスタッフの寝室と客用寝室があり、最上階にはスカッシュのコートがありました。地下にはリージェント街に面した厨房と、パグス・パーラー、食料品貯蔵室、酒蔵、配膳室、銀器室。ほかにもいくつも部屋があって、その多くには家具が収納されていました。業務用エレベーターもありましたが、これは上の階の大食堂直通で、下の階の食堂に料理を運ぶのは人間の仕事でした。

わたしの部屋は美しくしつらえられ、床一面に絨毯が敷きつめられていましたが、そこでするべき仕事のことを考えると手狭でした。近くに洗濯・乾燥室がありましたが、幸い自室に炉格子があったので、ちょっとしたものはそこにかけて乾かし、ここでもつねに洗濯物が目に入る日々を送ることになりました。

レスト・ハローは一九一一年に旦那様と奥様のために建てられました。広大な敷地内に立つ海辺のカントリー・ハウスで、近くにゴルフ場が二つあり、レディ・アスターはご滞在中はたびたび利用されていました。住み心地のいいお屋敷で、一階には広間が二つと客間、食堂、勉強部屋、厨房、そして庭園に通じるパティオがあり、奥のほうの広間は居間にもなりました。アスター卿ご夫妻の寝室はどちらも二階で、同じ階にはほかに客用寝室が三つありました。三階には昼と夜の子供部屋と客用寝室がいくつか、それに使用人部屋。庭にはミニチュアのゴルフ場とスカッシュのコート、犬舎がありました。このお屋敷にはハウスキーパーとハウスメイドが住みこんでいました。

ここでのわたしの部屋は文句なしに最高で、窓からは美しい海が見え、明るくて風通しがよく、家具もすてきなものが揃っていました。

プリマスのエリオット・テラス三番地は、イギリス海峡を見おろす位置にありました。ヴィクトリア朝の八軒続きのテラス・ハウスの一軒で、地下一階、地上五階建て。そのため、おもだった部屋はそれぞれ別の階にありました。厨房は地下で、広間と食堂は一階、居間と秘書室は二階、アスター卿ご夫妻の寝室は三階、客用寝室は四階、使用人部屋と予備の部屋は最上階とその下の階。ここには管理責任者の秘書のほかにハウスキーパーと料理人、厨房メイドが住みこんでいました。

ヴィクトリア朝の家ですから、最上階にあったわたしの部屋がどんなものかは推して知るべし。これぞヴィクトリア朝という感じの屋根裏の使用人部屋でした。幸い部屋の設備は普通より整っていたので、これといって不便は感じませんでしたが。

ターバート・ロッジはお屋敷というより農家に近い建物でした。居心地は悪くないもののかなり質素で、生活するための場というより、一日狩りや釣りをしたあとで寝るために戻ってくる場所です。ここには管理人のマッキンタイア夫妻が住みこんでいました。

クリヴデンに奉公に上がった時点では、わたしの当面の関心事は当然ながらウィシー様でした。レディ・アスターづきのヴィドラー夫人と親しかったおかげで、お屋敷にも仕事にもずいぶん楽になじむことができました。あちこち案内してまわってもらえたからです。ウィシー様はご自分の続き部屋をお持ちでした。寝室と居間、それに浴室。お望みならお屋敷のほかの部分とは無関係に、自室でお客様をもてなすことも食事をすることもできたのです。ウィシー様はあの時代の典型的な若い令嬢でした。大きな焦げ茶色の瞳の美少女で、うっとりするほど色艶がよく、背が高くすらりとしていました。父親似で、母親に似たところはまったくなし。気弱なはにかみ屋さんで、少なくとも少女時代には、お母様の芝居がかった気まぐれなふるまいを苦々しくお思いだったようです。ウィシー様はこれっぽっちもお母様に頼ってはいませんでした。もはや母親のエプロンの紐に縛り

ウィシー様のポートレート。

つけられてはいなかった、と言いたいところですが、これはあまり適切な表現ではなさそうです。レディ・アスターはおそらくただの一度もエプロンをつけたことはないでしょうから。少なくともわたしは、奥様のエプロン姿を拝見したことはありません。とにかくウィシー様は、お母様の手助けも助言も当てにしていなかったのです。もちろん奥様からの干渉はありました。どのお子様もそれは避けられず、その点はスタッフ一同も同じでした。いまでも覚えているのは、奉公に上がってまもなく、ウィシー様のいとこウィン夫人のチャールズ街のお宅に一泊したときのことです。ウィシー様の叔母に当たるレディ・ヴァイオレット・アスターが、カールトンハウス・テラスにあるお屋敷でウィシー様のために舞踏会を開いてくださることになっていて、わたしは着つけのためにお供したのです。出発前にレディ・アスターがわたしをお呼びになり、ウィシー様のお衣装を指定なさいました。白いシフォンのドレスで、薔薇の花輪をぐるりと背中にまわして留めるようになっているものです。ウィシー様はそのドレスが大嫌いで、着るのはいやだとおっしゃいました。〝まあいいわ〟わたしは思いました。〝そう大したことじゃないはずだもの〟そこで申しわけ程度に反対してから、お好きなようにさせたのです。ウィシー様は金色のドレスをお召しになり、着つけを終えたときのお姿は、まさに目の保養でした。実際ウィシー様はその舞踏会の花形だったらしく、翌日ウィン夫人から皆様そうおっしゃっていたとうかがいました。クリヴデンに戻ると、わたしはレディ・アスターに呼ばれて問いただされました。

「聞くところによると、ウィシー様が舞踏会の花形だったそうだけど」

「それはよろしゅうございました」わたしは答えました。次に何を言われるかはわかっています。そこで、わたしは先手を打ちました。「実を申しますと、ウィシー様は金色のドレスをお召しになったんです。好評だったようで安心いたしました」

最後のせりふは、いわば賭けでした。危険なまねをしていることは承知していたからです。奥様はご機嫌がよかったと見えて、それ以上は追及されませんでした。ウィシー様が大成功を収めたのだから、どのみち引きさがるしかなかったはずだと思われるかもしれません。ところが、わたしものちに学んだように、奥様は断じてそこで矛を収める方ではないのです。ただしレディ・アスターに対しては、訊かれる前に本当のことを言ってしまうという戦法が、絶大な効果を発揮しました。そうすると攻撃の矛先が鈍るのです。

レディ・アスターはウィシー様のお衣装に関してはたいそう気前がよく、ウィシー様はまだ若いお嬢様にしてはずいぶんたくさんの美しい服をお持ちでしたが、箪笥の中身にはお母様が目を光らせていました。奥様がロンドンにおいでのときは、ウィシー様が舞踏会や観劇にいらっしゃる場合、お支度がすんだ時点で、必ず二人で奥様の化粧室に足を運ばなくてはなりません。その結果、着替えを命じられることも多く、わたしはお二人の板ばさみになって苦労しました。けれどもお仕えしだしていくらも経たないうちに、あることでお役に立てるようになったのがきっかけで、ウィシー様はわたしに打ち解けてくださったようです。着つけをすませ、ウィシー様のささやかな装身具のなかから、二人でその日の装いに合うものを選んでいるとき、わたしはよくこんなふうに言いました。「ここには適当なものがありませんけど、きっとお母様が何か合うものをお持ちでしょう」はじめてそう申しあげたとき、ウィシー様は「何も貸してくれっこないわよ、ローズ」とおっしゃいました。ところが、わたしはやってのけたのです。借りるのにいちばん苦労したのは、奥様の真珠のネックレスです。ウィシー様がお持ちなのは小粒のものだけで、わたしはそれを〝一九シリング一一ペンスのお勧め品〟と呼んでいました。さて、ある晩のことです。わたしはそのネックレスを放りだして言いました。「もう一度、奥様に当たってみましょう」そして、階下におりていったのです。

わたしがお部屋に入っていくと、レディ・アスターは「おやまあ、上級曹長のお出ましだわ」と叫びました。「それで、今回は何が欲しいの?」奥様が軽口をたたいたので、わたしは思いました。〝いまを逃したらチャンスはないわ〟

「真珠のネックレスです、奥様」

「もう五、六回は言っているはずよ、ローズ。あれは貸せないわ」と奥様。

「たしかにおっしゃいましたけど、どうやらわたしの名前はブルースらしいんです。ブルース王と彼の蜘蛛のように、成功するまで何度でも挑戦いたします〔スコットランドの英雄王ロバート・ザ・ブルースは敗走中、蜘蛛が六回失敗した末に巣を張ったのを見て再起したとされる〕」

これはうまくいきました。奥様は吹きだし、「おまえはただの蜘蛛じゃないわ。タランチュラよ」と言うと、真珠を投げてくださったのです。

ウィシー様は驚くやら喜ぶやら。それからは十回のうち九回は奥様の真珠をお借りできるようになりました。相手がレディ・アスターの場合、なんであれ十回につき一回くらいは例外があるのです。それは奥様の毛皮についても同じでした。わたしはじきにウィシー様のために毛皮もお借りするようになったのです。結局のところ、着ているミンクが本人のものかどうかは、見ただけではわかりません。わかるのは毛皮の美しさと値打ちだけ。というわけで、ウィシー様がお母様のコートを着ていることは、だれにも気づかれませんでした。

ウィシー様はダンスも若い男性といっしょに過ごすのもお好きでしたが、間違っても遊びまわるタイプではありませんでした。ご本人とそんな話をしたわけではありませんが、派手に遊んでいれば、どこか別のところから耳に入っていたはずです。ウィシー様は多趣味なほうではなく、乗馬とテニスはお好きでしたが、少なくともあの当時は、芸術方面には関心をお持ちではありませんでした。わたしは狩猟シーズンの途中まではウィシー様づきで、狐狩りがたいそうさかんなレスターシャー、ラトランド、ノーサンプトンシャーのいくつかのカントリー・ハウスや、スコットランドにあるバックルー公爵の居館ドラムランリグ城での狩猟パーティーにお供しました。当然ながらウィシー様の乗馬服の手入れはわたしの役目で、これはなかなか骨の折れる仕事でした。夜になって戻られたウィシー様が、ときとしてずぶ濡れで泥はねだらけになっていても、翌朝にはまた染みひとつない姿で出ていかなくてはならないのですから。幸いウィシー様の仕立て屋はとても腕がよく、服が型くずれしたことは一度もありません。ウィシー様も奥様も、馬にはまたがらず横乗りされました。面白いと思ったのは、若いご婦人のあいだで髪を短くするのが流行し、ウィシー様が髪をばっさりお切りになったとき、切った髪で左右にゴム紐がついた髷を作らせて、それを後頭部につけた上から山高帽をかぶられたことです。ウィシー様をはじめ狩猟をするご婦人方は、そんなふうにして昔ながらの髪形を維持していたのです。

アスター家に勤めはじめてわずか一、二週間後に、わたしの旅行願望は本格的な形で満たされることになりました。一九二八年の九月に、ウィシー様とレディ・アスター両方のお付きメイドとして、アメリカに同行してほしいと言われたのです。わたしは仰天し、ちょっぴり怖じけづきました。ご気性の激しい奥様の扱い方はもちろん、まだウィシー様の癖さえのみこんでいなかったからです。わたしがお供することになったのは、ヴィドラー夫人のちょっとしたペテンの結果でした。

ヴィドラー夫人はレディ・アスターのお付きメイドを辞めたがっていましたが、通常のやり方でお暇を願いでれば、ごたごたしたあげくに地獄の日々を過ごすはめになることは確実です。そこで彼女は、お二人といっしょに出発しなくてはならない日が目前に迫ってから、わたしに計画を打ち明けたのです。それはこういうものでした。お二人は三週間ほど留守にされる予定だったので、まずヴィドラー夫人が家庭の事情でお供できなくなったと申しでる。わたしが代役を引き受け、わたしたちがイギリスを離れたらすぐ、ヴィドラー夫人はアスター事務所に辞表を出す。そうすれば、わたしたちの帰国後すぐに、ヴィドラー夫人は出ていけるというわけです。

陰謀の片棒をかつぐのは気が進みませんでしたが、わたしはヴィドラー夫人に同情していました。お暇を願いでてから実際に退職するまでは、そうでなくてもぎくしゃくしがちなうえ、相手がレディ・アスターでは、どんな試練を味わうことになるか想像がついたからです。それにもちろん、アメリカを見たくてたまらないということもありました。わたしはすでに、蓋を開けてがっかりとなりかねないほどに妄想をふくらませてしまっていたのです。もっとも結果的には、現実は想像した以上にすばらしかったのですが。そんなわけで、わたしはすぐに計画に協力することを承知しました。ヴィドラー夫人から同行できない旨を告げられたレディ・アスターは、いい顔はなさいませんでした。他人の予定のせいでご自分の予定が狂うのはお嫌いだったのです。相手が雇い人とあってはなおさらで、現にそうおっしゃいましたが、もはやどうなるものでもありません。ヴィドラー夫人は奥様の分の荷造りをし、奥様の扱い方のこつをいくつか伝授してくれました。そして気がついてみると、わたしは三人分の切符と二十個の手荷物、お守りし、お世話すべき二人のご婦人とともに、ウォータールー駅にいたのです。考える時間があったら迷子の女の子のような気分になったでしょうが、レディ・アスターはそばにいる人間に考える暇など与えてはくれません。いつでもしゃべっているか忙しく動きまわっているかのどちらかなのです。

わたしたちは一九二八年の九月二十二日、サウサンプトンからアキタニア号で出航しました。豪華客船に乗るのははじめてでしたが、最初の二日間は楽しかったとはいえません。船酔いがひどかったのです。おまけに、あてがわれたのは窓のない内側の船室で、ほかのメイド三人と相部屋でした。行ってみると、ほかの三人はすでにすっかり身を落ちつけていて、残っていたのは二段ベッドの上段だけ。荷物を置く場所もろくにありません。眠れないまま最初の夜を過ごし、おぼつかない足どりで奥様の前にまかりでたわたしは、よほど哀れな様子をしていたのでしょう。奥様はわたしをひと目見るなりおっしゃいました。「いったいどうしたっていうの、ローズ？」

事情をご説明すると、奥様はさっそく行動を起こされました。「ウィシー様の船室にベッドが二つあるから、あそこに移るといいわ。パーサーにそう伝えてきなさい」

体が楽になったおかげで、じきに船酔いもしなくなり、それからは航海を楽しむことができました。それ以来、わたしはいつも一等船室で旅をしていますが、なかには低い等級の船室を好む使用人もいます。いつだったか、まだわたしが勤めていないころにアスター家の副執事を務め、のちに長男ビリー様が爵位を継がれたときに奥様の執事になったディーン氏から聞いた話によると、オボレンスキー公爵ご夫妻の執事をしていたとき、一等船室で旅をすると、ひっきりなしにお二人に用事を言いつけられて、目のまわるような忙しさだったそうです。「休む暇などあったものじゃない」ディーン氏は語りました。「おまけに等級の低い船室で寝起きしているほかの使用人が楽しくやっているのが目に入るので、なおさらやりきれなかった。チャンスがめぐってきたのは、アメリカ行きの船の船室を予約するよう言われたときだ。お供する使用人は六人で、執事兼従僕の私、ロシア人の料理人、下男、奥様づきのメイドのモリー、乳母、それに子守メイド。奥様が切符代がかさむとこぼしたので、すかさず『奥様のお付きメイドと私が二等船室を使えば、節約になるかと存じます』と申しあげ、ではそうしようということになった。さて、航海の前半は文句なしに最高だった。好きなだけ酒場に通って、好きなだけ女の子と楽しんで」（ディーン氏はちょっとした色男を自認していました）

「ところがある朝、ご機嫌で一杯やっていると、だれかが入ってきて言ったんだ。『お宅の奥様が外であんたを探してるぜ』しょうがない。私は急いで酒場を抜けだして昇降階段をおり、公爵の船室に行って、せっせと働きはじめた。数分後に奥様が入ってきておっしゃった。『今回の航海では、時間の半分はあなたを探すのに使っている気がするわ、ディーン』

『ご不便をおかけして申しわけございません、奥様。同じ船の上ですから、それほど遠くにいたはずはないのですが』

『あなたがどこにいたかは知っているわ。たとえこの目で見ていなくても、すぐわかったでしょうね』そして奥様は、小さく鼻をくんくん言わせてみせた。『これからは一等船室を使いなさい』渡されたのは、船室番号が記された一枚の切符だった。『それと、こっちはモリーの分』つまり奥様のお付きメイドの分。その航海中はもう、二人ともお祭り騒ぎはできなかった。のべつ奥様に追い使われるはめになったんでね」

ニューヨークに着くと、レディ・アスターとウィシー様は奥様の姉上、デイナ・ギブソン夫人との面会のために下船されました。わたしは荷物とともに甲板に残っていました。ウォータールー駅でのわたしが迷子だったとすると、このときのわたしは孤児の気分でした。そのうちにアスター事務所から人が来て、トランクを持っていってくれましたが、まだ手元には二十個の手荷物が残っています。近くに黒人のポーターが数人いたので、そのなかのひとりに手荷物を運んでくれるかと尋ねてみました。相手は規則があるので自分が運べるのは二つだけだと長々と説明し、手招きして仲間を呼びました。やがてポーターの一個連隊を引き連れて波止場におりていくと、レディ・アスターがわたしを探していました。わたしを見ると、奥様はぞっとしたように両手をさしあげ、金切り声でおっしゃいました。「ローズと十人の黒ん坊だわ」ポーターたちの気持ちを思うと恥ずかしくて、穴があったら入りたい気分でした。肌の黒い人と接したのはそれがはじめてで、てっきり彼らが気を悪くするものと思ったのです。予想ははずれました。腹を立てたのはレディ・アスターのほうでした。どうやらわたしは一杯食わされたらしいのです。一人のポーターが台車を使って全部の荷物を運ぶべきだったのに、まんまとだまされて、十人のポーターにチップをやるはめになったのです——正確には、お金を出したのは奥様でしたが！

　アメリカでの肌の色が違う人々に対する扱いには、なかなかなじめませんでした。北部のほうが黒人に寛容だとされていましたし、全体としてはそうだったのかもしれません。けれどもアメリカ南部ヴァージニアにあるレディ・アスターのご実家では、黒人の使用人はイギリスの使用人よりもはるかに家族の一員に近い存在でした。愛されていたといってもいいほどです。どこかペットの犬をかわいがるのに似た、優越感に満ちた、しょうがないやつだが大目に見てやろうというような、恩着せがましい愛し方ではありましたが。黒人の使用人は主人を見ると興奮して尻尾をふり、芸をしてみせることを期待されていて、主人の側はよしよしと彼らをなでたり、軽くたたいたりしてやるのです。それでもやはり、イギリスの使用人と比べると、彼らはより強い絆で雇い主と結ばれているように見えました。その一方で、有色人種は家の外では低く見られていて、とくに貧困層の白人には見くだされていました。イギリス同様、あちらでもだれもが優越感を抱くことのできる相手を求めているようでした。わたしが思うに、この国でお屋敷奉公という仕事がすたれてしまったのは、そのせいもある気がします。そしてとうとう、使用人は下層中の下層と見なされるようになってしまいました。いまやイギリスも人種問題を抱えていますし、このまま行けば、今度はお金持ちを軽蔑すべきだという流れになるのもそう先のことではなさそうです。そうなれば、わたしは一生のうちにひととおりすべての変化を経験したことになるでしょう。

　ニューヨークに到着したその夜は、東七十三丁目にあるデイナ・ギブソン夫人のお宅に泊まりました。わたしはこの大都会のせわしなさに乗り移られたように感じましたが、それはむしろ好都合でした。やることがどっさりあるのに時間はあまりにも少なく、おまけに翌晩にはヴァージニア行きの列車に乗らなくてはならなかったからです。ウィシー様とレディ・アスターは、特別個室と呼ばれる寝台・トイレつきの二、三人用の車室をお二人で使われました。わたしたちはシャーロッツヴィルに到着し、その後、ラングホーン一族の故郷、グリーンウッドのミラドルに向かいました。もうご家族はみんな結婚して実家を離れていましたが、お屋敷はミス・ホワイトというイギリス人女性の手で管理されていました。ミス・ホワイトはレディ・アスターの第一子ボビー・ショー氏のかつての乳母で、その後、奥様の妹のブランド夫人が最初の結婚で儲けた二人のご子息、ピーターとウィンキーのブルックス兄弟の乳母も務めた人です。補佐役として、黒人の執事と二人の料理人ケイリーとエステルがいて、この三人はわたしたちが到着すると呼び集められ、よしよしと〝なでて〟もらいました。つまり二人の料理人はビーズや真珠の装身具を、執事のスチュアートはカフスボタンとネクタイをもらったのです。いくぶん批判がましく聞こえるかもしれませんが、とにかくだれもが楽しんでいたことは間違いなく、それは涙と笑いに満ちた、愉快で幸せなひとときでした。当時はそういうやり方が正しいものとして通用していたのです。

ミラドルは広大な地所で、十八世紀に建てられた大きなお屋敷には、柱廊式のポーチと大理石の玄関ホール、曲線を描いて伸びるジョージ王朝風の階段がありました。桃の名産地の中央部、ブルーリッジ山脈のふもとに位置し、景色は最高に美しいときのイギリスの田園地帯によく似ています

ミラドル。ホタルの群れが、まるでクリスマスのように樹々に明かりを灯していた光景は、なんともすばらしいものでした。

が、高い山々と広大な谷があり、スケールの大きさはイギリスより上でした。わたしはここにひと目惚れし、その後、一度も心変わりしていません。数日間の滞在中、わたしはずっと大忙しでした。二人のご婦人のお世話に加えて、続々と届く花をせっせと活けつづけなくてはならなかったからです。花はあとからあとから届けられ、しまいには飾る部屋がなくなるほど。おまけに休みなく鳴りつづける電話の応対もしなくてはなりません。最初はスチュアートに任せていたのですが、名前を忘れたり伝言を聞き間違えたりの連続で、ついにレディ・アスターが、電話にはわたしが出るべきだと言いだしたのです。

このときのミラドル訪問でわたしが何よりも楽しんだのは料理、アメリカ南部のすばらしい料理でした。奥様もご同様だったらしく、二人とも何ポンドか体重が増えました。ミラドルの次はリッチモンドを訪れ、サンダース・ホブソンご夫妻のお宅に滞在しました。ホブソン夫人はレディ・アスターの学校時代のお友達で、旦那様のほうはレディ・アスターについて、こんなことを教えてくださいました。「リッチモンドきってのお転婆だったよ。ぼくが言うんだから間違いない。なにしろいっしょに育てられたんだからね」ヴァージニアの州知事主催で、レディ・アスターとウィシー様を主賓とする舞踏会が催されました。これはアメリカ人お得意の大々的な催しでありながら、格調も感じさせるものでした。このときのアメリカ訪問で、お二人のどちらにとってもいちばん楽しかったのは、この舞踏会だったのではないでしょうか。わたしまでつられて少しばかりはしゃいだ気分になったほどです。リッチモンドからワシントンに向かい、カナダ大使館に二泊。それからマサチューセッツ州のボストンを経て、ふたたびニューヨークへ。短期間にあちこちに立ち寄るあわただしい旅で、わたしはひたすら荷造りと荷ほどきに追われていました。あとはギブソン夫人のお宅に一泊するだけで、わたしはイギリスへ戻るアキタニア号の船上でのんびりできるのを心待ちにしていました。ところが、まだ休息はできない運命でした。荷物が台車に載せられ、外に運びだされる段になって、レディ・アスターが横柄に手をふったのです。「ウィシー様のトランクとスーツケースをおろしなさい、ローズ。あの子にはおまえといっしょに再来月までこちらで過ごさせることにしたわ。アメリカの社交シーズンを経験させるのよ」

そして、そのとおりになりました。わたしものちに知ることになりますが、これはいかにも奥様らしいやり方でした。着替えるのと同じくらい頻繁に気が変わるのです。もっとも、わたしは面喰らいはしても、残念には思いませんでした。その分よけいにアメリカを見物できるうえに、お世話するご婦人はひとりだけになるのですから。それも、なさることもご気分の変化も、はるかに予測しやすいほうのご婦人だけに。

滞在中はデイナ・ギブソン夫人のお宅を拠点に、あちこちに旅行しました。週末ごとにどこかに出かけたのです。ダンスパーティーも連日のように開かれ、わたしは毎回ウィシー様のお供をしました。おかげでしょっちゅう夜更かしをするはめになりましたが、ギブソン夫人はレディ・アスターより思いやりがおありで、帰りが遅かった次の日は、わたしはいつもお昼まで寝ていることを許されました。もっとも、アメリカではメイドの労働時間はイギリスよりずっと短いのが一般的でしたから、あれはギブソン夫人の思いやりというより、あのお屋敷の規則だったのかもしれません。同じことは、レディ・グラナードのお屋敷やハドソン河畔ラインバック近郊のヴィンセント・アスター邸など、行く先々で起こりました。わたしはたくさんのお屋敷の使用人の世界をかいま見ましたが、何より奇妙に感じられたのは、これがアメリカ流という統一された行動様式が見当たらなかったことです。どのお屋敷にもそれぞれ違ったやり方があるらしく、使用人の国籍もさまざまでした。当然ながら、わたしは最初はイギリス流のやり方にこだわっていましたが、次は何が出てくるかわからないという状況にいったん慣れてしまうと、それもまた楽しいものでした。あちらの使用人はとても気さくで親切で、わたしは行く先々で歓迎されているように感じました。イギリスより勤務時間が短く、賃金が高いかわりに、アメリカの使用人は身を粉にして働くのが当然と見なされていました。その点、アメリカの雇い主はがっちりしていました。それはともかく、どうしても慣れることができなかったのは、アメリカの執事が洗礼名で呼ばれていたことです。わたしはリー氏が雇い主からエドと呼ばれるところを想像しては、その暴挙に——そして、その暴挙がもたらすはずの結果を思って——身ぶるいしました。

わたしたちは一九二八年十二月五日に、リヴァイアサン号で帰国の途につきました。この船は第一次世界大戦後にわが国がドイツから賠償金としてせしめたもので、船足が速く、とても快適でした。あちこち旅行できて楽しかったのに加えて、ウィシー様のご気性も十分にのみこんで、わたしはこの先何年間もウィシー様にお仕えできるのを楽しみにしていました。

帰宅するとすぐさまレディ・アスターに呼びつけられ、旅の様子を報告するよう言われました。どうやらウィシー様がわたしのことをよく言ってくださったらしく、何もお咎めはありませんでした。次の瞬間、奥様は表情を一変させました。「ミセス・ヴィドラーが辞めたことは知っているわね?」

「そう聞いております、奥様」

「彼女が辞めることを知っていたの?」

「はい、奥様」

「だったら、なぜわたしに言わなかったの?」

「内緒で打ち明けられたことですし、どのみち、わたしには関係のないことでしたので」わたしは答えました。

「なるほどね、ローズ。お下がり」

そっけなく退出を命じられて、わたしの返事がお気に召さなかったことがわかりました。そしてわたしは、奥様が当座のつなぎに雇ったお付きメイドに満足されておらず、早く縁を切りたがっていることも知っていました。その後のなりゆきをご存じだったら、奥様もそんなふうにはお思いにならなかったでしょう。奥様はすでにスペインのベアトリス王女の侍女だった女性を雇う手筈を整えていて、それをちょっとした快挙と見なしていたようです。ところが、これは当てはずれでした。この元侍女は二週間しかもたなかったのです。最初のお給料が出るのさえ待とうとしませんでした。いわゆる夜逃げの形で姿を消し、夜警も含めてだれひとり、彼女が出ていくのを見ていません。おそらく奥様のペースについていけず、これも経験と割り切ることにしたのでしょう。わたしはまたしても問いただされましたが、今回は何も知りませんでした。実は最初はちょっぴり面白がっていたのですが、そう長いこと笑ってはいられませんでした。週末はよそで過ごす予定になっていたため、二人のご婦人のお世話と荷造りを一手に抱えこむはめになったからです。

しばらくわたしがつなぎを務め、やがてミス・バイルズが着任しました。残念ながら、今回も長くはもたないことは最初から明らかでした。そのころの奥様はツキに見放されていたのかなんなのか、いくらもしないうちに、ミス・バイルズの顔にはつねにげっそりと憔悴した悩ましげな表情が浮かんでいるようになったのです。ある日、旦那様の従僕のブッシェル氏がわたしを捕まえて言いました。「ちょっとお耳を拝借、ローズ。どうやって知ったかは訊かないでほしいんだが、奥様はきみをウィシー様からとりあげて、ご自分づきにするつもりだよ」

とたんにヨークシャー人特有の強情さが、むくむくと頭をもたげました。「へえ、奥様が？　まあ、どうなるか見てなさいって」

その後、今度はリー氏に呼ばれました。「ミス・ハリソン、一応耳に入れておくべきだと思うのだが、近いうちに奥様から、ご自分づきにというお話があるはずだ」

「無理ですよ――ですからその、奥様に合格点をいただけるような仕事ができるとは思えません」わたしは言いました。

リー氏は「奥様は違う考えをお持ちだよ」と応じ、それで話を打ち切ろうとしましたが、わたしのかたくなな表情を見て、つけ加えました。「とにかく、知っていれば心構えもできるだろうから」

確信はありませんが、たぶんリー氏は奥様に、わたしが簡単には承知しそうにないと伝えたのだと思います。しばらくして、わたしは奥様の私室に呼ばれました。「いいこと、ローズ」奥様は切りだしました。「おまえのウィシー様の扱い方は気に入らないわ」

このひとことで、わたしは完全に出鼻をくじかれました。「申しわけございません」そう答える自分の声が聞こえました。

「おまえはあの子になんでもかんでもしてやりすぎるのよ」奥様は続けました。「あれでは自分の足で立つことを学べないわ。あの子はもっと自立して、自分のことは自分でするべきなのに」この食えない古狸め。わたしは思いました。「あの子にはもっと経験の浅いメイドを見つけるから、おまえはわたしづきになりなさい」

「せっかくですが、わたしはいまのままで完全に満足しております、奥様」けれども奥様はすでにわたしを追いつめていて、それはこちらも承知していました。

「もちろん、おまえはそうでしょうとも、ローズ。だけど、わたしはウィシー様のことを考えてやらないといけないの」

奥様がご自分の都合しか考えていないことはわかっていましたが、まさかそうは言えません。とはいえ、闘わずに降参する気はありませんでした。「お断りしたらどうなりますか？」わたしは尋ねました。

「その場合は辞めてもらうしかないわね」

「しばらく考えさせていただきます」

「ええ、そうしてちょうだい、ローズ」奥様はおっしゃいました。どこまでもやさしい、蜜のように甘い口調で。

奥様はご自分が勝ったことをご存じでした。わたしにはほかに選択肢がなかったのです。アスター家はいい職場でしたし、腹立ちまぎれに自分の損になることをしても意味はないので、わたしは結局、承知しました。ある意味では気をよくしていたのだと思います。もっとも、そんな気持ちは長続きしませんでした。もはや自分のことなど考えている余裕はなかったからです。自分に勤まるだろうかという不安は当たっていました。問題は集中力です。学校にいたころ、わたしたちはしじゅう集中しろと言われていました。そして、当時はいちおう集中できていたと思います。ところがレディ・アスターづきになると、わたしは一日十八時間、年中無休で集中力を切らさずにいることを求められました。おまけに、せっかくこちらが集中して何かをしていても、奥様はころりと気を変えて、わたしにも頭を切り替えることを要求なさるのです――それもご自分と同じ早さで。レディ・アスターづきのメイドの仕事は、それまで上流婦人のお付きメイドの仕事だと思っていたものとは別物でした。リー氏が言ったとおり、わたしが自分の経験のなかで作りあげた定義からいえば、奥様は淑女ではなかったのです。とはいえ、たとえ淑女ではなくても奥様は大物で、国際的に活躍されていました。つまり、わたしはこれでお付きメイドという職業の頂点に登りつめたのです。これからは、はしごのてっぺんから落ちないようにしなくてはなりません。それはたやすいことではなく、最初の何年間かはかなり危なっかしいこともありました。それでもついに、わたしは曲芸を演じられるようになったのです。

4　レディ・アスターとわたしの仕事

レディ・アスターづきになった時点で、わたしは職業的な目で奥様をながめてみました。身長五フィート二インチ〔約一五六センチ〕と小柄でスリムな体つき。お姿がよく、身のこなしもきれいでしたが、わたしの好みからいうと、しばしば動作が速すぎるきらいがありました。お体は丈夫で、病気や女性にありがちな不調がつけこむ隙はなし。第一次世界大戦が始まったころにクリスチャン・サイエンス信者になられていて、改宗前は半病人でしじゅう寝こんでいたそうですが、わたしがお仕えしていたころは馬のように頑強でした。小柄ながらハイヒールを履いて背を高く見せようとはせず、靴は昼用も夜用もごく普通の太めの中ヒール。奥様を見ていると、ヨークシャーでよく使われていた〝小粒でも中身は充実〟という言葉を思いだしたものです。

よほどスポーツがお好きだったのか、体調維持のためには体を動かすべきだと信じていたのか。たぶんその両方だったのでしょう。奥様は運動を欠かしませんでした。夏は毎日のようにクリヴデンの川やサンドイッチの海で泳ぎ、セントジェイムズ・スクエアではスカッシュを。旦那様に頼んで、あそこにご自分専用のコートを作らせていたのです。テニスとゴルフもなさり、クリヴデンには練習用のゴルフ場がありました。乗馬も定期的にされていて、この習慣は晩年まで変わりませんでした。冬は毎年ウィンター・スポーツ、具体的にはスキーとスケートを楽しむために外国にいらっしゃいました。奥様はスポーツ万能で、どんな種目も上手にこなされたようです。

わたしがするべき作業は、内容的にはそれまでお仕えしてきたほかのご婦人方の場合とほぼ同じでしたが、量は前よりも増えました。七時半に奥様のお部屋に行き、化粧室から前の晩に着ていた服を回収します。回収した服は自分の部屋に持っていき、あとでアイロンをかけなくてはなりません。八時に朝食をとり、八時半に奥様に朝食をお持ちして、浴槽に水を張ります。奥様は冬も夏も冷水浴をされていました。入浴がすむと九時前後になっていて、奥様はクリスチャン・サイエンスの教本を読まれます。この時間には、よほど緊急の電話以外は取り次ぐことを許されず、わたしは試行錯誤の末に、奥様が何を緊急と見なすかを学びました。そのあとは、ひたすら活動あるのみです。政治秘書が呼び集められ、体が足についてこられないほどの速さですっ飛んできます。郵便物が開封され、電話が鳴りだすか、さもなければ奥様のほうからどこかに電話します。電話がつながると、奥様はいつもおどけた調子で第一声を発しました。「もしもし、あなた？　ええ、わたしよ」やがて秘書軍団はほとんどドアの外に放りだされるような勢いで部屋から追いだされ、奥様はその日なさるつもりの運動にふさわしい服を出すよう命じます。そして、行ったと思うとすぐに戻ってきて、わたしが用意しておいた、今度はあたたかいお風呂に入るのです。奥様は運動したあとは必ず、脱いだ服を浴槽に放りこみました。スカッシュ用の服、ゴルフ用のブラウス、あるいはテニス用のスカート。たぶん一度身につけたものは、そのたびに確実に洗濯されるようにしたかったのでしょう。洗濯場での作業が遅れた場合に備えて、わたしは各種のスポーツウェアを何組も用意していました。ご入浴後は議会、訪問、買い物など、午前中のご予定に合わせてお支度を。昼食後は午後のご予定に合わせて着替えるか、くつろがれるときはゴルフ用の服に着替え、晩餐の前にはまたお召し替えをなさいます。たいてい一日に五組の服が必要だったので、わたしはかなりのやりくり算段とアイロンかけ、染み抜き、繕い物を要求されました。それに加えて、しょっちゅうお使いや伝言を頼まれたり、ひとりで、または奥様のお供で買い物に行ったり、オリジナルやコピーの服を作ったり。奥様のお召し物はずいぶんたくさん作ったものです。

レディ・アスターはつねに非の打ちどころのない装いをなさり、それを誇りにされていました。服を大切に扱い、間違ってもだらしなく散らかしておくことはありませんでした。着替えると、脱いだ服はまとめてハンガーに、帽子は帽子掛けにかけ、靴にはシューキーパーを入れます。下着の扱いにはことにやかましく、下着をひと組ずつ入れておく絹の巾着袋を作って、旦那様の持ち馬に乗る騎手の帽子と服の色、つまりブルーとピンクで飾るのは、わたしの仕事でした。毎晩、奥様のスツールに袋をひとつ置いておくと、奥様が使用ずみの下着を入れてリボンを結ぶので、そのまま洗濯に出すのです。そういうやり方があることは聞いていましたが、そんなことをするのはお年を召したご婦人だけだと思っていました。奥様の下着はフランスにある体の不自由な女の子のための学校で手作りされていて、冬物は絹と毛の混紡で膝上までのぴったりした下穿きがつき、夏物はトリプルニノンで、どれも見事なアップリケや刺繍が施されていました。

下院登院時の奥様の装いは、一分の隙もないものでした。黒いテーラードスーツ、サテンの表地に白い絹で裏打ちし、襟と折り返しのあるカフスをつけたダブルのブラウス、そして畝織りリボンの花形記章のついた三角帽子。あるいは襟とカフスに白いピケを使った純毛の黒いワンピース。夏はもっと薄手の黒いワンピースで、胸元のひだ飾りとカフスは白いレースか、薄手の白麻に白糸でアイレット刺繍を施したもの。ひだ飾りにもカフスにも、染みひとつあってはなりません。わたしはどちらもつねに何組も用意していて、奥様は一度使ったものを洗濯せずに身につけることは決してなさいませんでした。

奥様がよく服装を褒められていたことは知っていますが、どんなに褒められても、奥様の口からそれがわたしに伝わることはありませんでした。せいぜい一度こうおっしゃったことがある程度です。「レディ・だれそれが、どうすれば襟とカフスをこんなにきれいにしておけるのか知りたいとおっしゃっていたわよ、ローズ」

わたしは少々つっけんどんにならずにいられませんでした。「洗濯することです、と申しあげてください、奥様」

議会登院時は黒いパンプスに黒い絹のストッキングと決まっていましたが、色物のストッキングが流行しだすと、ストッキングはスチールグレーに変わりました。白いスエードの手袋はパリから取り寄せた品で、これも一度使うたびにクリーニング行き。最後に、お出かけ直前に床まで届く黒いマントをはおれば、お支度は完成です。

奥様の装いには、ほかの議員にはない特徴がひとつありました。ボタンホールの花です。これは庭師兼デコレーターのフランク・コプカットが用意したもので、クリヴデン滞在中は直接お屋敷に、セントジェイムズ・スクエア滞在中は郵便で、毎日新しいものが届けられました。奥様が要求されたのは白い花、それも香りの強いもの。「香りのない花なんて育てる価値はないわよ、フランク」というのが口癖で、フランクは年間を通して奥様の要求に応えていました。使われるのはもっぱらクチナシ、チューベローズ、マダガスカル・ジャスミン、スズラン、そして幸いにも冬咲きの、小さな金色の花心を持つ可憐な白い蘭。この蘭でさえ、すばらしい香りを持っていました。奥様が政治家としての責任をとても真剣に受けとめていたことは間違いないと思いますが、その一方で、初の女性国会議員として、あとに続いた女性議員たちにお手本を示すのもご自分の務めだと感じていらしたのではないかという気がします。その奥様が一度だけしくじられたことがありますが、どうしてあんなことになったのか、さっぱり見当がつきません。それはわたしが奥様づきになってまもないある日のことでした。「今日は黒は着ないわ、ローズ。赤いワンピースを出してちょうだい。そろそろイメージチェンジをしないと」お止めしようとしたものの、骨折り損のくたびれ儲けで、もはやおなじみの「おだまり、ローズ」のひとことをちょうだいしただけ。詳しいことは知りませんが、どうやら奥様は下院で物笑いの種になったようです。おまけに旦那様まで怒らせてしまったのです。何を証明する気だったにしろ、その試みは失敗し、奥様は二度と挑戦しようとはなさいませんでした。

下院登院時の服装についてずいぶん詳しく書いてきましたが、それは奥様の議会用ファッションがずっと変わらなかったからです。それ以外のときの服装は違いました。奥様は流行を追うことはあっても、流行の先端を行こうとなさったことはありません。奇抜な服装とも無縁で、高価だけれど華美ではない装いをなさっていました。基調はシンプルさ。奥様の個性には、それがいちばん似合っていました。奥様がいつもこれ見よがしに装いたがるご婦人でなくて幸いでした。着つけそのものは楽なのですが、どうにも厄介なのはお気が変わりやすいこと。「このドレスじゃないわ、ローズ。紫のにしてと言ったはずよ」などと言われることはしょっちゅうで、しかたなくご希望の服にアイロンをかけに行って戻ってくると、奥様はすでに、最初に出しておくようおっしゃった服を着てしまっているのです。せめてもの抵抗に、「そもそも奥様のお指図がなければ、わたしがその服を出すと思いますか?」と申しあげても、返ってくるのは「おだまり、ローズ」のひとことだけ。ようやく着つけがすむと、奥様は鏡の前に立ち、ご自分で細かい部分を点検します。何かまずいことがあると、お小言はまぬがれません。お付きメイドがよく口にする表現を使えば、〝ヘアピン一本のことで、ねちねちと文句を言われた〟のです。

運動をされていたせいか、奥様はお顔の色艶がよく、それは最後の最後まで変わりませんでした。しわもほとんどなく、これは驚くべきことでした。奥様は感情が顔に出る方でしたし、しじゅう大勢の人と会い、そのたびに表情筋をフルに働かせていたからです。化粧はほとんどなさいませんでした。化粧といえば、奥様はわたしがお仕えするようになってじきに起きた運の悪い事故がきっかけで、メークの専門家に出会い、のちにその女性から多くを学んでいます。ある午後、奥様は若い友人のデイヴィッド・メトカーフとゴルフをしていて、ラウンドしながらコーチのまねごとをしていました。ところが若い生徒がボールを強打したとき、その後ろに十分な距離をとらずに立っていたため、クラブが頰に当たってひどい痣《あざ》になってしまったのです。奥様はその夜、公式舞踏会に出席されることになっていました。欠席は絶対にしたくないけれど、無理もないことながら、そんな顔では行きたくない。そこでボンド街のエリザベス・アーデンに電話がかけられ、美容部員のひとりがセントジェイムズ・スクエアに来て、頰の痣を目立たなくするために手を尽くしてくれることになったのです。結果は上々で、奥様は大喜び。その後は何かあるたびに、その若い女性が呼ばれて奥様のメークをするようになりました。その結果、レディ・アスターはプロの化粧術を少しばかり覚え、メークに使うのは、当然ながらすべてエリザベス・アーデンの商品でした。奥様は香水はほんの少ししか使わず、こちらはシャネルの五番と決まっていました。

　前にも書いたように、奥様は着るものにはお金を惜しまない方でしたから、奥様づきになって何年かして、マークス&スペンサーでワンピースを一着見立ててくるよう言われたときはびっくりしました。「マークス&スペンサーでございますか?」わたしはあっけにとられて問い返しました。

「そうよ。あそこも最近はとてもいい品を扱っているらしいわ。とにかく行って見てきなさい」

そこまで言われてはしかたありません。わたしは出かけていきました。すると驚いたことに、グレーの模造真珠のしゃれた飾りボタンがついたグレーのニットのワンピースが見つかったのです。値段は三ポンド一九シリング六ペンス。それを持って帰ると、わたしは戦利品を褒めちぎったりはせずに包みをさしだして言いました。「お似合いになるかどうかわかりませんが、お気に召さなかったりサイズが合わなかったりした場合は、返品すれば代金は返してもらえますから」奥様は返品可能というところがお気に召したようです。包みを開いてお見せすると、悪くないとおっしゃり、試着されました。サイズはあつらえたようにぴったりでした。値段を申しあげると、そのあまりの安さに、奥様はこの服にますます愛着をお持ちになったようです。このワンピースはぼろ同然になるまで愛用されました。最後には向こう側が透けて見えるほど擦り切れていましたが、奥様がそこまで完全に着つぶした服は、あとにも先にもこれだけです。外出から戻ってきた奥様がおっしゃるには、お友達は皆様そのワンピースを褒めそやし、どこで買ったのか知りたがったとか。

「本当のことをおっしゃったんですか、奥様?」

「まさか。言うわけないでしょう、ローズ。どうせ信じなかっただろうし。ジャクマールの服だと言っておいたわ」ジャクマールは奥様行きつけのブティックで、グロヴナー街にありました。

「あの人たち、きっと明日あの店に行くわよ。似たような服を手に入れようとしてね」

このワンピースの成功がきっかけで、奥様はすっかりマークス&スペンサーびいきになりました。最初のときほどの掘り出し物には二度とめぐりあえませんでしたが、それでもゴルフ用のスカートで何度かそれに近い成功を収めています。こちらもサイズがあつらえたようにぴったりで、大いに褒めそやされました。

奥様は大の帽子好きでした。いつだったかアメリカ旅行を終えてニューヨークに戻ってきたときのことです。船が出るのは翌日なので、わたしたちはニューヨークで一泊することになっていました。すると奥様は、五番街の高級デパート〈バーグドーフ・グッドマン〉をのぞきに行くと言いだしました。「もう帽子はお買いにならないでくださいよ、奥様」わたしは申しあげました。「荷造りはすんでいますし、帽子用の箱はどれもいっぱいですから」奥様が行ってくるわと陽気に手をふるのを見て、わたしは遅ればせながら黙っているほうが賢明だったことに気づきました。奥様はわたしの言葉を挑戦と受けとったに違いありません。戻ってきたときには案の定、買い物包みをどっさり抱えていました。

「そこにお持ちの荷物は、まさか帽子ではないでしょうね」

「だってローズ、どうしても買わずにいられなかったのよ」と奥様。どうせならそのあとに、「おまえにあんなことを言われてはね」とつけ加えるべきでした。そういう意味でおっしゃったのですから。

「ご自分で持ってくださいよ。さっき申しあげたとおり、わたしはほかの荷物で手いっぱいなんですから」

というわけで、奥様は帽子をご自分でお持ちになり、船がサウサンプトンに着くと、わたしは税関で帽子を申告しなくてはならないと申しあげました。「冗談じゃないわ。税金なんて払いませんからね。そうでなくても高かったのに。払えなんて言われたら、帽子を没収すればいいと言ってやるわ」

けれども税関は関税の支払いを求め、奥様は支払いました。念のために言わせていただけば、奥様はたしかに帽子の似合う方でしたし、流行にもそれなりに影響を与えていらしたのではないかと思います。たとえばナイツブリッジに帽子屋を開いたミス・ウェラムの件がいい例です。レディ・アスターはこの店の最初の顧客のひとりでした。奥様がちょくちょく店を訪れたうえ、お友達もこぞってそれに倣ったため、店はやがて大繁盛するようになりました。ミス・ウェラムはちゃんと恩返しをしました。遺言で奥様に百ポンドを遺贈したのです。奥様はたいそう感激されました。奥様にとって、その遺贈はいわば貧者の一灯、金額は少なくても精いっぱいの気持ちの表われで、それだけに限りなく尊いものだったのです。奥様は靴と手袋にも目がなく、パリに行くたびに山ほど持ち帰られました。ありがたいことに、奥様は手袋の扱いにはとても注意深く、わたしは一部のお付きメイドのように、片方だけの手袋が箱にいっぱいたまってしまうという経験はしたことがありません。いつだったか、あるお付きメイドが言ったことがあります。「片方だけの手袋が三十枚はしまってあるはずだけど、奥様が捨てさせてくださらないのよ。全部とっておけば、いつかは左右同じものが揃うはずだとおっしゃって。まあ、あの調子でなくしつづければ、そうなっても不思議はないけど。片腕がない貴婦人のための協会があれば寄付させてもらえるかもしれないわね」そう言いたくなる気持ちはよくわかりました。

レディ・アスターは傘の管理はあまりお得意ではなく、とくに晩年には傘の置き忘れが多くなりました。通りでお友達に会っておしゃべりを始めるのはいいのですが、近くに鉄柵があると、身ぶり手ぶりに両手を使えるよう、傘を柵にかけてしまうのが間違いのもと。おしゃべりが終わると、そのまま傘を持たずに立ち去ってしまうことがたびたびあり、わたしは置き去りにされた傘を探して、何度となく奥様が歩いた道をたどり直すはめになったものです。

同じく服飾小物で、わたしが奥様づきになったころはよく使われていたものに、扇があります。奥様はさまざまな国で作られた美しい扇をいくつもお持ちでした。柄の部分が鼈甲《べっこう》でできたすばらしく豪奢な羽根扇をつねに清潔でぱりっとした状態に保っておくには、入念な手入れが必要でしたが、それでも扇が使われなくなったときは、ひどく残念な気がしたものです。奥様も残念に思われたのではないかと思います。お客様やお友達との会話のなかで扇を小道具に使い、劇的な効果をあげていたのですから。この扇のコレクションがやがて、奥様から姪で友人でもある女優のミス・ジョイス・グレンフェルに贈られたのは、喜ばしいことでした。そしてもうひとつ、これも当時はよく使われていた服飾小物で、扇のあとを追うようにして現役を退いたのがレースです。レディ・アスターはそれは美しいレースのコレクションをお持ちで、おかげでわたしはレースに詳しくなりました。こちらは最終的にはすべて箱に詰められてしまいこまれましたが、わたしは奥様の黒いベルベットのドレス用に、少しだけ手元に残しておきました。チャールズ王の時代風に、コーヒー色のレースを襟元と袖口にあしらうのです。レースの洗濯には細心の注意が必要で、アスター家では必ず専門のクリーニング業者に出していました。

　わたしが管理を任された品々のなかで、ほかの何よりも大きな気苦労の種になったのは、宝石類です。奥様づきになったとき、わたしはお手持ちの装身具すべての一覧表を渡され、そこにサインしなくてはなりませんでした。フールスキャップ判〔三四三×四三二ミリ〕の紙に五枚分ほどの長いリストで、これはいまも持っていますし、何があろうと手放す気はありません。いまではこれを見れば、それぞれの品がどこのどなたのところに行ったかがわかるようになっています。この一覧表は奥様が亡くなられてからも何かと役に立ってくれましたし、必要になればいつでも、わたしがきちんと自分の役目を果たしたことを証明してくれるでしょう。考えてみれば、年収七五ポンドの一使用人であるわたしが何十万ポンドもの価値がある宝石類の管理を任されるというのは、とんでもないことです。金庫を開けるための組み合わせ番号を知っているのはわたしだけでした。事務所には控えが保管されていたはずですが、奥様がどうしても番号を覚えられず、わたしに無断で何かを持ちだすことができなかったのは幸運でした。こんなことを言うと怒られそうですが、奥様はある種の事柄についてはひどく忘れっぽかったからです。とびきり貴重な宝石類は、もちろんセントジェイムズ・スクエアの銀行に預けられていました。保険の関係でそうしなくてはならなかったからですが、何かが必要になるたびにそれを銀行にとりに行き、受け取りにサインするのはわたしの仕事でした。何かなくしていたとしたらどうなったのかは知りませんし、そんなことは考えたくもありませんが、お給料のなかから弁償するとしたら、完済するには気が遠くなるような時間がかかったはずです。それこそ旧約聖書に出てくるメトセラのように、千歳近くまで生きなくてはならなかったに違いありません！

　奥様の装身具のなかで最も貴重だったのは、たぶんサンシーのダイヤモンドでしょう。このダイヤの来歴は、石そのものに劣らずわたしを魅了しました。これは一五七〇年にトルコ駐在のフランス大使シニョール・ド・サンシーがコンスタンティノープルで買ったアーモンド型の美しい石で、インド風に表裏両面にカットが施されていました。その後、フランス大使としてイギリスに赴任したサンシーは、ナヴァラ王アンリ四世にダイヤを貸してほしいと頼まれました。サンシーは承知し、使者に石を持たせて送りだしましたが、使者は目的地に到着しませんでした。見つかったのは使者の死体だけで、ダイヤはどこにも見当たりません。サンシーは若い使者の忠誠心を信じてさらによく調べ、その結果、使者が宝石を飲みこんでいたことがわかったのです。このダイヤはのちにイギリス王ジェイムズ一世に売られ、ついでマザラン枢機卿を経て、ルイ十四世の手に渡りました。そしてフランス革命後にはロシアに渡ったこの宝石を、やがてウィリアム・ウォルドーフ・アスターが買い、息子の嫁である奥様に贈ったのです。サンシーのダイヤモンドを手にするたびに、わたしはこの宝石が経てきたさまざまな場所、とりわけ使者の胃袋に思いを馳せました。胃袋のなかからの生還だなんて、まるで旧約聖書のヨナと鯨の話のようではありませんか！　この宝石はアスター家にあったときにもちょっとした騒動を巻き起こし、わたしはつかの間ながら激しい不安にさいなまれました。一九三九年の宣戦布告を受けて、旦那様が高価な品をすべてロンドンからメイデンヘッドに移すことにされたときのことです。リー氏がやってきて言いました。「たったいまアスター卿からご連絡をいただいて、今度クリヴデンに行くときにサンシーのダイヤモンドを持ってきてほしいそうだ」

「あれなら銀行ですよ」わたしは言いました。

「あそこにはないよ。銀行に預けてあったものは旦那様がすべて持ちだされて、あのダイヤはきみが持っているはずだと仰せだ」

わたしは恐ろしさのあまり気が狂いそうになりましたが、それでも自分が正しいことはわかっていました。だって、わたしのような身分の人間が、何十万ポンドもするダイヤモンドを手元に置いているかどうかを忘れてしまうなんて、まずあり得ないじゃありませんか。わたしはアスター卿の秘書のミス・ジョーンズに電話しました。「ああ、その件ならついさっき子爵から事情をうかがったところよ、ローズ。ご自分のポケットに入れたきり、忘れてしまわれていたんですって」

「ご自分のポケットに入れといて、わたしが持ってるはずだとおっしゃったって？」わたしは受話器に向かって怒鳴りました。「見てなさい。今度会ったら文句を言ってやるから！」

「文句ならいま言ってくれていいよ、ローズ」旦那様の声で返事がありました。受話器はいつの間にやらミス・ジョーンズの手から旦那様の手に渡っていたのです。「本当に悪いことをしたね」

「悪いことですって、旦那様？」わたしは申しあげました。「これは犯罪ですよ。殺人未遂です。

もうちょっとで心臓麻痺を起こすところだったんですから」それから何日か、旦那様はわたしをごらんになるたびに両手で頭を抱えて背を向けました。

リー氏によると、このダイヤモンドのせいで迷惑をこうむったのは、わたしだけではないそうです。「事件が起きたのは」リー氏は語りはじめました。「ミス・ハリソン、きみが仲間入りする何年か前のことだった。セントジェイムズ・スクエアで舞踏会があって、レディ・アスターはあのダイヤを妹のノーラ・フィップス夫人に貸してさしあげたんだ。金鎖に下げてつけられるように明け方になって奥様が近づいてきて、小声でおっしゃった。『ミスター・リー、サンシーのダイヤモンドが見当たらないのよ』

『見当たらないとおっしゃいますと、フィップスの奥様が紛失されたということでございましょうか？』

『そうよ。だれが盗んだと思って？』

『盗っ人の正体を知っているかという意味のお尋ねでしたら、存じませんとお答えするしかありませんが、そうと決めつけるのは早計ではございませんか？』実際、そのとおりだったんだがね。『あなたが雇った男たちはどう？』と奥様はお訊きになった。私がその夜の催しのために臨時スタッフを何人か雇ったことをご存じだったんだ。『信用できると思う？』

「私はじっと奥様を見つめた。『冷静にお考えください。私どものような者がサンシーのダイヤモンドを手に入れたところで、どうなります？　処分しようとしたとたんに捕まるに決まっております』

『楽団はどうかしら?』

『楽団は私の管轄外でございます。契約したのは奥様の秘書ですから』それは当時大人気のアンブローズ管弦楽団で、社交界の大規模な舞踏会には必ず呼ばれていた。演奏のついでに犯罪を、などと考えたとは思えない。『本当に盗まれたとしたら、犯人はむしろお客様のどなたかである可能性が大きいかと。ダイヤを処分しやすい立場におられますから。本当に盗まれたとお考えなら、スコットランドヤードにお電話なさるのがよろしいかと存じます』

「奥様は旦那様に相談しに行ったが、旦那様は警察を呼ぶことを承知なさらなかった。それでよかったんだ。スタッフ全員にダイヤの紛失を知らせておいたところ、翌朝七時に、下級ハウスメイドのひとりがサンシーのダイヤモンドを手にして私の部屋にやってきた。『ミスター・リー。みんなが大騒ぎしてる代物って、これのことですか?』絨毯の下で見つけたそうだ。たぶんご婦人方の長いドレスの裾で掃きこまれたんだろうね。というわけで、ミス・ハリソン」リー氏は言いました。「これがサンシーのダイヤモンド紛失事件の顚末だよ」

リー氏の語り口はいつもながら愉快で、ことにハウスメイドがあの有名なダイヤを〝代物〟呼ばわりしたのは痛快でした。言われてみれば、たしかに〝物〟でしかないのですから。さて、いったん調子が出てくると、リー氏の話はなかなか止まりません。勢いに乗って、今度は奥様の真珠がなくなったときの話を始めました。「あれは一九一九年のことだった。第一次世界大戦が終わって、社交界がようやく勢いを取り戻しかけたころで、奥様はプリマス選出の下院議員になられたばかりだった。エリオット・テラスのお屋敷でパーティーがあって、その翌朝、レディ・アスターが私を呼んでおっしゃった。『リー、わたしの真珠が盗まれたわ』

『それはお気の毒に存じます、奥様』私は言った。『いつ、だれに盗まれましたので？』

『きっと昨夜よ』奥様は答えた。『犯人はだれだかわからないけど』

『それでしたら見当たらないとおっしゃるのが適切かと存じますが』

『だって隅から隅まで探したのよ。ミス・サムソンと二人がかりで』ミス・サムソンは奥様のお付きメイドだったが、まだ勤めはじめて日が浅かった。『盗まれたに違いないわ。警察を呼びなさい』

『承知いたしました、奥様』ちょっと性急すぎやしないかとほのめかそうとしたんだが、結局は言われたとおりにするしかなかった。巡査部長がやってきて、案の定、開口一番こう言った。『奥様づきのメイドはどういう人です？』疑われるのはいつだって使用人だったんだ。真珠を処分する手段を持っていない以上、彼女が盗んだとは思えない。そう言ってみたが、巡査部長は納得しなかった。

『いちばん怪しいのはそのメイドですな。まず彼女に話を聞きましょう』事情聴取は図書室で行なわれた。気の毒なミス・サムソン。烈火のごとく怒り、頰を涙で濡らして出てきたとたんに、奥様の『あったわ』という声がしたんだからね。どうやら奥様の秘書のミス・ジェンキンズが部屋の屑籠を空けたところ、真珠が出てきたらしい。次にミス・サムソンに会ったとき、しごく当然のこととしてその件について同情の念を表明したところ、何があったかを話してくれた。それによると、あの横暴な巡査部長は真珠を盗んだことを認めるという供述書を書いて、彼女にサインさせようとしたそうだ。そして彼女が拒否すると、身体検査をすると言い張った」ここでリー氏はぞっとしたように声をひそめました。「驚くじゃないか、ミス・ハリソン。巡査部長は彼女の短パンのなかにまで手を入れたそうだよ」このときは真顔を保つのに苦労しました。ミス・サムソンに対する巡査部長の仕打ちではなく、リー氏が彼女の下着を〝ニッカーズ〟というおなじみの名前で呼べないらしいことが笑いの壺にはまってしまって。

クリヴデンにはわたしが勤めているあいだに一度、本当に泥棒が入ったことがありました。季節は夏で、ペンキ職人が寝室の窓のひとつに梯子を立てかけたままにしておいたところ、泥棒が奥様の部屋に忍びこみ、そこらに転がっていた、それほど高価ではない装身具をいくつか盗んだのです。きっと途中で邪魔が入ったのでしょう。もっと値の張るものがいくつも残っていましたし、奥様の簞笥の引き出しはひとつも開けられていなかったのですから。警察と保険会社の人々が調べに来ましたが、犯人の正体はわからずじまい。それから何日かして、わたしは旦那様に呼ばれました。「金庫を変えたほうがいいと思うんだ。ダイヤル錠ではなく普通の錠にして、小さな鍵を二つ、レディ・アスターときみにひとつずつ持ってもらう。鍵は金色だから、いつも身につけていられるように金のブレスレットを買ってあげよう」

これは大変です。わたしは大急ぎで頭を回転させました。「それは困ります、旦那様」わたしは申しあげました。

「いったいどうしてだい、ローズ？」旦那様はご自分が決めたことに反対されつけていませんでしたし、わたしがそんなまねをしたのは、このときがはじめてでした。

わたしは言いました。「わたしはもっか金庫の組み合わせ番号を知っているただひとりの人間ですけど、それをご存じなのは旦那様と奥様だけです。でも手首に鍵をぶらさげているところを見られたら、だれだってなんの鍵か気づくに決まってますし、どこかの悪党に知られたら手首を切り落とされるかもしれません。冗談じゃありませんよ、旦那様。そんなのは絶対にごめんです」旦那様はちょっとお笑いになりましたが、わたしの言い分にも一理あると思っておいでなのがわかりました。

「わかったよ、ローズ。では、しばらくはこのままにしておこう」旦那様としては、〝しばらくは〟という言い方をすることで逃げ道を残しておく必要があったのでしょうが、その件についてはそれきりなんのお沙汰もありませんでした。誤解していただきたくないのですが、わたしはそんな臆病者ではありません。手首を切られることを本気で恐れていたわけではないのです。けれども奥様がご自分で金庫を開けられるようになれば、宝石類のありかを把握しておくのは不可能になり、わたしの人生が悲惨なものになるのは目に見えていました。でも、まさか旦那様にそんなことは言えないじゃありませんか。

「アスター家のティアラ」をつけたレディ・アスター。中央にサンシーのダイヤモンドがはめ込まれています。ドレスは水色のサテンにコーヒー色のレースをあしらったもの。胸元を飾っているのは、アスター家の真珠のネックレスです。

サンシーのダイヤモンドと真珠を別にすると、とりわけ重要な装身具はティアラでした。奥様は五つお持ちでした。いちばん美しくて高価なのはアスター家の家宝で、二番目はダイヤモンドと真珠をちりばめたバンド型のもの。三番目はアクアマリンとダイヤモンドをあしらったもので、四番目は奥様がご自分で買われた、つんつんとがった飾りがついたダイヤモンドのもの、そして五番目は、最初のもののイミテーションでした。奥様はさほど重要でない催しにはこのイミテーションのティアラを使われ、お友達にもよく貸していました。お持ちの装身具のなかでもとくに貴重な品は、どれも実際に身につけようとすると高くつきました。銀行から持ちだされた瞬間から銀行に戻されるまでのあいだ、余分に保険料がかかるからです。もっとも奥様はそんなことはどこ吹く風。高価な装身具をつけるのが大好きで、わたしの好みから言うと、たくさんつけすぎることもしょっちゅうでした。くるりと向き直って「どうかしら、ローズ？」とおっしゃる奥様に、わたしは「おや、それっぽっちでよろしいんですか、奥様？」と応じ、毎度おなじみの「おだまり、ローズ！」のひとことをちょうだいしたものです。

奥様は大きなサファイアとダイヤモンドのネックレスもお持ちで、これは金具をはずすとブレスレットとして左右の手首につけられるようになっていました。またヘーゼルナッツくらいある大粒ダイヤのイヤリングひと組もお持ちでしたが、奥様はある晩、カフェ・ロワイヤルであった何かの〝催し〟で、このイヤリングの片方をなくされました。例によって泥棒うんぬんの騒ぎになったあと、わたしは朝一番に店に行き、いとも簡単にイヤリングを回収しました。清掃担当者がイヤリングを見つけ、店に届けていたのです。これを見ても、当時の使用人がいかに正直だったかがわかります。奥様のお気に入りの品のなかに、ゴルフのティーをかたどったサファイアとダイヤモンドのブローチがありました。皇太子時代のエドワード八世とペアを組んで出場したゴルフの大会で賞品としてもらったもので、奥様はゴルフに行くときにスカーフ留めとして使っておいででした。このブローチは何度かなくなっては見つかり、踏みつぶされて修理され、最終的には新しく作り直されました。ルード宝石店はこのブローチひとつでずいぶんと儲《もう》けたに違いありません。

あのころの宝石店と顧客の関係を、はたしてどれくらい多くの人が知っているでしょう。宝石を売って、それで終わりではないのです。買い手の側から言うと、商品を買ったというより、宝石店から借りているような感じでした。買った商品の手入れは、何から何まで宝石店がしてくれます。

クリーニング、修理、石のセットのし直し。商品はすべて写真に撮られ、特徴を細かく記録されているため、たとえ紛失しても、もとの品と見分けがつかないものを新しく作ってもらえます。宝石店の人々は、貴婦人づきのメイドにはこれ以上ないほど腰が低く親切で、装身具の汚れを落としてつねに最高に美しく見えるようにしておく方法を、いつでも快く教えてくれました。わたしはときたま手持ちのささやかな装身具をカルティエやルードに持っていきますが、もはやなんの利用価値もない人間にもかかわらず、どちらの店でもいつもアスター家の一員として迎えられています。お屋敷奉公に一生を捧げたのも悪くないと思わせてくれることはいろいろありますが、これもそのひとつです。

いつだったか、カルティエがとても役に立ってくれたことがありました。その日は奥様が荒れていて、何ひとつうまく行かず、何もかも気に入らないという状態でした。わたしに当たり散らし、ありとあらゆることに端からけちをつけていた奥様は、やがてブレスレットをつまみあげておっしゃいました。「見なさいよ、ローズ。汚いったらないわ。おまえはただの一度でもわたしの装身具の手入れをしたことがあるの？」

わたしはにっこり笑って言いました。「汚れていましたか、奥様？　それはよく気づいてくださいました。なにしろカルティエにクリーニングに出しておいたのが、今朝戻ってきたばかりですので。さっそく荷造りして送り返しますので、同封できるように苦情のお手紙をお書きいただければと存じます」

このときは「おだまり、ローズ」は出ませんでした。ここはやはり「おだまんなさい、奥様」でしょう。もっとも、そんなことを言う必要はありませんでしたが。

真珠の糸替えは定期的に行なわれ、いつしか儀式のようになりました。作業をするのはウォリック街にあるホプキン・ジョーンズ宝石店のミス・グレース。電話をして日時を決めると、わたしが銀行から真珠を出してきて、二人でわたしの寝室に上がります。わたしの役目は、ミス・グレースがテーブルの上で真珠を新しい糸に通すのを、真珠がすり替えられないよう厳重に見張っていること。作業が終わると、わたしが真珠を数えなくてはならなかったので、すり替えないかぎり真珠を盗むことはできません。ネックレスは四連で、真珠の数はそれぞれ四十二、四十六、四十九、五十四粒ずつ。この数字はいまだに頭に入っています。もっとも、わたしはそんな儀式は茶番だと承知していましたし、それはミス・グレースも同じでした。おそらくメアリー王妃〔エリザベス二世の祖母。のちに皇太后〕の侍女もそうだったでしょう。ミス・グレースは王妃様の首飾りの糸替えも担当していたからです。それでも儀式をやめるわけにはいきませんでした。宝石店が承知しなかったのです。こういう方法をとっておけば、のちのち問題が起きたときのための保険になりますし、信用は宝石店の商売道具というわけです。この真珠のネックレスのものほど美しい留め金は、たぶんこれまでに見たことがありません。中央部分はエメラルドで、両側にダイヤモンドが六つずつ——とにかく実にすばらしい品でした。

ときとして高価な宝石をめぐるドラマもあったとはいえ、そのレベルの宝石類の管理には、基本的にはそれほど手はかかりません。日常的に使われるものではないからです。わたしにとって最大の頭痛の種は、そこまで値が張らない装身具の数々でした。奥様は普段使いの装身具の扱いには無頓着で、ほうぼうに貸してしまい、ときにはだれにも言わずに人にあげてしまわれることさえあったのです。何がどこにあるかを把握しておくには、後ろにも目が必要なほどでした。同じような意味で、ときに頭の痛い思いをさせてくれたのが、奥様の毛皮です。奥様づきになった時点では、毛皮の管理は正式にはわたしの役目ではありませんでした。つまり、一覧表を渡されてサインを求められはしなかったという意味です。とはいえ、実際には何かあればわたしが責任を問われるわけで、あるとき紛失した毛皮をめぐって事務所とひと悶着あったのをきっかけに、毛皮もわたしの管理下に置かれることになりました。こちらもそのほうが好都合でした。中途半端に責任を持たされた状態はやりにくく、すべてに責任を負うか、いっさい負わないかのどちらかにしてほしいと思っていたのが、そのとおりになったのですから。ここで毛皮の一覧表をごらんに入れれば、当時のご婦人方がいかに衣装持ちだったかをおわかりいただけると思います。レディ・アスターがお持ちだったのは、丈の長い黒貂《セーブル》のケープ（議会の開会式や公式行事用）、ミンク、ヌートリア、黒のブロードテール、ペルシア子羊をそれぞれ一枚ずつ。そして丈の短いミンクのジャケットと、同じく丈の短いミンクのケープ、長短両方のセーブルのストール、チンチラのケープ、セーブルの襟巻き（奥様がロシアを訪問された際に持ち帰った三枚の毛皮で作ったもの）、白貂《アーミン》の裏がついた黒いベルベットの夜会用コート。さらに帽子のいくつかにも高価な毛皮があしらわれていました。

毛皮のクリーニングと修理、それに仕立て直しは、ベイズウォーターのブラッドリー商会が請け負っていました。当時はここが毛皮業界のトップだったと言っても、どこからも文句は出ないと思います。ただし、それほどの店の所在地がベイズウォーターというのは、いささか野暮ったい気もしましたが。さっき触れた事務所とのもめごとは、ロシア産セーブルの襟巻きをめぐって起こりました。わたしはこの襟巻きも含めた奥様の毛皮をいくつか、クリーニングのためにブラッドリー商会に送ったのですが、戻ってきた毛皮を出してみると、襟巻きがなくなっていたのです。ブラッドリー商会は襟巻きはちゃんと送り返したと言い張りました。事情を聞かれたときの感触から、奥様が先方の言い分を信じていらっしゃることは明らかでした。そうなると、襟巻きはわたしが盗んだことになります。戻ってきた毛皮には、わたし以外はだれも手を触れていないのですから。わたしは奥様にははっきりそう申しあげました。

「いいえ、おまえのことは信じているわ、ローズ。おまえがそんなことをするはずがないもの」

「そうはおっしゃっても、奥様はブラッドリー商会が襟巻きを送り返してきたと思っていらっしゃいます。それではつじつまが合いません」わたしは言いました。「こうなった以上、警察をお呼びになるべきです。そうしてくださるまでは気が休まりません」

そこで奥様はスコットランド・ヤードに連絡し、わたしはやってきた警部に根掘り葉掘り質問されましたが、これは苦にはなりませんでした。運がよかったとしか言いようがないのですが、たまたま毛皮を包んでいた薄紙をとってあったので、戻ってきた毛皮をもとどおりに包装してみせることで、返送されてきたときの状態を再現することができたのです。さて今日では、わたしのように必要に迫られて倹約精神が発達している人間は、薄紙は再利用するためにとっておきます。けれども奥様は一度使った薄紙の再利用を堅く禁じていて、わたしが個人的に使うのもご法度でしたから、そのときに限って薄紙をとっておいたのは不思議な話です。それはともかく、警部は今度はブラッドリー商会に事情聴取に行きました。警部は二日後にセントジェイムズ・スクエアを訪れ、わたしは彼に会いに行くよう言われました。警部はレディ・アスターといっしょにいて、こう言いました。「ミス・ハリソン、謎は解けましたよ。あなたを疑う余地はまったくなかったし、ブラッドリー商会の従業員にも非はありません。第三者がかかわっていたんですが、法的措置がとられることはなく、捜査はこれで打ち切られることになります」なんだか妙に聞こえますが、事情は火を見るよりも明らかでした。奥様の知人のだれかがブラッドリー商会に掛けあって、襟巻きを手に入れたに違いありません。警察はその人物の正体を突きとめたものの、表沙汰にはしないことになったのでしょう。当時の社交界では、仲間内で食いあったりはしなかったのです。ひとつだけ不思議なのは、問題の襟巻きをそれきり目にしなかったことでした。

高価なコートはいつだってお付きメイド泣かせです。使用中に持ち主の体から離れることのない宝石類と違って、コートはことあるごとに他人に預けなくてはならず、相手が預かり物に十分に気を配ってくれるとは限らないからです。また、とくに気候があたたかくなってからは、置き忘れられることも少なくありません。もっともレディ・アスターは全体としてコートの扱いには注意深く、わたしが本気で気を揉むようなことは、まったくといっていいほど起きませんでした。それに当時の人々は、いまよりも正直だったのだと思います。警察も間違いなくいまより有能でしたが、これは人数が多かったせいかもしれません。持ち場を巡回している警官は実に心強い存在で、よき友人として、わたしたちと地元の警察署をつなぐ役割を果たしていました。何かあれば気軽に助けを求めることができ、お巡りさんはいつでも快く気さくに、そんな求めに応じてくれたのです。同じことは鉄道についても言えました。遠出のときに使うだけでなく、毎週クリヴデンとロンドンのあいだを往復していたのですから。そしてご想像どおり、わたしはいやというほど鉄道を利用していました。それもトランクやスーツケースをどっさり持って。

わたしは長年かけてありとあらゆる滞在期間、気候、目的に合った荷造りの仕方を学び、それを短時間でやってのけられるようになりました。鉄道で移動するときは、いつも車掌とポーターにチップをはずんだため、彼らはわたしの顔を覚え、何かと面倒を見てくれました。手荷物の扱い方について、役に立つ助言をたくさんもらいましたし、おそらく、彼らとのあいだではぐくんだ信頼と友情が大きくものを言ったおかげで、リボン一本なくしたことがありません。世の人々はあれこれと鉄道に文句をつけますが、わたしはそんなことはしません。鉄道の運行にかかわっている人々にしかるべき敬意を払い、彼らの苦労と、ときには彼らの力ではどうにもならない事態も起こり得ることを理解しようとすれば、快適に、心安らかに旅ができると気づいたからです。

さっきチップをはずんだと書きました。そのお金は奥様のもので、チップをはずんだのも奥様の助言を受けてのことです。事務所からは常時それなりの額の現金を渡されていて、月末ごとに明細書を提出していました。いわば雑費ですが、金額的にはかなりのものが必要でした。奥様はしじゅうお手持ちの現金を切らし、わたしを頼るはめになっていたからです。

というわけで、レディ・アスターのお付きメイドの仕事について、骨格部分はひとまず説明できました。そこに魂を入れ、肉づけをしていくのはこれからです。

5　わたしが仕事になじむまで

過去九年間の経験で、わたしはどんな人間になっていたでしょう？　以前のままで変化はなし。少なくとも自分ではそう思っていました。わたしが思うに、人間の性格は子供時代に作られるもので、大人になったからといって、まったく違う人間になることはありません。というより、人間はいくつになっても本当の意味で大人になることはないのではないでしょうか。というわけで、わたしも心は若いままでした。これまでのところ、わたしは自分の恋愛生活には触れずにきました。今風にいえば性生活ですが、わたしは昔の呼び方のほうが好みです。その種の話が出てこないせいで、家事使用人にはそんな暇はなかったのだという印象を与えてしまったかもしれません。それについては、こう申しあげておきましょう。わたしたちはいまの若い人たちほど、その方面のことばかり考えてはいなかったのだと。ほかに考えることがどっさりあったからです。とはいえ、人生のロマンチックな側面に背を向けていたわけではまったくなく、いろいろと楽しい思いもしています。でも自分で思いだして楽しむことはあっても、それはあくまでも個人的なことですし、どのみち、そんなことを書いても、読んでくださる方々を退屈させるだけでしょう。

お付きメイドとしては、わたしは当時の水準から見て、かなり有能な部類に入ると思っていましたし、いまでもその思いは変わりません。そもそも、わたしくらい自分の仕事を楽しんでいれば、仕事の腕が上がらないほうがおかしいのです。わたしは最初から持っていた技能の数々に磨きをかけ、新しい技能もいくつも身につけました。年齢の割にはずいぶんたくさん旅行をし、いわば労働者階級のマルコ・ポーロになりました。さまざまな人との出会いを楽しみ、階下の使用人仲間とも階上の雇い主ともうまくやっていけました。少なくとも自分ではそう思っていたのです――レディ・アスターづきになるまでは。奥様にはしょっぱなから打ちのめされました。実はそれほど苦労はしないだろうと高をくくっていたのです。なんといっても、アメリカ旅行中に奥様とウィシー様両方のお世話をしたときは、どうにかやってのけられたのですから。ところが蓋を開けてみると、そんな経験はなんの役にも立ちませんでした。わたしはある意味では、まったく見ず知らずのご婦人にお仕えすることになったのです。それでも邪魔さえ入らなければ、骨の折れる仕事とはいえ、なんとかなっていたでしょう。ところが、そうは問屋が卸しませんでした。ひとつの仕事にとりかかったとたんに、別の仕事を言いつけられるのです。奥様はかなり気まぐれで、こちらをねぎらうお気持ちなどいっさいなし。サディスティックで辛辣で、何かについて念を押したりしようものなら、「せっかくだけど同じことを二度も言ってもらわなくて結構よ、ローズ」と、ぴしりと言われます。よくわたしの口まねをなさったのもふざけてではなく、わたしを傷つけようとしてのこと。最初に用意するようおっしゃったのとは別の服を着ると言いだすのも毎度のことで、指示されたとおりにしなかったとわたしを責め、反論するとこちらを嘘つき呼ばわりなさるのです。下品な言葉こそ使いませんでしたが、大声で怒鳴ったり荒れ狂ったりするご様子は、まるで市場の魚売り女でした。

こんなふうに書くと、何もかも突拍子もなく聞こえますすし、当時にしても、実態がここまでひどかったとは、だれも気づいていなかったと思います。とにかく使用人にそんな態度をとるご婦人にお仕えしたのははじめてで、そのせいで、わたしは少しずつ消耗していきました。あげくに悪いのは自分だと、仕事の勘が鈍ったのだと思うようになったのです。そしてわたしは実際に、物忘れをするようになりました。仕事の質はがた落ちになり、そうなるともう、奥様に叱られても文句は言えません。自尊心が邪魔をして、わたしはだれにも助けを求められませんでした。ずっとあとになって、リー氏に当時のことを話したら言われました。「どうして相談してくれなかったのかね、ミス・ハリソン？　私はそのためにここにいるのだよ。簡単にはいかなかっただろうが、奥様に掛けあってなんとかしてあげたのに」リー氏なら、きっとそうしてくれたでしょう。けれども当時のわたしは、それを自分自身の戦いと見なし、あくまでも自力で戦うべきだと思っていました。実際にそうしたことは、自分のためにも奥様のためにもよかったと思っています。

奥様とわたしの関係は、長い年月のうちに少しずつ変わっていったわけではありません。それはあり得ないことでした。状況が徐々にしか変わらなければ、わたしは倒れるか辞表を出すかしていたでしょうから。問題に正面から取り組もうという決意と力がいつ湧いてきたかについては、年月日はもちろん、時間までほぼ正確に覚えています。その日は奥様の要求がことさら厳しく、わたしはみじめな朝を過ごしました。昼食後、身も心も疲れているのを感じながら自室に行くと、わたしは自分の仕事といまの生活について考えはじめました。思いはやがて自分の子供時代や幼いころの夢、両親がわたしのために払ってくれた努力へと移っていきました。わたしはふたたび故郷の村に、学校に、実家のコテージに、教会に戻り、聖歌隊で歌い、あのころの生活のすばらしさを思っていました。意識的に祈ってはいなかったと思うのですが、ふいに何かが心に触れてきたように感じました。胸のなかに幸福感と解放感が広がったのです。まるでトランス状態に陥ったかのようでした。わたしは漂うような感覚に身をゆだねました。

それからどれくらいの時間が経ったのか、夢見心地が少しずつ薄れ、体の感覚が戻ってきました。わたしは覚醒を早めようとはしませんでした。その感覚はとてもゆったりとした、心地よいものだったからです。やがてわれに返ったとき、わたしは新たな力に満たされているのを感じました。疲労感は消え、ついさっきまで死ぬほどわたしを悩ませていた問題も、いまではささいなことに思えます。ことを悪化させていたのはわたしのほうでした。奥様に踏みつけにされ、打ちのめされるままになっていたのですから。目が覚めてみれば、わたしの仕事ぶりにはなんの問題もありませんでした。間違っていたのは、自分の仕事ぶりと自分自身をけなされたときに、反論せずにいたことだったのです。奥様を見る目も変わっていました。わたしの目に映る奥様は、もはや気難しく意地の悪い人物ではなく、自分なりの方法でわたしを試そうとしている人物でした。奥様はご自分の理想どおりのお付きメイドを求めていて、そのためにはまずわたしをたたきつぶし、それからご自分の好みに合わせて作り直せばいいと思っていたのです。奥様はまだそれに成功しておらず、成功の可能性は今後ますます遠のくはずでした。奥様がその気なら、こちらにも考えがあります。そしてそれ以降、わたしはやられたらやり返すようになったのです。最初は戦いだったものは、しだいに角がとれてきて、ある種のゲームめいたものになりました。ゲームは三十五年にわたって続き、勝負は最後までつかずじまいでした。

それから一日か二日、わたしは心も軽く仕事にいそしみ、どんなに意地悪なことを言われても平然としていました。そしてロンドンで迎えたある朝、オールド・ボンド街十六番地の美容室バーサ・ハモンドから、ミス・ドロシーが奥様の髪を調えに来たのです。ちなみに、ジョージ・バーナード・ショー氏は奥様に勧められて、この美容室で髪と髭を切り、洗髪をしてもらっています。さて、わたしが朝食のお盆を下げに行くと、レディ・アスターはひどくつんけんした口調でおっしゃいました。「ローズ、ミス・ドロシーにコーヒーをお出しして」わたしはお盆の上の魔法瓶からコーヒーを注ぎ、カップを化粧台に置いて部屋を出ました。五分ほどすると呼び鈴が鳴り、わたしはまた奥様のお部屋に行きました。奥様は腹立たしげにミス・ドロシーのカップを指さしました。「あれを片づけなさい。何時間もあのままにしておくなんて怠慢にもほどがあるわ。汚れた茶碗が転がっていては、ミス・ドロシーのお仕事の邪魔になるのがわからないの？」

わたしはぴたりと足を止め、鏡のなかの奥様を長いあいだじっと見つめました。その表情を見れば、わたしがどんなふうに感じているかは一目瞭然だったはずです。ついでわたしは、見るからに居心地が悪くてたまらない様子のミス・ドロシーに視線を移すと、おもむろに部屋を出ました。

二分後に、また呼び鈴が鳴りました。「ローズ、この真夏になぜ厚地のガウンをよこしたの？薄手のを持ってきなさい」

「そうおっしゃられても、ないものはお持ちできないと思いますが」

「なるほどね、ローズ。だったら布を買ってきて作りなさい」

「お断りします、奥様。お金はお持ちなんですから、ご自分で買いにいらしてください」わたしはもう一度、鏡のなかの奥様をじっと見つめ、死ぬほどおびえている様子のミス・ドロシーをちらりと見てから部屋を出ました。
三、四分後、またしても呼び鈴が鳴り、わたしは三たび、奥様のお部屋に行きました。「ローズ」奥様はおっしゃいました。「二度とさっきのような口の利き方をしたら許さないわよ。いったいどうしたっていうの？」
「奥様」わたしは答えました。「この先わたしがどんな口の利き方をするかは奥様しだいです。下々の人間だって〝お願い〟や〝ありがとう〟は言いますし、世間一般の人々は、人前で使用人を叱りつけるようなまねはしません。ましてやご身分の高いご婦人は、みんなのお手本になるべきだとされています。申しあげたいことはそれだけです」

わたしは勝ち誇った気分で部屋を出ました。わたしは奥様に立ち向かい、自分の身を守ったのです。お望みなら奥様はわたしを馘にできますが、そうなった場合、間違っているのは奥様で、わたしではありません。三十分後に、また呼び鈴が鳴りました。〝さあ、あんた〟わたしは心のなかで言いました。〝いよいよ来たわよ〟不安はまったくありませんでした。

「ローズ」部屋に入っていくと、奥様はおっしゃいました。「今朝はわたしが悪かったわ」

わたしの勝ちでした。さて、目の前には二つの選択肢があります。ここで奥様の顔を立てるために、「こちらこそ申しわけありませんでした、奥様」と応じるべきかどうか。わたしはそうはしませんでした。〝だめだめ。そんなことをしたら貸し借りなしになってしまうもの〟そう思ったのです。そこで、「恐れいります、奥様」とだけ言って引きさがりました。

ひどくささいなことに思えるでしょうが、二人の人間がなぜ三十何年間も顔を突きあわせて暮らしてこられたのかを知ろうと思えば、これは重要な出来事です。これはわたしにとってはひとつの転換点でしたし、ご本人はまだ気づいていなかったとはいえ、奥様にとっても転換点になったのです。奥様もわたしも、いまさら性格を変えられるわけがありません。そこでわたしは奥様とのあいだできわどい場面を作りだし、戦いのルールを決めたのです。それは意地と意地、知恵と知恵のぶつかりあいになるはずで、わたしはつねに気を強く持ち、頭の冴えた状態を保っておく必要がありました。わたしがにらんだとおりだったとわかるのに、時間はかかりませんでした。いつだったか、ひとしきり猛烈な勢いでやりあった末に、わたしはたまりかねて言いました。「いくらなんでもあんまりです、奥様。ご自分の言葉がどんなに人を傷つけるか、気づいていらっしゃらないとしか思えません」

「あら、ちゃんと気づいていますとも、ローズ。わたしがひどいことを言うのはいつだってわざとだし、楽しんでやっているのよ」そうおっしゃったときの奥様は、まるで雌の虎のようでした。

わたしは言いました。「なるほどね、奥様。これでお互いの立場がはっきりしました」

奥様はお笑いになりましたが、さっきの言葉が本音だったことは明らかでした。また別のときに口論が最高潮に達すると、奥様は大声でおっしゃいました。「ああ、なんとかしておまえの気をくじいてやりたいわ！」

「そのようですね、奥様。ついでにお仲間の悪魔もお力添えしているようですし。でも、どちらも成功はしませんよ」

これは奥様にはお気に召さなかったようです。宗教に打ちこんでいらしただけに、悪魔と同類扱いされたのはこたえたのでしょう。奥様づきになってから、わたしはクリスチャン・サイエンスにかなり詳しくなり、それを反撃の武器に使いました。「よくそんなふうにお考えになれますね、奥様。あのありがたいご本には、〝善きことを思い、善きことをなす者は善人である〟と書かれているじゃありませんか。お説教をなさる以上、ご自分でもそれを実践なさるべきですよ」これは奥様をたじろがせました。奥様に難癖をつけられたときの、わたしの返事もそうでした。「いいこと、ローズ。完璧なお付きメイドなら、襟が曲がったままでわたしを晩餐におりていかせたりはしないはずよ」

とたんにクリスチャン・サイエンスの教えの一節が頭にひらめきました。「完璧でないからこそ、わたしはそうなろうと努力するためにここにいるんです。お忘れですか、奥様？　完全無欠な存在はただおひとりですよ」

奥様はわたしへの嫌がらせに、よくわたしのお国言葉をあげつらいました。「またそのヨークシャー訛り。まともな発音を身につける努力をしたらどうなの？」

「本気でおっしゃってるんですか？　このわたしが奥様のパーティーにお見えになるような方々の猿まねをして、上流ぶった話し方をするべきだと。冗談じゃありませんよ。わたしはヨークシャーっ子で、それを誇りに思っているんです。わたしはわたしで、これからも変わるつもりはありません」

また別のときに、奥様はあれこれと粗探しをなさっていて、わたしをご自分と比べはじめました。「わたしたちの違いはね、ローズ、わたしは生まれながらに命令する側にいて、経験を通して人の扱い方を学んできたという点よ」

「わたしたちの違いはですね、奥様」わたしは言い返しました。「奥様にはお金がおありだという点です。お金は力で、人間はお金と権力に敬意を払います。だから人々は、お金をお持ちだという理由で奥様に敬意を払うんです」本当はそんなことはなく、奥様にはほかにもいくつも、人々に敬意を寄せられるにふさわしい美点がおありでした。でも舌戦の最中に、細かいことにこだわってはいられません。奥様はわたしをけなすときに、よくわたしの使用人としての地位を持ちだしました。「おまえときたらまったくハウスメイド並ね」一度、そうおっしゃったことがあります。「そういうおっしゃり方はどうかと思いますね」わたしは言い返しました。「妹のアンはハウスメイドですが、ハウスメイドとして優秀なうえに、人間としても上等です。ハウスメイドにも、わたしより上等な人間は大勢いるはずです。ハウスメイドが最下等の人間みたいな言い方をなさる権利はありませんし、そんなことをしたらご自分が安っぽく見えるだけですよ」

そう、このときはわたしが奥様をぎゃふんと言わせ、奥様は負けを認めました。さすがというべきか、口答えされるようになった当初のショックを乗り越えると、奥様はわたしのそんな態度を受けいれ、当然のものと見なすようになりました。わたしはじきに、奥様が口答えされるのを楽しんでいて、わざとわたしをつついて怒らせようとしているのではないかと疑うようになりました。どちらにしても、奥様はただの一度もわたしの口答えを根に持っている様子をお見せになったことはありません。また別のときに、奥様が使用人をけなすようなことをおっしゃったので、わたしは言いました。「驚きましたね、メイドについてそんな考えをお持ちだとは思いませんでした。もっと多くの娘が家事使用人になるべきだと下院で発言されたのは、つい昨日のことじゃありませんでしたか？　お屋敷奉公を考えている娘がいまのお言葉を聞いたら、やっぱりやめておこうと思うでしょうね」このときはすかさず「おだまり、ローズ」が飛んできましたが、わたしはそれを、こちらが一本とった印と受けとりました。

奥様はときどき、わたしが十分に忙しい思いをしていないのではないかという疑いを抱かれていました。そして奥様にとって、使用人が払った給料分の仕事をしていないと思うのは耐えがたいことでした。いまでも覚えているのは、サンドイッチに滞在中、休暇を楽しんでいるかと奥様に尋ねられたときのことです。わたしは「はい、とても、奥様」と申しあげたのですが、そのひとことが、わたしが怠けているのではないかという疑惑を芽生えさせたに違いありません。それから三十分後、奥様は呼び鈴を鳴らしてわたしを呼び、一週間分の針仕事の成果を見せるようおっしゃったからです。これはわたしから見れば、まだ試用期間中の新米扱いされたも同然の仕打ちです。侮辱以外の何物でもなく、実際わたしはそう受けとりました。たまたまその週は、わたしはせっせと針仕事に励んでいました。奥様の下着といっしょに入れるための小さな匂い袋を作ったり、パリから届いた生地の縁をかがってスカーフに仕立てたりしていたのです。それをひとつ残らず持ってきて、奥様の前にどさりと置くと、わたしは足音も荒く立ち去りました。

ふたたび呼び鈴が鳴りました。奥様はおっしゃいました。「ローズ、おまえの針仕事はよくできているけど、これを見せるように言ったときのおまえの態度はいただけないわ」

「奥様」わたしは言いました。「奥様はわたしを新入りの未熟者のように扱われました。わたしをまったく信用してくださっていない証拠です。奥様のおつむのなかはお見通しですよ。休暇を楽しんでいると申しあげたので、仕事をさぼっていると思って点検することになさったんでしょう。こんなことをされるのは不愉快です。それに、なんの役にも立ちません」

「悪かったわ、ローズ」奥様はおっしゃいました。

「こちらこそ、奥様」わたしは申しあげました。

衝突の原因の一部は、間違いなくわたしにありました。あれは激しい気性と激しい気性のぶつかりあいだったのです。ことによると、二人ともそれを肥やしにして生きていたのかもしれません。ときどき不安になることもありました。そんなときは、さんざんやりあったあげく言うのです。

「もうやめましょう、奥様。こんなふうになじりあうなんて恐ろしいことです。奥様を見ていると、自分が女だということが恥ずかしくなります」一度など、口論が過熱するあまり奥様が完全に自制心を失って、わたしを蹴ろうとなさったことがありました。わたしはその足をつかもうとして、惜しいところで失敗しました。「まさかわたしを引き倒すつもりだったんじゃないでしょうね、ローズ?」やがて落ちつきを取り戻すと、奥様はおっしゃいました。

「もちろんそのつもりでしたとも、奥様」わたしは応じました。「奥様だって、とっさによけなければ、わたしを蹴飛ばしていたはずですよ」そしてもちろん、二人とも笑い転げました。

歳月とともに、わたしたちの関係もしだいに角がとれ、激しいいさかいは言葉による小競り合いめいたものに変わりました。当時は知らなかったのですが、どうやらわたしたちの口論は、使用人だけでなくご家族にも笑いと話題を提供していたようです。ずいぶんあとになって聞いたところによれば、わたしたちが揉めていると、アスター卿はご自分の化粧室に行って聞き耳を立て、大笑いされていたとか。それを聞いたときは仰天しました。メイドふぜいが奥様に対してわたしのような口の利き方をするのを許しておくとは、信じられなかったのです。旦那様の従僕のブッシェル氏が言うには、奥様がわたしに怒りをぶつければ、ご自分にはお鉢がまわってこないので、むしろ好都合だとお考えだったのではないかとのこと。どうだかわかりませんが、あるいはそうだったのかもしれません。はっきりしているのは、わたしがレディ・アスターを理解し、上手にお仕えしていくための鍵を見つけたことです。奥様はへいこらされるのがお嫌いで、いわゆるイエスマンもお好きではありませんでした。

これまでのところ、わたしは奥様についてあまりいいことは書いていません。ここまで来たら、まずはこの芳しくないほうの肖像画を完成させてしまったほうがいいでしょう。もちろん、奥様はそれとはまったく別の顔もお持ちでした。そうでなければ、あんなに長いあいだお仕えできたはずがありません。とにかく奥様はとてつもない矛盾の塊で、どんな方かをひと口で説明するのは不可能なのです。奥様にはしみったれたところがおありで、それはお金を出し惜しむだけでなく、ときとしてみみっちい根性という形でも発揮されました。勤めはじめて六年ほどして、わたしはそろそろお給料を上げてもらってもいいのではないかと思いました。年七五ポンドは当時としても大した金額ではなかったからです。そこで昇給を願いでました。奥様は見るからにご不快なご様子ながら、考えてみようとおっしゃいました。奥様が秘書に話してくださり、翌月からお給料が上がったものの、増えたのは年にたったの五ポンド。がっかりするやらむっとするやらで、わたしは何も言いませんでした。それからしばらくしたある日、奥様がおっしゃいました。「そうそう、訊こうと思っていたのよ、ローズ。お給料は上がったの？」

「はい、おかげさまで、奥様」わたしは答えました「一日につき三ペンス余分にいただけるようになりました」奥様はちょっと赤くなりました。が、その話はそれでおしまいになりました。これに懲りたわたしは、その後は二度と昇給を求めず、お給料はそのままずっと据え置かれました。あの当時は、有能さに対する報酬は、有能だという事実だけで十分だと見なされていたのです。

わたしが奥様のためにしたちょっとした買い物にも、奥様はときにしみったれぶりを発揮しました。「まあ、そんなものを買うなんて！　なしですませられなかったの？」などという具合に。またいつだったか、客間から下げられてきたお菓子のいくつかを、わたしが自分で食べるために失敬したときなど、奥様はまるで家宝でもなくなったかのように、ものすごい剣幕でリー氏を責めたてました。リー氏はわたしのことは黙っていてくれましたが、何があったかを聞くと、わたしはお菓子泥棒は自分だと名乗りでました。「まあ、それならそうとリーも言ってくれればよかったのに。てっきりほかの使用人のしわざかと思ったわ」と奥様。

「うかがいますが、なぜほかの使用人はときどきお金持ちのおこぼれをちょうだいしちゃいけないんです？」わたしは問いただしました。

「おだまり、ローズ」

黒か白か。それがレディ・アスターでした。白い部分があんなにたくさんあったのは驚きです。奥様は生まれたときから甘やかされていました。奥様のお母上が口にしたとされる「わたしは十一人の子の母になったけど、子供なんてひとりも欲しくなかったわ」という言葉とはうらはらに、ラングホーン家の兄弟姉妹はみな、蝶よ花よで育てられたからです。お金で買えるものも、お金では買えない愛や幸福のたぐいも、すべてふんだんに与えられて。奥様はニューヨークでも戸外活動を楽しみ、デビュタントとしての華やかな社交生活を堪能されました。なるほど最初の結婚はうまく行きませんでしたが、結婚生活を成功させるために、はたしてどれくらい努力されたのでしょう? 奥様は何度も実家に逃げ帰っていて、初回はなんとハネムーンのふた晩目でした。奥様はそれを夫の飲酒癖のせいにしましたが、お酒を飲む男性は大勢いますし、妻が少しばかり気まぐれだったら、なおさらでしょう。ショー氏と別居し、のちに離婚した奥様は、不愉快な経験を忘れるためにヨーロッパ周遊旅行に出られました。そしてそのときに、立派な紳士で夫としても思いやりがあり、世界有数の富豪でもある旦那様と出会って結婚するという、このうえない幸運をつかむのです。お二人の新婚時代について聞いた話から判断するかぎり、旦那様は奥様になんでも気前よく与えていらしたようです。財産だけでなく愛情も。奥様はあらゆる意味で甘やかされていました。そんな扱いを受けたら、たいていの女はだめになってしまうでしょう。奥様がその罠にはまらずに、ああしてひとかどの人物になったという事実は、不倶戴天の敵さえもうならせた、奥様の人並みはずれた意志の強さを示しています。わたしの見たところ、奥様が甘やかされたお人形さんにならずにすんだのは、他者を愛し哀れむ心をお持ちだったから。わたしなどより学のある方々は、奥様がさまざまな大義の支援者だったと語っています。そしてわたしは、どの大義の陰にもだれか特定の個人、奥様がお心を寄せることのできる個人がいたのではないかとにらんでいます。奥様はわたしの前では政治の話はなさいませんでした。なさるのは人間の話ばかりで、わたしはのちに、それらの人々の苦しみがさまざまな運動に発展するのを目にしています。奥様は多くの著名人をもてなしたことで知られています。著名人とお近づきになるのを楽しんでいらしたことは間違いありませんが、奥様にとって宴会はいわばひとつの産業でした。多くの人が自分自身の目的のために奥様を利用したと言われていますが、奥様のほうでも、貧しく名もない庶民の境遇を改善するために、それらの人々の多くを利用していたのです。

アスター卿ご夫妻は、第一次世界大戦のさなかにカナダ兵のための陸軍病院を建設しています。これはその種の施設のお手本のような病院で、費用はすべて旦那様が負担されました。終戦時のこの病院の収容力は、六百人を越えていました。入院患者のひとりだったガイ氏は、そのままイギリスにとどまってアスター家の資産管理事務所で働いています。このガイ氏は奥様を褒めちぎってやみませんでした。「てっきりもう助からないと思っていたんだ、ミス・ハリソン。どんな治療をしても、よくならないようだったんでね。するとある朝、奥様がやってきた。当時はまだレディ・アスターじゃなくて、ただのアスター夫人だったがね。『どうしてそんなにしょげているの?』奥様はおっしゃった。『このまま死ぬんじゃないかと思っているような顔つきよ』

『はあ、そんな気がしないでもないものですから』おれは答えた。

『ばかばかしい。そんな気持ちでいたら治るものも治らないわ。では、こうしましょう』奥様はおっしゃった。『気持ちをしっかり持って、早く元気になったら、金時計をあげるわ』するとどうだ。その瞬間からすべてがうまく行きだしたようだった。といっても、まだ四回も手術を受けなきゃならなかったがね。奥様は病院に来るたびに見舞いに来てくださって、気をそそるように例の金時計の話をしていった。やがて、おれが自分の足で立てるようになると、奥様は約束どおりに金時計をくださった。それがこれさ」

問題の金時計は、時間を見るためよりも、この話に花を添える小道具としてとりだされることのほうが多かったに違いありません。奥様はその後も数多くの人々を力づけ、わたしも第二次世界大戦のときに、それをこの目で見ています。奥様が気前よくふるまわれたのは、病人や体の不自由な人に対してだけではありません。領内の労働者の子供の教育にも、しばしば援助の手をさしのべていました。これはリー氏から聞いた話ですが、奥様にはセントジェイムズ・スクエアの下の階の食堂でパーティーを催したときによく口にされる、お気に入りのせりふがあったそうです。奥様は食卓の端の席につき、向かいの壁には絵が二枚かかっていました。一枚は初代ジョン・ジェイコブ・アスターの肖像画、もう一枚は有名な肖像画家サージェントの手になる奥様ご自身の肖像画です。奥様は晩餐会の途中で二枚の絵を指さし、こうおっしゃるのです。「あちらが巨万の富を築いた男で、そちらはその富を使っている女よ」

お金を無心しようとする人間にとって、奥様はいいカモでした。いつだったたか、街の物乞いに五ポンドおやりになるのを見たことがあります。これはわたしには癪《しゃく》の種でした。味をしめた物乞い連中が、奥様を待ち伏せするようになったからです。ひきも切らずに訪ねてくる物乞いの応対に追われるはめになったリー氏も、腹に据えかねていました。それでいて、そういった連中に対するリー氏の応対は、いつでもそつのないものでした。まず奥様と会う約束があるかどうかを尋ね、それからお引きとり願うのです。それはリー氏が決めたやり方で、下男全員に周知されていました。「ソーセージの皮を見て中身を判断するのは禁物だよ」というのがリー氏の口癖でした。「清掃作業員のような身なりをしている公爵は大勢いるし、公爵のような身なりをしようとしている清掃作業員も大勢いるからね」

街の物乞いのふるまいが癪に障ったといっても、奥様のお友達連中がお金の無心をしてきたときの不快感と比べたら、そんなのはかわいいものでした。「そのお金、絶対に戻ってきませんよ、奥様」奥様が何百ポンドという額の小切手にサインするのを見ながら、よく申しあげたものです。「ますます相手をつけあがらせるだけです」

「おだまり、ローズ」と奥様はおっしゃるのですが、ときには忠告どおりになさることもありました。少なくとも、わたしの言葉が奥様にもう一度考え直すきっかけを与えていたことはたしかです。そのわたしもどうすることもできなかったのが、ロシアの大公妃の一件です。大公妃は名前をクセニアといって、王室からハンプトンコート宮殿内の住まいを終身貸与されていました。クセニアのためなら奥様はなんでもしたでしょう。スーツやドレスや下着を与え、頼まれたものはすべて用意し、小切手も渡していました。いくらわたしが「あの方のほうが奥様よりお金持ちですよ」と申しあげても、聞く耳を持ちませんでした。このクセニアはやがて三〇万ポンドの遺産を残して世を去りましたが、レディ・アスターには一ペニーの遺贈もありませんでした。もうひとり、奥様がしじゅうお金や贈り物や服をあげていたご友人がいましたが、こちらの女性は八万ポンドを残して亡くなっています。そういう人たちがなぜ他人に無心などできるのか、その神経が理解できません。一部の貴族と比べたら、貧しい人間のほうがよほど自尊心を持っていました。

そんなふうでありながら、さっきも触れたように、奥様にはみみっちいところもありました。わたしがよくされた悪ふざけに、こういうのがあります。「チョコレートをひとつどう、ローズ?」と奥様。

「ありがとうございます、奥様。いただきます」

すると奥様は箱からチョコレートをひとつ出してかじり、それをわたしに渡しておっしゃるのです。「これなら食べていいわ。好みの種類じゃないから」わたしはチョコレートを受けとって、屑籠に放りこみます。「いまにもったいないことをしたと思う日が来るわよ」と奥様。「奥様のかじりかけでなければ、そうかもしれませんけどね」奥様はこの悪ふざけを何度も繰返しました。わたしの気が変わる日が来るのを待っていたのでしょう。その日はついに訪れませんでした。

それからもうひとり、名前はちょっと忘れてしまいましたが、よくクリヴデンに繕い物を持ってきて、客間にすわって針仕事をしているご婦人がいました。「ねえローズ、わたし心配だわ。あんなに繕い物ばかりなさっているなんて、きっとレディ・だれそれはよほどお金にお困りなのよ」

「違うと思いますね、奥様。あの方はたぶん繕ったり継ぎを当てたりすることで、ご自分の懐が痛まないようになさっているだけですよ。悪いことは言いませんから、奥様もご自分の懐を痛めるのはやめておくことです。どう考えても、あの方の下着のシャツにわたしのシャツほどたくさん繕ったところがあるとは思えませんからね」わたしはそのご婦人のお付きメイドと知り合いで、女主人がいかに性悪でずる賢いかを聞かされていたのです。

わたしは一度、とんでもないしくじりをしでかしました。レディ・アスターが、これは本当に困っている人に、ミンクをあしらった黒いコートをあげたときのことです。ミンクは奥様のご指示であとから縫いつけたものだったので、コートを包むよう言われたとき、てっきり毛皮ははずしてとっておけという意味だろうと考えました。そこで縫い目をほどき、はずした毛皮を奥様に見せに行ったのです。「すぐに行ってつけ直してちょうだい、ローズ」奥様はおっしゃいました。「わたしは人に何かあげるときは、そっくりそのままあげるのよ。一部だけではなくてね」わたしはすっかり恥じいって、すごすごと自室に戻りました。奥様は着るものに関してはわたしに対しても気前がよく、お下がりをたくさんくださいました。奥様のようなご婦人ばかりだったわけではありませんん。ご自分のメイドが立派な身なりをして外出すると思うと、心おだやかでない方もいらしたのです。わたし自身、奥様のお供で出かけるときは、いただいたお下がりはいっさい身につけませんでした。奥様が気になさったとは思えませんが、そういうことはしてはいけない気がしたのです。

長年のあいだに、奥様は母をすっかり気に入られたようで、母がわたしに会いに来ると、ご都合がつけば必ずご自分との面会の場を設けてくださいました。おまけに母に持っていけと言って、しょっちゅう服をくださろうとするのですが、それがまた夜会服や夜会用マントなど、突拍子もないものばかり。お断りすると、奥様はおっしゃいました。「どうしてなの、ローズ？　いいお土産になると思うけど」

「よろしいですか、奥様。第一に、母は奥様よりずっと大柄です。それに、たとえサイズが合ったとしても、母には似合いっこありません」

「おかしな子ね。お母様が欲しがらなかったら、ほかのお付きメイドたちのようにどこかに売りに行けばいいじゃないの」

「それで、もしもわたしがほかのお付きメイドたちのようだったら、奥様はわたしをどうお思いになります？」

「おだまり、ローズ」奥様はおっしゃり、話題を変えました。これが旅行中となると、奥様がお考えになるのはスタッフのことでした。いつだったかクリスマスを旅先で迎えたとき、奥様から屋内の使用人たちへの贈り物は何がいいと思うかというお尋ねがありました。わたしはそういうときに備えて、いつも事前に返事を用意していました。「ヴァージニア・ハムをひとつずつ送られてはいかがですか、奥様？」これは奥様のアメリカに対する忠誠心をくすぐったようでした。

「すばらしい考えだわ、ローズ。管理事務所に行って注文してちょうだい」わたしが言われたとおりにすると、事務所側は缶詰のハムでどうかと言いました。奥様もそのおつもりだったのかもしれませんが、わたしはその提案を笑い飛ばしました。

「だめですね。どう考えても〝本物を〟というのが奥様のご意向だと思いますから」帰国したわたしが、みんなにちやほやされたことといったら！

勤めはじめてかれこれ二年後のクリスマスのことは、一生忘れられそうにありません。その年の女性スタッフ用プレゼントは大失敗でした。だれもがご自分と同じ帽子狂だと思ったのか、奥様は個人秘書のミス・アーヴィンに、メイド全員に帽子をひとつずつ買うよう命じられたのです。ありがたいことに、わたしは対象外でした。これはもちろん、どう転んでもうまく行くはずのない仕事でしたが、それにしてもミス・アーヴィンのやり方は最悪でした。色とサイズだけ変えて、そっくり同じ帽子を人数分まとめて買ったのです。値段はどれも二シリング一一ペンス。なぜわかったかというと、値札がついたままだったからです。

クリスマスの朝、サーヴァンツ・ホールは大騒ぎでした。最初はぷりぷりしていたメイドたちは、しばらくするとこの状況の滑稽な一面に気づき、それを実地に示すために帽子をかぶってみせました。目も耳もすっぽり隠してしまう帽子もあれば、後頭部にちょこんとひっかかっているだけの帽子もあるという具合。下男もこのおふざけに加わって、旦那様の従僕のアーサー・ブッシェルは、びっくりするほど上手に奥様の物まねをしながら気どった足どりで部屋のなかを歩きまわりました。そのうちだれかが帽子を使ってサッカーを始め、ついに帽子はひとつ残らず暖炉に放りこまれ、盛大な炎に包まれて生涯を終えました。

また別のときに、奥様がこうおっしゃったこともありました。「ねえローズ、メイドたちへのお土産に、レースの襟とカフスを持っていってやろうと思うんだけど」

「メイドがそんなものをもらってどうするんです？」わたしは申しあげました。「ナイロンのストッキングのほうがよっぽど喜ばれますよ」イギリスでは当時、ストッキングが不足していたのです。この提案もめでたく採用され、わたしはひとりにつき三足ずつを買いに行かされました。けれども、わたしが最大のヒットを飛ばしたのは、ずっとあとになってからでした。またクリスマスの季節がめぐってきて、お決まりの質問をされたとき、わたしはすぐに用意してあった答えを口にしました。「奥様はたしか、ご自分の形見としてメイドたちにアクセサリーをひとつずつ遺贈することになっているとおっしゃいました。いっそのこと、それをいま贈ってしまわれてはいかがでしょう？　そうすれば、みんないただいたものをつけて楽しむだけでなく、奥様に直接お礼を申しあげることができます」

奥様は喜んで手をたたきました。「なんてすばらしい思いつきなの、ローズ。そうするわ」奥様はそれを実行し、その結果、みんなの顔にありありと浮かんだ驚きと喜びの表情をごらんになることができたのです。わたしもちゃんとひとついただきました！

奥様はとても頑固でした。そういう性分だったのです。何かをしたくないと心を決められたら最後、説得して気を変えさせるのは至難の業でした。お付きメイドの身で出過ぎたまねはできませんし、わたしは最初からあきらめていましたが、坊ちゃま方と旦那様はしばしばこの難題に挑戦し、毎回といっていいほど失敗されていました。奥様は理性の声に耳を傾けることのできない方でした。つねに本能のままにふるまい、ときとして本能に裏切られました。奥様は如才なさという言葉の意味をご存じありませんでした。知らなくても困らないとお思いだったのでしょうが、それでやっていける人間などいるはずがありません。わざと人を傷つけるだけでなく、その気がないのに傷つけてしまうこともしょっちゅうで、そんなときは相手だけでなく、ご自身も苦痛を味わいました。奥様が鼻面をとって引きまわされても文句を言わなかった相手は三人だけ。メアリー王妃、姉のアイリーン・ギブソン夫人、そして妹のフィリス・ブランド夫人でした。

表情や態度がなんらかの判断材料になるのなら、旦那様とお子様方は別として、奥様がだれよりも愛していらしたのはブランド夫人ではないかと思います。ブランド夫人が亡くなられたとき、わたしは奥様のお供でアイドン・ホールに滞在していました。それはよくありがちな、本来なら避けられたはずの死でした。ブランド夫人は狩猟中にずぶ濡れになり、風邪を引いたのに手当を怠ったせいで、肺炎になってしまわれたのです。訃報を聞くと、レディ・アスターは悲しみのあまり気も狂わんばかりになりました。ブランド家の執事のブライス氏が駆けつけてきて言いました。「レディ・アスターのところに行ってさしあげてくれ。きみを必要としておいでだ」お部屋に行ってみると、奥様は泣き叫び、涙ながらに祈っていました。わたしは奥様を抱きしめ、無骨なヨークシャー女にできる範囲内で精いっぱいお慰めしました。どうやら効き目はあったらしく、嗚咽は下火になりました。そして、ふっと心の抑制がゆるんで一時的にほかの感情に身をゆだねられるようになったのか、奥様はこちらに顔を向けると、わたしにキスされたのです。わたしはこのとき、奥様にも人並みの愛情がおありだということを知りました。奥様はただ、それを表に出すのは弱さの表われだと思っているだけなのです。もちろん、そんな考え方はばかげています。どんな感情も、ときには外の風に当ててやる必要があるのですから。

不思議なのは、感情を表に出そうとしない人に限って他人から愛情を示されるのを喜び、それを必要としているように見えることです。奥様もそうでした。わたしは奥様のお誕生日には、最初にお部屋に入ったときにお祝いの言葉を述べ、キスをして、申しあげました。「あいにくプレゼントを用意していないんです、奥様。さしあげられるのはこれだけです」

「これさえもらえば、あとは何もいらないわ、ローズ」奥様はおっしゃったものです。まるでわたしが地球をまるごとプレゼントしたかのように。

ここではっきりさせておくべきだと思いますが、記憶にあるかぎり、奥様が表に出そうとしなかった感情は愛情だけでした。それ以外の感情は、むしろ表現を大幅にトーンダウンしたほうがいいくらいで、わたしの好みから言うと露出過剰でした。奥様はなかなかの名女優で、泣こうと思えばいつでも涙を流すことができ、欲しいものを手に入れるために、まるで赤ん坊のようにしょっちゅう泣いていたのです。

男性に言わせると、女は時間を守れない生き物です。レディ・アスターの場合、時間を守れないのはもはや病気で、おかげで時間との闘いを強いられたわたしは、その分だけ苦労の多い日々を送ることになりました。ようやく何かの行事のためのお支度がすんだと思うと、今度は奥様をさっさと出発させるために年とった雌鶏のようにやかましく鳴きたてなくてはならず、そのあげくに「おだまり、ローズ」の連発を食らうのですから。

おまけに旦那様は、「頼むから今夜は奥様を遅刻させないでくれよ」と、まるで遅刻がわたしのせいであるかのような言い方をなさるのです。しまいにはわたしは、大事な予定があるときは、腕時計も含めてすべての時計を何分か進めておくようになりました。ただし、この手はあまり頻繁には使えません。奥様に気づかれる恐れがあったからです。わたしがお仕えするようになったころには、奥様は列車が通常、時間どおりに発車することは学習されていましたが、それだけでした。それを除けば、奥様が時間を守るケースはわずか二つ。王族方が関係されているときと、下院で席とりをなさるときです。奥様は通路の上にある角の席をご自分のものと決めていて、同じ席を確保するためなら、必要とあれば徹夜もなさったに違いありません。

クリヴデンはウィンザー城のすぐ近くにあったため、王家の方々のご到着時刻を予測して全員を配置につかせるのは造作ないことでした。リー氏とお城の担当者のあいだの取り決めで、ご一行が出発されたらすぐに電話を入れてもらえることになっていたうえ、リー氏はお城からクリヴデンまでの所要時間をほとんど秒単位まで正確に把握していたからです。外国の王族方も、たいていはウィンザー城からおいでになりました。リー氏によると、スウェーデンのグスタフ国王〔グスタフ五世、在位一九〇七〜五〇〕がお見えになったときに一度、間の悪いハプニングがあったそうです。お城からの連絡を受けて、リー氏は玄関に下男を二人配置すると、レディ・アスターを呼びに行きました。ところが奥様の姿はどこにもありません。捜索隊を送りだしたリー氏が玄関にとって返すと同時に、陛下が到着されました。リー氏はしかたなしに奥様が見当たらないと申しあげました。「気にせんでいいよ、リー。調子はどうかね?」とおっしゃるグスタフ国王を客間にお通しし、雑談のお相手をしていたリー氏の目に、ふいに奥様の姿が飛びこんできました。なんとお屋敷の前でゴルフをしていたのです。奥様があちらに、とお教えすると、陛下は大声でお笑いになり、リー氏に家のなかにいるよう命じて、奥様に不意打ちを食わせるために出ていかれました。部屋を出しなに、含み笑いをしながらおっしゃるには、「どれ、ひとつタイミングをはずさせてやろう」リー氏は何人もの王族方と親しく言葉をかわしてきましたが、このスウェーデンの王様は、なかでもとりわけ気さくで愛嬌のあるお方だったそうです。

月日が流れ、お互いの存在に慣れてくるにつれて、奥様とわたしは心を通いあわせるようになりました。もっとも、ドアの外でわたしたちの丁々発止のやりとりを聞いていた人には、そうは思えなかったでしょうが。それまでにお仕えしたご婦人方や、メイド仲間を通して知っていたほかのご婦人方と違って、レディ・アスターはわたしに個人的な打ち明け話をなさいました。打ち明けられた秘密を漏らしたことは一度もなく、この先も漏らすつもりはありません。医者にヒポクラテスの誓いがあるように、使用人にも雇い主に関する守秘義務があるのです。リー氏はそれがきちんと守られるように目を光らせていました。「ここにはピーピング・トムの居場所はないよ」どんな小さな声であれ、軽率なことが口にされるのを聞くと、リー氏は言ったものです。それ以上に不心得なまねをすれば、即座に解雇されました。

ゴシップがすべてご法度だったわけではなく、たいていの使用人は許される範囲内でゴシップを楽しんでいたと思います。少なくとも、わたしはそうでした。ただし、限度は心得ておくほうが賢明でした。ある程度までルールを守って生きても、人生の質が落ちることはないのですから。いずれにしても、アスター家のスタッフはとても和気あいあいとやっていました。奥様のお供であちこちのお屋敷に滞在して、わたしは必ずしもそういうお宅ばかりではないことを知ったのです。なんだかまわりくどい書き方になりましたが、わたしがここでとりあげようとしているのは、奥様の性に対する態度です。貴婦人の身のまわりのお世話をするメイドは、当然ながら女主人の生活の性的な側面について、ある程度のことは知っています。これからそれをお話ししますが、わたしがここで語るのは、奥様の旦那様との関係にかかわる部分ではなく、性的なこと全般に関する奥様の発言や態度です。奥様は生まれつき情熱的な方でした。子供も五人産んでいます。それでいて潔癖で、旦那様もそれはご同様でした。性的なにおいのする発言は、たとえどんなに機知に富んだ、あるいは洗練されたものでもお嫌いで、卑猥な言動には我慢できませんでした。お二人が許容できる限度と見なしている線をうっかり踏み越えた客人は、だれであれ二度と招かれませんでした。これは上流階級の方々のあいだでは有名な話で、不用意なふるまいをなさるお客様はほとんどいませんでした。奥様の性に対する態度は、ある意味ではヴィクトリア女王に似ていたように思えます。女王様にとっても奥様にとっても、性はどこまでも個人的な、人目にさらすべきでない問題だったのです。よく引用されたレディ・アスターの発言に、「小鳥が交尾しているのを見るだけでもぞっとして、引き離してやりたくなるの」というのがあり、これはしばしば奥様が冷感症だった証拠とされてきました。わたしの解釈は違います。奥様は根っからの縁結び好きで、ご自分のお子様ではなく、よそのお子さん方にせっせと伴侶を取り持っていましたし、たくましい美青年もお好きでした。けれども性をひけらかすようなふるまいや下品な冗談には、居心地の悪さを感じられたのです。

奥様はよく無鉄砲なまねをなさいました。アイルランドの血のせいだという人もいますが、わたしはそうは思いません。無鉄砲さはアイルランド人の専売特許ではないからです。わたし自身は、奥様を無鉄砲にさせたのはアメリカ南部で育ったことと、父親の遺伝だとにらんでいます。その無鉄砲さはさまざまな場面——議会、主催なさったパーティー、狩りなどのスポーツ——で、しかもなんの前触れもなく発揮され、おかげで旦那様はしじゅう気を揉まされていました。その最悪の例のひとつは、T・E・ロレンス、アラビアのロレンスの訪問中に起きたある事件です。ロレンスは奥様の親友のひとりで、ご自分でオートバイを駆って訪ねてきていました。きっとロレンスと奥様は、その話をしていたのでしょう。二人していきなり立ちあがると、外に走りでてバイクに飛び乗ったのです。奥様を後部シートに乗せたバイクは、土煙に包まれて猛スピードで私道を走り去りました。

お二人はすぐに戻ってきましたが、それまでの数分間は永遠のように長く感じられ、旦那様は心配なのとばつが悪いのとで気も狂わんばかりでした。バイクは走り去ったときと同じくらいか、下手をするとそれ以上のスピードで戻ってきて、私道の上で車輪を横滑りさせて急停止しました。「時速一〇〇マイル出したわよ」奥様は叫びましたが、ご期待に反して歓声はあがりませんでした。わたしは神が祈りを聞き届けてくださったことにひたすら感謝していましたし、旦那様は無言のまま憤然と出ていってしまわれたからです。残念ながら奥様はそれしきのことで懲りる方ではありませんでした。同じようなことはその後も何度もあり、わたしたちもそれは覚悟していました。

このときの奥様とロレンスのバイクの一件を、わたしはのちに、かなり強烈な形で思いだすことになりました。リー氏はそれからほどなく、ロレンスがバイクから投げだされたのが原因で亡くなったという知らせを奥様にお伝えするはめになったのです。奥様はおもてなしの最中で、ロレンスが事故に遭ったことさえご存じありませんでした。リー氏も言っているとおり、奥様が受けた衝撃は大変なものでした。リー氏は奥様を抱えるようにしてお部屋にお連れしなくてはならず、その先は、いつものことながら、わたしが引き継ぎました。だれかが悲嘆にくれる姿を目の当たりにするのは、ほとんど自分のことのようにつらいものです。それに、そうでなくてもお屋敷全体が悲しみに沈んでいました。わたしたちはみな、ロレンスに好意を持っていたからです。正確に言えば、旦那様の従僕のアーサー・ブッシェル以外の全員が。どういうわけか、アーサーはロレンスが大嫌いだったのです。理由は知りません。

　不仲だったウィンストン・チャーチル氏と奥様が唯一ぴたりと寄り添う姿を見せたのは、ロレンスの葬儀でのことでした。立ち去ろうとしたチャーチル氏に奥様が駆け寄り、手をとったのです。お二人は無言のまま心を通いあわせ、涙を流しながら立ちつくしていました。

　奥様はロレンス氏の思い出をずっと大切にされ、作家で詩人のリチャード・オールディントンが伝記『アラビアのロレンス』のなかで彼の名声に泥を塗ってからも、それは変わりませんでした。わたしは読んでいませんが、この伝記に書かれていることは事実だと聞いています。それでも奥様は、ロレンスについての悪い話はいっさい信じようとなさいませんでした。ロレンスは奥様のご友人でしたし、奥様はとても忠誠心の強い方だったのです。

　わたしがお仕えしたご婦人はみな揃いも揃ってスピード狂で、ときとして無謀な運転をなさる方ばかりだったようで、レディ・アスターも例外ではありませんでした。だれかほかの人間が運転する車に乗っているときでさえ、奥様は危険な存在でした。時間に遅れていると――これがまたしょっちゅうなのですが――後部座席で声を張りあげ、もっと飛ばせとお抱え運転手のホプキンズ氏をけしかけるのです。あたかも競馬場で、有り金すべてを賭けた旦那様の持ち馬に声援を送るかのように。そんなまねをして、ただですむわけがありません。奥様もわたしも、何度となくロールスロイスの床に投げだされたものです。こうしてふり返ると、あれは笑える光景でした。奥様は最初、黒いスーツに三角帽をかぶり、襟に白い花をつけた颯爽とした姿で座席にすわっています。するとブレーキがけたたましい音をたて、次の瞬間、奥様は床に転がっているのです。スカートは膝の上までめくれあがり、帽子はひん曲がり、髪はほつれ、怒りで爛々と光る目はまるで山猫のよう。気の毒なホプキンズ氏は釈明を強いられ、わたしはそのあいだに奥様をなんとか見られる姿に戻すのです。悪いのは奥様だと言うわけにもいかず、ホプキンズ氏は弁解に四苦八苦していました。

奥様といっしょに車に乗っているときに経験した最悪の、あるいは最高の事件――どちらととるかは見方によって変わります――が起きたのは、ある朝、奥様の運転で下院に向かっていたときのことでした。道路は凍っていて、ロンドンに入るまでにも何度かひやっとする瞬間がありました。もっとも、コンスティテューション・ヒルの坂をくだっていく奥様の運転ぶりを見た人は、だれもそうは思わなかったでしょう。ザ・マル〔セントジェイムズ公園の木陰の多い散歩道〕に入ったとき、わたしはふいに近衛連隊の軍楽隊がこちらに向かってくるのに気づきました。その後ろから、道路の両側を見物人がぞろぞろと歩いてきます。奥様もそれに気づいてブレーキをかけました。ハンドルがロックされ、車はそのまま軍楽隊めがけてすべり落ちていきます。演奏が先細って消え、楽隊員は命令を待たずに列を乱しましたが、彼らを責める気にはなりません。車はなおもスリップ状態のまま、さっきまで軍楽隊がいた場所を通り過ぎ、その後ようやくハンドルが効くようになると、奥様は全速力で車を飛ばして、けたたましく笑いながらその場を離れました。わたしもじきに、いっしょになって笑っていました。なんといっても二人ともまだ生きているのですし、このせいで厄介なはめになるのは、わたしではなく奥様なのですから。結果的には、厄介なはめにはなりませんでした。だれかしら車のナンバーを控えて通報した人がいたはずですが、何もお咎めはなかったのです。奥様はいつもそうでした。赤信号を無視するのも毎度のことで、そのせいでたびたび停止を命じられましたが、警官をまるめこんだのか、警官のほうで目をつぶったほうが利口だと判断したのか、罪に問われたことは一度もありません。

わたしから見た奥様の最大の魅力は、陽気でふざけるのがお好きなところでした。あるとき申しあげたことがあります。「もしもわたしが床に倒れて死んでいるのが見つかったら、間違いなく何か奥様がおっしゃったことを思いだしての笑い死にですよ」ご機嫌がいいときには、奥様はどんな人も物事も端から笑いの種になさいました。なかには意地の悪いものもありましたが、どれもみな愉快なことに変わりはなく、とりわけもったいぶったイギリス人、南部出身のアメリカ人、肌の黒い人々の物まねは、まさに名人芸でした。目立ちたがり屋だと悪口を言われることもありましたが、そんなことを言うのは物まねの才能のない人ばかりでしたから、たぶんやっかんでいたのでしょう。それに、わたしを相手に才能をひけらかしたところで、奥様になんの得があったでしょう？　ときには三十分にも及ぶ独演会をしてくださることもあり、いつもおなかの皮がよじれるほど笑ったものです。奥様のお気に入りはレディ・マーゴ・アスキス、アスキス元首相夫人の物まねでした。小道具に使う特別な入れ歯まで持っているほどの熱の入れようで、芸を披露するよう頼まれそうな晩は、この小道具を忘れずに奥様のハンドバッグに入れておかなくてはなりませんでした。奥様は小さな子供にとても人気がありましたが、それは物事を面白がり、笑いを作りだすのがお上手だったからです。

毎年恒例の大きな行事のひとつに、奥様が主催される子供向けのパーティーがありました。会場はセントジェイムズ・スクエアの舞踏室で、食事は上の階の食堂で出されます。舞踏室の床は人工芝で覆われ、まるで園遊会のように、おもちゃ、お菓子、風船、福袋、ゲームなどの屋台がしつらえられていました。会場の入り口で渡される袋のなかのお金は、チョコレートを金紙や銀紙で包んだもの。包み紙の色によって額面が違い、子供たちはこのお金を持って屋台をめぐり、なんでも欲しいものを〝買う〟のです。手品あり、パンチとジュディの人形劇ありで、上流階級の子供たちが、お母様方といっしょにこぞってやってきたものです。

とりわけ記憶に残っているのは第二次世界大戦の直前に開かれたパーティーで、このときは新旧の王妃様が三人も出席されていました。メアリー皇太后、ユーゴスラヴィアのマリー王妃、それにエリザベス王妃で、もちろんエリザベス王女〔のちのエリザベス二世〕とマーガレット王女もごいっしょでした。このうちメアリー皇太后には、仮装コンテストの審査員として毎年お越しいただいていました。ときどき、これは本当のところ、だれのためのパーティーなのだろうと首をひねったものです。子供たちか、はたまた母親たちか。子供たちをパーティーに連れてくる乳母たちのためでなかったことだけはたしかです。乳母は入り口で坊ちゃま嬢ちゃまを引き渡すと、すぐに階下におりたのですから。サーヴァンツ・ホールは大勢の乳母でごった返し、当家のスタッフ一同を大いにうんざりさせました。だいたいにおいて、乳母は使用人には受けがよくなかったのです。アスター家のギボンズばあやは例外で、使用人への接し方を心得ていましたが、ほかの乳母はたいてい高慢ちきないやなやつと見なされていました。

レディ・アスターは毎年このパーティーに母を招き、ウォルトン・オン・テムズに迎えのロールスロイスをさしむけてくださいました。これは母を当惑させました。「だって、ご近所にどう思われるか」と言う母のために運転手と話をつけ、車は坂の上に止めて、そこから母の平屋までは徒歩で迎えに行ってもらうことにしました。お屋敷に着くと、母はクロークルームに陣どって、招待客が入ってくるのをながめます。母はそれを大いに楽しんでいました。新旧の王妃様三人が集まったあのパーティーで、レディ・アスターはメアリー皇太后に母のことをお話ししたに違いありません。というのは、帰り際になって、皇太后が奥様にこうおっしゃったからです。「ミス・ハリソンのお母様はどちらに？　ご挨拶したいわ」さっそく母が連れてこられ、どうにか膝折り礼らしきものをやってのけると、かなり長いあいだ陛下と言葉をかわしました。母はもう大喜びでした。

王家の方々は決して使用人をないがしろになさいませんでした。世間一般の人々から見れば最下層だったかもしれない使用人の存在意義を、やんごとない方々はちゃんと認めてくださっていたのです。上流崇拝めいた言い草に聞こえることはわかっていますが、結局のところ、みんなのお手本になるのはだれでしょう？　レディ・アスターは母にとてもよくしてくださり、母のほうは、もちろん奥様を崇拝していました。奥様に対する批判にはいっさい耳を貸さなかったほどで、これはわたしにとっては、ときとして腹に据えかねることでした。奥様ととびきり派手にやりあったあとで母に会いに行き、憤懣《ふんまん》をぶちまけると、母は決まって奥様の肩を持ったのですから。「だれだって、わたしじゃなくて奥様が母さんの娘だと思うわよ」わたしはよく言ったものです。

レディ・アスターはしじゅう母に贈り物をしていました。最初のときのことは、いまでも覚えています。あれはクリスマスの直前でした。「お母様に何かプレゼントしたいわ」奥様はおっしゃいました。「何がいいと思って？」お仕えするようになってまだ日が浅く、わたしはいくぶん身構えていました。

「せっかくのお申し出ですが、必要なものがあれば、わたしたち子供が用意できますから」わたしはいささか無愛想に答えました。

「おだまり、ローズ。わたしがお母様にプレゼントを買いたいと思ったら、だれがなんと言おうと買いますからね。自分のお金は自分の好きに使わせてもらうわ。さあ、いったん下がって考えてきなさい。十分だけ時間をあげるわ」

どんなものをお願いすればいいかわからずリー氏に助言を求めると、「だったら七面鳥をお願いしたらどうかね？」と言われました。それは名案に思えました。七面鳥がわが家の戸口をくぐったことは一度もなく、母が喜ぶのはわかっていたからです。

予告どおり十分後に呼び鈴が鳴り、奥様はさっきの質問を繰り返されました。わたしは七面鳥をいただきたいと申しあげ、つけ加えました。「ただし、小さいのにしてください。大きいのは母のオーブンに入らないでしょうから」

「だったら行って一羽買ってきなさい。詰め物や付け合わせ一式もね」

いくらなんでもそこまでは承知できません。「そういうわけにはまいりません。これはわたしではなく奥様からのプレゼントですから。それに、わたしが奥様のお金をじゃんじゃん使いまくるような人間ではないという保証はないわけですし」そこで奥様は、秘書のミス・アーヴィンをフォートナム&メーソンに行かせました。母がいただいたのはクリスマスの七面鳥だけではありませんでした。ありとあらゆるクリスマスのご馳走が届けられたのです。ミス・アーヴィンが母に送ったのは、フォートナム&メーソンがクリスマスの贈答用に用意した食料品の詰め合わせだったからです。

レディ・アスターはわたしの家族全員を気にかけてくださり、妹のオリーヴは一時期、ウィシー様のロンドンのお屋敷で料理人をしていたほどです。奥様のような方は例外的な存在でした。女主人の多くは、使用人に兄弟姉妹はおろか、両親がいることにさえ気づいていなかったのですから。奥様のそんな態度は、当然ながらわたしの仕事ぶりに影響を与えました。当時はろくに楽しみもない生活をしていた母に喜びを与えてくれる方のためなら、仕事にも力が入ろうというものです。とはいえ、奥様がそれを狙って親切にしてくださったとは思っていただきたくありません。奥様は何かを与えるときに見返りのことを考えるような方ではありませんでした。

これまでのところ、わたし自身の社交生活、つまり仕事以外の生活については何もお話ししていません。というのも、そんなものはないに等しかったからです。奥様が一日十八時間、年中無休で精力的に活動されていては、わたしが社交生活を楽しむのは無理な相談でした。読者の皆さんは、わたしには休暇をとる権利があり、雇用契約に従って請求すれば休暇はとれたはずだと指摘されるかもしれません。おっしゃるとおりで、請求すれば休暇はもらえたでしょう。ですが、それをしたらどうなったことか。奥様の扱いに不慣れな人間が代役を務めれば、まず間違いなくパニックを起こして、わたしが戻ったときには何もかもめちゃくちゃになり、奥様は癇癪《かんしゃく》を起こしているに違いありません。それではだめなのです。わたしがなくてはならない存在だったような言い方をするのは思い上がりもいいところですし、現にわたしが病気をしたときは一時的に別のお付きメイドが奥様のお世話をしていますが、週に一度の混乱と引き換えに定休日を確保するのは、どう考えても割に合いませんでした。そこで、奥様がしばらくは出先から戻ってきそうにないときを見計らって息抜きをしていたのですが、ときには読みがはずれることもありました。奥様の行動を完全に予測するのは不可能だったからです。奥様は帰宅されるとすぐに呼び鈴を鳴らしてわたしを呼び、わたしが在宅なら「いったいどこにいたの、ローズ?」、外出中なら「**ローズはどこッ!?**」となるのです。

わたしにとって睡眠は貴重なもので、夜九時から朝六時までは何があっても自分の時間として確保し、十時過ぎまで起きていることはめったにありませんでした。仕事をきちんとこなそうと思えば、心身ともに健康でなくてはならず、そのためには毎晩しっかり睡眠をとる必要があったからです。ありがたいことに、レディ・アスターはそれを理解し、尊重してくださいました。

お屋敷の外で社交生活を楽しむ機会はほとんどありませんでしたが、アスター卿ご夫妻はそれをご存じで、なんとか埋め合わせをしようと最大限に配慮してくださっていたようです。クリヴデンには旦那様主宰の親睦会がありました。これはスポーツ色がとても強い組織で、アスター家の使用人からなるサッカーとクリケットのチームがあって定期的に試合をし、テムズ川には使用人のためのボートが係留されており、ご家族のご不在中ならテニスコートとゴルフ場も使うことができました。さらに一週間おきに、ホイスト競技会かダンスパーティーも開かれていました。

毎年恒例の大きな行事も二つありました。ひとつは夏のパーティー。これは村祭りのようなもので、花の品評会や編み物・縫い物作品の展示会のほか、運動会など領内の子供たちが喜ぶようなお楽しみが盛りだくさんで、夜には大々的なダンスパーティーもありました。アスター卿ご夫妻は強いお酒は嫌っていましたが、それでも男性にはビール、女性にはワインがふるまわれました。二大行事のもうひとつはクリスマスパーティーで、わたしのお気に入りはこちらでした。お屋敷には伝統的なクリスマスの飾りつけがされ、玄関ホールには巨大なクリスマスツリーが据えられて、ツリーやそのまわりにスタッフ一同のためのプレゼントが置かれます。それは一部の雇い主が使用人に与える〝実用的な〟贈り物、つまり黒のストッキングやエプロン、お仕着せ用の服地などではなく、それぞれの個性を考えた品でした。どの使用人もみな、ひとりの人間として研究されていたようなのです。

ご一家が全員顔を揃え、ごく少数のとびきり親しい友人の方々が招待されます。夜には仮装舞踏会があり、わたしはこれを何よりも楽しみにしていました。ひょっとすると、わたしには少しばかり女優の素質があるのかもしれません。仮装した姿を見せびらかすのが楽しくてたまらなかったのです。何に扮するかを決めるのも楽しみのうちでした。そこまで仮装に熱中するようになったのは、クリヴデンで迎えた最初のクリスマスにした仮装が、大当たりをとったからかもしれません。正確に言えば、それはアスター家の使用人として迎えた最初のクリスマスではなく、最初のクリスマスはウィシー様とともにアメリカで過ごしています。わたしが選んだのは、映画『イライザがやってきた』〔一九三六年公開。貧しい孤児イライザが裕福な後見人の屋敷に行く話〕のイライザの仮装でした。赤い格子柄のスカートの上に白と黒のギンガムチェックのスカートを重ね、ハイネックの白いブラウスに鮮やかな黄色のネクタイを結び、穴だらけの黒い手袋をはめて、上着はウィシー様の乗馬服をお借りしました。頭にのせた小さな麦藁帽子の上にはキジの羽根飾りが高々と突っ立ち、足には編み上げ靴。手にしているのは大型のハンドバッグとこわれた傘、それに辞めたホールボーイが置いていった小さなブリキのトランクで、十文字に紐をかけたトランクの片端からは靴下留めが、反対の端からはレースが垂れさがっています。そして最後の仕上げは、奥様をくどき落として私室にあったのを下げ渡していただいた、小鳥入りのセルロイドの鳥籠。パレードの前にポートワインを一杯飲んだおかげで役になりきって練り歩くことができ、アスター卿ご夫妻はわたしをごらんになるなり大爆笑。お二人があんなに笑うのを見たのははじめてでしたから、わたしの一等賞獲得は、たぶんあの時点ですでに決まっていたのでしょう。

旦那様の従僕のアーサー・ブッシェルもこの催しを楽しみにしていました。ミュージックホールの女性コメディアン、ネリー・ウォラスに扮し、お得意の物まねでスタッフを喜ばせたのですが、こちらはポートワインを一杯どころではなく、しこたま飲んでいたに違いありません。なにしろ奥様の前を通ったときにスカートをめくりあげ、お尻に英国国旗がついた緑色のニッカーズを見せたのですから。「ねえ奥様、おいしそうな野菜でしょう?」彼は尋ねました。奥様はにこりともなさいませんでした。

「アーサー、あなたって最低ね」そうおっしゃったのです。それも本気で。でもアーサーはけろりとしていました。彼はいつもそんな具合に、奥様から見るとほんの少しだけ許容範囲を超えた悪ふざけをしていました。たぶんわざとだったと思いますし、奥様もそれはご存じで、いつでも応戦できるように身構えていらっしゃいました。

わたしの衣装は、その後も好評を博しつづけました。クリヴデンの近所にある大きなお屋敷の多くで使用人のためのダンスパーティーが開かれ、アスター家のスタッフの一部もいつも招かれていたのです。どれも決まって晩餐後に開かれるので、わたしには好都合でした。この衣装はまた、いろいろと笑える出来事も生んでいます。ある晩、わたしはウォーンクリフ・ルームズで催される舞踏会に出席することにしました。そこで勝手口の階段を上がってセントジェイムズ・スクエアに出て、タクシーを待っていたのです。わたしは多くの通行人の注目の的になり、使用人の待遇のひどさがどうこうとささやく声も聞こえてきました。ひと組の男女が、そばを通りすぎかけて足を止めました。二人は小声でささやきあい、男性のほうがポケットを探ると、ぶっきらぼうに「さあ、とっておきなさい」と言って、半クラウン〔二シリング六ペンス〕銀貨をわたしの手に押しこんだのです。

わたしが驚きのあまり絶句したまま、それでも扮装にふさわしく膝を折ってぴょこんとお辞儀すると、男性はふたたび歩きはじめました。するとまさにその瞬間に、ホプキンズ氏が運転するロールスロイスが近づいてきたのです。そばに寄って声をかけると、ホプキンズ氏はパーティー会場まで送ろうと言ってくれました。そちらのほうは見ないようにしていたので、あの気前のいいカップルが気づいたかどうかはわかりませんが、もしも気づいたら、死ぬほど驚いたに違いありません。もうひとり、こちらは確実に腰を抜かしたのは、わたしがウォーンクリフ・ルームズに到着したときに居合わせたカメラマンです。ロールスロイスが止まり、わたしがホプキンズ氏の手を借りて車からおりるのを見て、てっきり重要人物に違いないと思ったのでしょう。このカメラマンはわたしに向かってひっきりなしにシャッターを切りつづけていました。そして、なかに入ろうとしているわたしに駆け寄ってきて名前を尋ねました。「ローズ・ハリソン、レディ・アスターのお付きメイドです」そう答えたときの相手の顔はまさに見もので、カメラを持っていないのが残念なほどでした。ばかを見たのは気の毒ですが、カメラマンにはどうすることもできませんでした。わたしが写真をとってくれと頼んだわけではないのですから。

わたしたちのためにロンドンで催された毎年恒例の社交行事のなかでも盛大なもののひとつに、

レディ・マルコム主催の使用人のための舞踏会がありました。これはアルバート・ホールで催される慈善舞踏会で、雇い主が使用人のために、わたしたちにはとうてい手が出ないような値段のチケットを買うのです。わたしの『イライザがやってきた』の仮装はここでも一等賞をとり、レディ・アスターは鼻高々でした。今日では、使用人のための舞踏会を企画するのはばかげたことに思えます。たとえ企画しても、出席する者はいないでしょう。まず第一に、いまでは使用人はほとんどいませんし、いたとしても自分が〝使用人〟だとは思っていないので、そんな催しに参加すれば品位にかかわると感じるでしょうから。わたしたちはそうではありませんでした。

というわけで、いまでは少しばかり退屈でありふれたものに思えるかもしれない当時の社交生活を、わたしはなつかしさとともに思いだします。働きづめの日々のなかでのたまの娯楽だったことが、楽しさの度を一段も二段も高めていたのかもしれません。わたしの生活は旅行のおかげでいっそう面白みのあるものになっていましたし、お屋敷にいるときでさえ、退屈とは無縁でした。奥様がいつ何をなさるかわからない方だったので、退屈するどころではなかったのです。それに大所帯だったにもかかわらず、ほとんどの使用人が職場との絆を感じていた気がします。マイケル・アスター著『部族の気風』にはすでに触れました。この本を書いたとき、マイケル様の頭にあったのはご家族のことだったのでしょうが、部族としての一体感はもっと広い範囲に及んでいました。もちろん程度はさまざまながら、わたしたちはみなアスター家の色に染まっていたのです。わたしなどは全身それ一色だったに違いありません。結局のところ――これはマイケル様に申しあげるのですが――こういうことです。「坊ちゃまは八歳のときに寄宿学校に入り、ご実家を離れられました。それ以降、坊ちゃまにとってご実家は休暇を過ごすだけの場所でした。三十五年間ずっとそこで暮らしてきたわたしは、坊ちゃま以上ではないまでも、坊ちゃまと同程度には部族の一員だと感じています。かなり野蛮な一員ではあったかもしれませんが」

6　おもてなしは盛大に

　セントジェイムズ・スクエアとクリヴデンでのおもてなしは、どちらも華麗かつ盛大に行なわれました。昼食会も晩餐会もレセプションもあまりに頻繁で、日常の一部と化していたほどです。だからといって仕事の量が減るわけではありませんが、これはいわば軍事教練のようなもので、だれもが自分の役目を心得ていて、多かれ少なかれ機械的に仕事をこなすため、回を重ねるにつれて作業がだんだん楽になっていくのです。わたしの役目は、奥様が見苦しくない格好で、時間どおりにお客様をお迎えできるようにすること。それがすむと自室に行ってアイロンかけや染み抜き、翌日の準備をするのですが、奥様に何かを持ってくるよう言われたり、伝言を頼まれたりで、作業はちょくちょく中断されました。それでも催しのあとで必ずサーヴァンツ・ホールで反省会が開かれたので、どの部門がどんな仕事をしているかはかなり正確に把握していました。

　パーティーにはタイプが二つあり、レディ・アスターはそれを〝わたしの都会方式とわたしの田舎方式〟と呼んでいました。セントジェイムズ・スクエアでの〝都会方式〟はよりフォーマルで、招待客の半数以上は政治関係者。クリヴデンでの〝田舎方式〟は、こちらも本式のパーティーながら、家族と友人の集まりという色彩が強いものでした。多種多様な人々が招かれ、その多くが泊まり客だったため、雰囲気はぐっとくつろいだものになり、上っ面だけの社交ではなく、生身の人間同士が触れあう場になったのです。どちらのタイプのパーティーかによって、使われる食器や出される料理、さらに、これは奇妙に思えるかもしれませんが、飾られる花も変わってきました。奥様はこの二つを厳密に区別していることがたいそうご自慢で、一方が他方の縄張りを侵したと感じると、黙ってはいませんでした。

リー氏は小さな黒い手帳に、いくつもの晩餐会の招待客名簿を記録していました。その後、面倒になったのか食傷したのか、わたしがアスター家にお仕えするようになってからは、名前を記入するのをやめて、晩餐会があったという事実だけを記録するようになっています。リー氏に貸してもらった手帳を開き、一九一一年から始まる招待客の名簿に目を通すのは、わくわくする体験でした。まるで歴史をかいま見ているように感じたのです。名簿には社交界・政界の重要人物が名を連ねていました。最上のものに慣れ、自分でもしばしば同じような規模の宴会を主催しているだけに、何か不手際があれば思いきりこきおろしてやろうと待ち構えている人々です。しかも、晩餐会がすめばそれで終わりではありません。引き続きレセプションが開かれることも珍しくなく、こちらには多いときで千人ほどが招かれていたからです。人数にもよりますが、レセプション会場はたいてい舞踏室で、もちろんここで舞踏会が開かれることもありました。

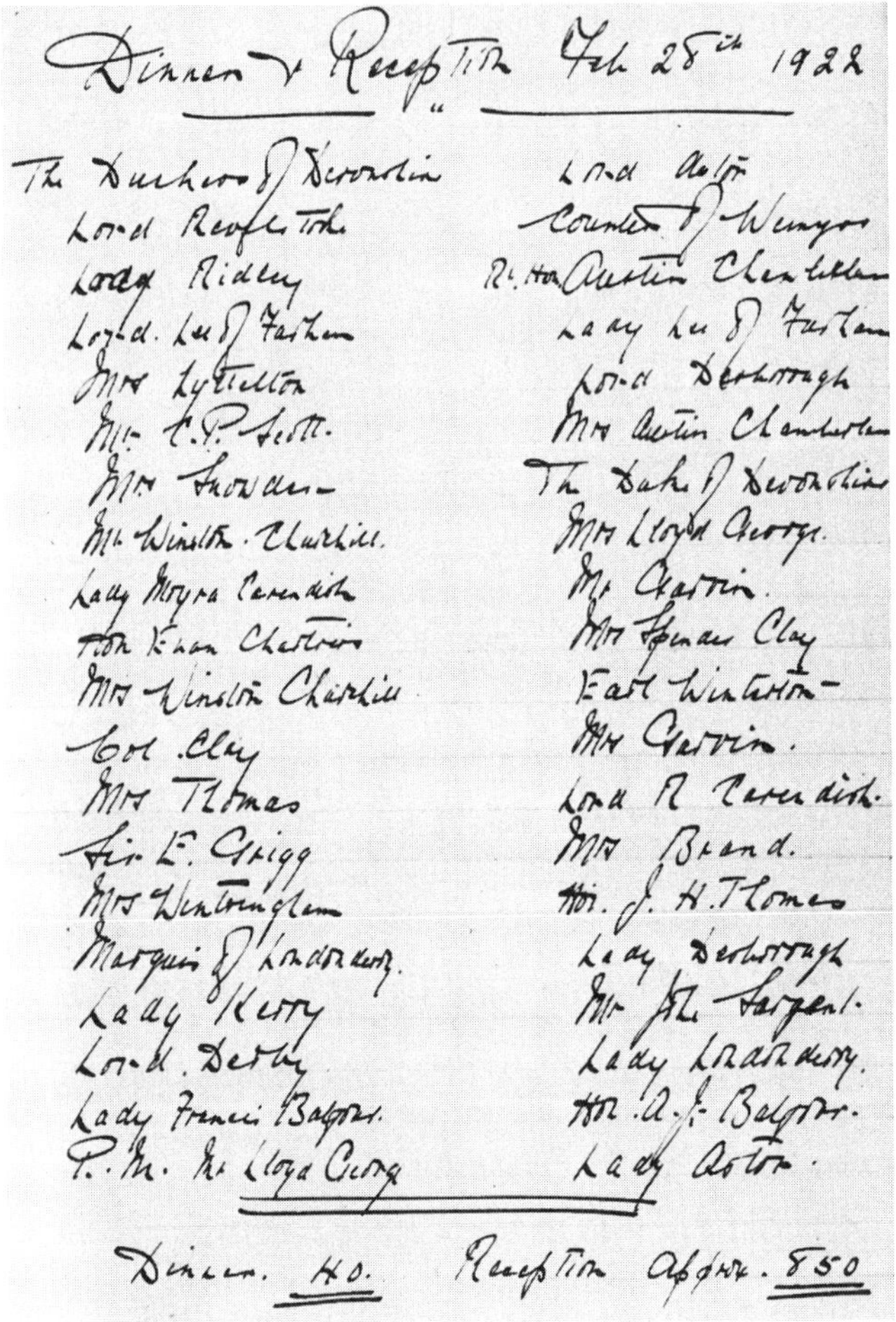
Dinner & Reception Feb 28th 1922

The Duchess of Devonshire
Lord Revelstoke
Lady Ridley
Lord. Lee of Fareham
Mrs Lyttelton
Mr C. P. Scott.
Mrs Snowden
Mr Winston Churchill.
Lady Moyra Cavendish
Hon Evan Charteris
Mrs Winston Churchill
Col. Clay
Mrs Thomas
Sir E. Grigg
Mrs Wintringham
Marquis of Londonderry.
Lady Kerry
Lord. Derby
Lady Frances Balfour.
P. M. Mr Lloyd George

Lord Astor
Countess of Wemyss
Rt. Hon Austen Chamberlain
Lady Lee of Fareham
Lord Desborough
Mrs Austen Chamberlain
The Duke of Devonshire
Mrs Lloyd George.
Mr Garvin.
Mrs Spencer Clay
Earl Winterton
Mrs Garvin.
Lord R Cavendish.
Mrs Brand.
Mr. J. H. Thomas
Lady Desborough
Mr John Sargent.
Lady Londonderry.
Mr. A. J. Balfour.
Lady Astor.

Dinner. 40. Reception Appr. 850

リー氏の「黒い手帳」の１ページ。数百人規模の舞踏会は日常茶飯事でした。

この種の催しを成功させるには、系統だった準備が必要でした。部門ごとに担当する仕事があるとはいえ、実際にはほかの部門の作業と重なる部分があることも少なくないからです。執事のリー氏は作業全体の責任者で、最終的にすべてをまとめあげるのが役目でした。リー氏の下で働く男性使用人たちの最初の仕事は、クリヴデンにある専用の金庫から銀器を選ぶこと。この金庫は一見の価値がありました。広さが普通の部屋くらいあり、歩きまわると宝の山を見ているような気分になったものです。金庫には旦那様が相続されたり購入されたりした金銀の装飾品や銀の杯、枝燭台、燭台、皿、カトラリーに加えて、旦那様の持ち馬が獲得したトロフィーも並んでいたからです。給仕はすべて銀の皿と盆を使って行なわれました。金庫内の銀器はすべて日常的に磨かれていましたが、使う前に必ず磨き直すことになっていました。これはリー氏が下男と副執事を兼ねていたときに始めた習慣で、その管理下にある銀器は手入れが行き届いていることで有名でした。リー氏は作業に手抜きがないように、しっかり目を光らせていたのです。銀器磨きは気持ちのいい仕事ではありません。最初の作業はベンガラ塗り。ベンガラは銀器に沈んだ光沢を与え、ことに照明を受けたときの見栄えがぐっとよくなるのです。まずベンガラを小皿に入れてペースト状に練り、指で銀器に塗って、よくすりこみます。その後、布と革で艶が出るまで磨きあげるのです。この方法で銀器を磨くと、下男の手はひどい状態になりましたが、リー氏は銀器磨きに近道はないと言って譲らず、新しい下男にみずからやり方を教えることも厭いませんでした。

多くの訪問客が銀器の美しさを褒め、あるときアルゼンチン大使のカルカノ氏が、どんなふうに磨くのかやってみせてほしいとリー氏に頼みました。大使を配膳室にお連れして実演してみせたあと、リー氏はベンガラをひと袋包んで、大使館に持ち帰っていただきました。次に会ったとき、大使はおっしゃったそうです。「だめだったよ、リー。うちの連中は、あの代物で手を汚すのはごめんだと言うんだ。うちの執事になって、あの連中に言うことを聞かせてくれる気はないんだろうね?」言ってはみたものの、望みはないことは大使もご存じでした。

それでも一度だけ、リー氏がアスター家を辞めかけたことがありました。原因は言うまでもなく奥様です。小突きまわされ、理不尽な要求をされ、仕事ぶりをまったく評価してもらえないことに耐えきれなくなったリー氏はある晩、一か月後にお暇をいただくつもりだと奥様に告げました。奥様は一瞬にしてご自分が直面している危機に気づきました。「だったら辞めたあとの行き先を教えてちょうだい。わたしもいっしょに行くから」そのひとことが事態にけりをつけました。二人はたちまち笑い転げ、リー氏はもちろんアスター家にとどまったのです。

それはさておき、銀器に話を戻しましょう。銀器はわたしたちが〝黒い聖母〟と名づけた車でクリヴデンからロンドンに運ばれました。かつて銀器とともに運搬車に乗ったことのある下男のゴードン・グリメットの記憶によると、一九二〇年代の初頭には無蓋トラックに銀器の箱をのせ、キャンバス地のシートをかけて運んでいたそうです。ゴードンいわく、「当時でさえ優に一〇万ポンドはしたはずだが、盗まれるかもしれないと思ったことは一度もなかったね。いまなら装甲車に積みこんで、警護のオートバイを三台はつけるだろうが。何やら教訓めいたものを感じるじゃないか、

セントジェイムズ・スクエア4番地のタウンハウスの食堂。左手に、サージェントの手になるレディ・アスターの有名な肖像画が見えます。

ヨークシャーっ子さん」また、リー氏は銀器を一度もなくしたことがないのを自慢にしていましたが、最近になって、それは厳密には事実ではないと打ち明けてくれました。「ご家族から見れば、たしかに銀器はひとつもなくなっていない。だが実は一度、銀の皿が一枚、行方不明になったことがある。ありとあらゆるところを探したが、皿は見つからなかった。そこで翌日、同じような皿を銀器製造業者のところに持っていって、複製を作らせたんだ。代金は私が個人的に負担した。もちろん、そんな必要がないことはわかっていたが、おかげでアスター家での経歴には傷をつけずにすんだわけだ」

招待客の座席表は、会計主任のミス・キンダースリーの手を借りて奥様が作成されましたが、これは思いのほかに面倒な仕事でした。考慮すべきことがどっさりあったからです。まず序列。王族方は簡単ですし、公爵に関してもまず問題はありません。厄介なのはそれ以外の貴族——侯爵、将軍、主教あたりからです。それでも間違いを犯すことはめったにありませんでした。『バーク貴族名鑑』、『デブレット貴族名鑑』、『紳士録』などの参考書のおかげです。ただしインド人の序列を混同することはたまにあり、カースト制度があるだけに、インド人はその種の間違いにだれよりも敏感に反応しました。インド人というと、思いだすのはマハトマ・ガンジー氏が晩餐会に出席したときのことです。ガンジー氏には食べられないものがたくさんありました。食事中に奥様がアメリカ産のペカンナッツを勧めると、ガンジー氏は応じました。「いけませんね、レディ・アスター。イギリス人なら、ちゃんとイギリス製品を買わないと」〔ガンジーはスワデーシー（国産品愛用）運動で知られる〕

序列の問題と並んで、だれとだれを隣同士、または向かい合わせにすわらせるかという問題もありました。これがまた厄介なのです！　政界・社交界で対立している者同士、個人的に〝虫の好かないやつ〟、折り合いの悪い者同士の席は、離しておかなくてはなりません。もちろん招待客を選ぶ段階でも、その点には考慮が払われていますが、ときには不仲な人間のどちらか一方を外すわけにはいかないこともあったのです。それでもテーブルが二つ以上あれば作業は楽になりますが、ミス・キンダースリーによると、その場合はレディ・アスターが出席者のなかでもとくに重要な人物、興味深い人物を端からご自分のテーブルに集めようとなさるので、それはそれで調整に苦労したとか。すったもんだの末に席順が決まると、座席表はリー氏に渡され、間違いを防ぐために名札が印刷されます。ときにはリー氏の助言で座席が変更されることもありました。リー氏はいわばその種のパーティーの監督役で、だれとだれが馬が合うかをだれよりもよく知っていたからです。

パーティーのたびに決まって奥様とリー氏をかっかさせる問題がありました。椅子のサイズと、座席と座席の間隔です。奥様はひとつのテーブルになるべく大勢の人を詰めこもうとするので、お客様にも下男にも窮屈な思いをさせる結果になったのです。ウィンストン・チャーチル氏などは、いつも文句たらたらでした。ある晩など、料理にはいっさい手をつけようとせず、それでいて目はしっかり光らせていたらしく、食事がすむなりおっしゃるには、「三十皿も料理が出てきたが、ああ窮屈では何も食えたものじゃない」イングランド銀行総裁のサー・モンタギュー・ノーマンもよくこぼしておいででしたが、リー氏からそれを聞いても、奥様は平然としたもので、「二人とも少しくらい痩せても害はないわよ」と言ってのけられたとか。けれどもリー氏は不機嫌で、お二人の苦情を自分に向けられたものと受けとめていました。

下男は言うまでもなくお仕着せを着た使用人でした。普段用のお仕着せは、茶色地に黄色と白の縞のベストと、脇の縫い目に沿って赤と黄色のパイピングが施されたズボン。正装用のお仕着せは、茶色の上着に縞のベスト、膝丈のズボン、白いストッキング、金のバックルつきの黒いパンプス、そして、もちろん白手袋。素手で給仕を務めるのは、ワインと食後酒のみを担当するリー氏だけでした。白状すると、はじめて正装した下男たちを見たときは、とても颯爽とした姿だとは思いながらも、こらえきれずに笑ってしまいました。まるでスズメバチの群れのように見えたからです。執事のリー氏の正装はひときわ立派で、紺の燕尾服に黒い膝丈ズボン、黒いストッキング、そして、これまた黒のパンプス。男性使用人にはお仕着せがふた組支給され、これは定期的に、通常は二年に一度、新調されました。準正装のときの下男の服装は、昼間はモーニング・スーツ、夜はブラックタイに燕尾服でした。

ここでゴードン・グリメットに、一九二〇年代初頭にアスター家の第二下男になったいきさつと、仕立て屋での体験について語ってもらいましょう。「ノース・オードリー街にある下男専門の斡旋所〈キャンベル&ハーン〉に行くと、カードを一枚渡されて、面接を受けに行くように言われてね。面接相手のリー氏は、セントジェイムズ・スクエア四番地のアスター子爵ご夫妻の執事だという。さてどうなることかと思いながら問題の堂々とした建物の勝手口に通じる階段をおりていき、裏口のベルを鳴らすと、若いやつがドアを開けた。『なんか用?』と訊かれてカードを渡すと、相手は『ふうん、グリメットね。まさかあのオーストラリアのクリケット選手じゃないよね?』と言ってくすくす笑うんだ。『ぼくはエリック、勉強部屋づきのボーイをやってる。ついてきな。大将のところに案内するよ』

「リー氏とは彼の居間で会った。『きみの洗礼名は?』リー氏が言った。

『ゴードンです、サー』おれは答えた。

『よろしい、ゴードン。これまではどのようなところに勤めてきたのかな?』

『バース侯爵様、オノラブル・クロード・ポートマン様、それにC・H・サンドフォード様のお屋敷です』

「なかなか立派な職歴だと思っていたんだが、リー氏が感銘を受けていないのは顔を見ればわかった。

『従僕の経験は？』おれはあると答えた。さらに二、三、そっけない口調で質問すると、リー氏は立ちあがって言った。『よろしい、ゴードン。では、いっしょに奥様のところにうかがおう』その口調を聞いて、これはもう採用の見込みはないと思ったね。連れていかれたのは、あとになってレディ・アスターの私室だとわかった部屋だった。おれが来ていることを奥様に知らせてくるから外で待っていろと言ったきり、リー氏はなかなか戻ってこない。おれの気分はもはやどん底近くまで落ちこんでいた。やがてようやくドアが開き、リー氏がおれを招きいれて言った。『これがゴードンでございます、奥様。第二下男の職に応募してまいりました』おれはレディ・アスターに目を向けた。ほっそりと姿のいいご婦人で、うららかな春の日を思わせる笑みを浮かべていたっけ（それがときに一瞬にして冬と化すことは、のちに学ぶことになったがね）。

『よく来てくれたわね、ゴードン』奥様はおっしゃった。『体も大きいし、力もありそうな子じゃないの、リー。お里はどちら、ゴードン？　それと、ご両親はご健在？』

『両親とも健在で、実家はバークシャーのアスコットにございます、奥様』おれは答えた。

『まあ、それはよかったわ。うちのカントリー・ハウスはクリヴデンにあるの。バッキンガムシャーのタプローの近くだから、きっとちょくちょくご両親に会いに行けるわよ』そう言うと、奥様はせかせかと戸口に向かった。『いつから働けるの？　一週間以内に来てほしいわ。じゃあね。大急ぎで下院に行かないと』そして奥様は出ていった。

『採用されたと考えてくれていいよ』リー氏が言ったが、これは少々蛇足っぽく感じられたね。リー氏はさらに、おれの給料は年三二ポンドで、それとは別にビール代と洗濯代として週二シリング六ペンスが支給されると説明してくれた。洗濯代というのは洗濯物全般ではなく、白いシャツとカラーの糊づけ費用のことだ。ビールは飲みたければ外で飲むしかないが、なるべくなら飲まないほうがいいという話だった。それでも当時はそれが慣例だったから、ビール代を契約条項に入れておく必要があったわけだ。ついでおれは、すぐにマドックス街の仕立て屋ロバート・リリコのところに行って、スーツとお仕着せの採寸をするよう指示された。

『モーニング・スーツの生地は自分で選べるんでしょうか、サー？　それとも〝塩胡椒〟でなくてはいけませんか？』〝塩胡椒〟は下男の業界用語で、グレーに白の霜降りの生地のことだ。多くの家では男の使用人のスーツをこの生地で仕立てさせていて、狙いどおり、いかにも使用人の服っぽく見える。

『常識の範囲内なら、どれでも好きな生地を選んで構わないよ』どうとでもとれる言葉が返ってきた。

「おれはさっそくマドックス街に行き、リリコ氏に寸法をとってもらった。それがすむと、リリコ氏はおれの腕をとって脇に連れていき、ささやいた。『なあ兄さん、おまえさんにはお仕着せの下にはくウールのズボン下を手に入れる権利がある。スーツ一着に一枚つけているんでね。だがお仲間の下男の多くと同じように、おまえさんもズボン下をはく気がないのなら、階下へ行って兄貴から代わりのものをもらうといい』

「行ってみると、〝階下〟というのは裁断室だった。兄貴のボブはテーブルに向かってすわり、おれと同じくお仕着せの採寸に来た男三人に囲まれていた。四人ともグラスを手にしている。『これはこれは』ボブが声をかけてきた。『またひとり、ばかげたズボン下を断った御仁が来たようだな。すわって一杯やるといい』そしてグラスをとり、テーブルの端に置かれた樽からウイスキーを注いでくれた。『ほらよ、アスター〔語り手の名はグリメットだが、業界の慣習でここでは雇い主の名で呼ばれている〕。これがおまえさんへのご褒美だ』ボブは自分のグラスにお代わりを注ぎ、新しい仕事がうまく行くよう祈ってくれた。

「かなりの時間が経ってから、おれはよろめく足を踏みしめて外に出た。いくらか酔ってはいたが、服の仕上がりを心配せずにすむほどできあがっちゃいなかった。なにせ裁断は兄貴のボブの担当だし、何人もの下男にあんなやり方でズボン下代を支払い、そのたびに相手の健康を祈って乾杯していては、まともに仕事ができるとは思えなかったんでね。結果的には、服はぴったり体に合っていた。その後も何度も同じように祝杯を上げたが、ボブの酒豪ぶりにはそのたびに驚かずにいられなかったよ」

大規模な晩餐会やレセプションのときは、臨時の下男を雇わなくてはなりません。リー氏はアルバイトをする気のある給仕経験者の名簿を持っていました。そのほとんどは現役を引退した植民省かインド局の使用人で、リー氏はいつもお客様方に、彼らの機敏で洗練された物腰を褒められていました。料理を出し、空いた皿を片づける作業が、まるで軍事教練のように一糸乱れずに行なわれるのです。アスター家でこの手法を学んだディーン氏は、のちにワシントンのイギリス大使館でそれを実践しています。訪米されたアレクサンドラ王女のために大使夫人のレディ・ディーンが給仕つきの晩餐会を開こうと決めたときのことを、ディーン氏は次のように語ってくれました。

「王族方のご訪米につきものの問題は、ご臨席の催しに招待されたがる人間が半端な数ではないことだ。だから一般的には立食式の夕食会かカクテルパーティーでお茶を濁すことになる。ところがレディ・ディーンは、王女殿下はその種の催しにはうんざりされているはずだからと、昔風の晩餐会を開きたがった。『舞踏室に何人分の席を設けられるかしら?』奥様はお尋ねになった。『当て推量をしてみても始まりません』私は申しあげた。『実際に試してみませんと』試しにテーブルと椅子を並べてみた結果、百十人なら大丈夫だということになった。

『下男は何人必要かしら?』

『それはメニューによって違ってまいります』

『メニューによって?』奥様は驚かれたご様子だった。

『はい。簡単な料理でしたら各テーブルに給仕一名で足りますが、ソースや付け合わせをお出しする場合は、各テーブルに二名ずつ必要かと』

「奥様がシェフと相談した結果、手のこんだ料理が出されることになった。つまり給仕役を二十二人揃えなくてはならないわけだ。それに、それだけの規模のパーティーでは私は監督役で手いっぱいだろうから、ワインを注ぐ人間も四人雇った。リー氏がしていたような短い予行演習をやる余裕があったので、料理を出したり皿を下げたりするタイミングについては、こちらを見て合図に従うよう言っておいた。ひとりだけ緊張のあまりびびったのがいて、目立たないように外に連れだすはめになったが、それ以外はすべて順調に運んだよ。翌朝、奥様がお呼びだというので行ってみると、そんなまねは逆立ちしてもできなかったレディ・アスターと違って、レディ・ディーンは晩餐会が首尾よく運んだことを褒めてくださった。『あれだけ大勢の下男をよく思いどおりに動かせたわね』とね。

『それは奥様』私は申しあげた。『〝クリヴデンのリー卿〟の異名をとる、レディ・アスターの執事のもとでの修行の賜物でございます』リー氏が面目を施すたびに、奥様は必ずそのおこぼれにありついていたが、まあ、その権利はあったんだろうな」

ディーンというのは珍しい名字ではありませんが、われらのディーン氏が執事としてお仕えしたのが同姓のサー・パトリック・ディーンだったのは、珍しいことの部類に入るのではないでしょうか。雇い主と使用人が同姓というこの状況はまた、とりわけ電話の応対の際に、ときとして気まずい場面を生じさせました。ディーン氏によると、外相時代のジョージ・ブラウン氏も、これには少々当惑されたそうです。「大使閣下とレディ・ディーンは、二人のご子息を連れて空港までジョージ・ブラウン外相を迎えに行っていた。ご一行が戻ってくると、私は玄関のドアを開けて言った。『ようこそ大使館へ』ちょっとばかり外相をくつろがせようとしたわけさ。労働党の大臣のなかには、執事をもったいぶった輩と見なしていて、私たちの前では居心地悪げになさるお方もいたんでね。するとサー・パトリックが大臣に私を紹介した。『こちらはディーン、わが家の執事です』どうやら私は取り越し苦労をしていたらしく、ジョージ・ブラウン氏はちっとも堅くなってなどいなかった。『まいったね、またしてもディーンとは！　これで五人目だ。こうも聖堂参事会長《ディーン》だらけとは、ここはいったいどういう場所なんだ？　くそいまいましいバーチェスターの塔〔『バーチェスターの塔』は大聖堂の町バーチェスターを舞台にしたアントニー・トロロープの小説〕かね？』むろん、だれもが笑い、私はその場で大臣のファンになった。大臣はだれとでもうまくやれる方だったらしくて、訪米は大成功だったよ」

　アスター家の下男はお仕着せは着ていても、髪粉は使っていませんでした。髪粉をふった下男が給仕を務める習慣は、第一次世界大戦を境にほぼ完全にすたれたものの、リー氏は髪粉時代のことをよく覚えています。「髪粉をふるのはかなりフォーマルなパーティーのときだけだった。頭のてっぺんを石膏で固められたような感じがするが、みんないやがってはいなかったよ。着替えがすむとシャツの肩をタオルで覆い、頭を濡らしてから、厨房から支給された小麦粉を髪にふりかける。乾くと髪の根元が少しつっぱるが、とにかくそれはもう粋に見えたものだ」そう言ったリー氏の声は、ほとんど残念そうに聞こえました。アスター家には〝揃いの〟下男もいませんでした。これは背丈と体格が同じ下男の二人組のことで、バッキンガム宮殿や公爵家のお屋敷にはいましたし、いまもいるかもしれません。

そんな話をしていると、リー氏はまたなにやら昔のことを思い出したようです。「実はね、ミス・ハリソン、私は面接に行った先で不採用になったことが一度だけあって、それはダービー卿のお屋敷でのことだった。先方は下男のひとりと揃いになる男を欲しがっていたのだが、私は一インチ半〔約四センチ〕ほど身長が足りなくてね」

「身長が足りなくて！」わたしは仰天しました。リー氏の身長は、靴を脱いで測っても六フィート一インチ〔約一八五センチ〕あるのです。

「そう、ダービー卿は長身の下男がお好きだったんだ。風格を感じさせるということで」リー氏も長身の下男を好み、アスター家の下男はみな身長が六フィート〔約一八〇センチ〕以上ありましたが、だれも〝揃い〟にはなっていませんでした。

料理と厨房の話がまだでした。厨房について考えると、いまでも身ぶるいせずにいられません。大規模なパーティーの当日はもちろん、その前日も、わたしは厨房には近づきませんでしたし、分別がある者はみなそうでした。活気あふれる厨房は、うっかり鼻をつっこむと痛い目に遭う危険が大きい場所でもあったのです。メニューはパーティーの何日か前に、奥様がシェフと相談して決めていました。わたしが勤めていたあいだに一度シェフが替わりましたが、わたしがよく知っていたのはムッシュー・ジルベールです。もちろんリー氏はもっと大勢知っていて、「パピヨンがぴか一だったね」とのことです。「掛け値なしに偉大なシェフだったよ」そのパピヨンがアスター家に仕えていたのは第一次世界大戦前のことで、彼は一九一四年に他界しています。

下男同様、臨時雇いのシェフが何人必要かも、出される料理の量と種類によって変わります。ときにはメイン料理一種類につき一人ということで、四人雇うこともありましたが、たいていは二人でした。さっきも言ったとおり、わたしは厨房には近づかないようにしていましたが、アスター家に勤めて何年も経ち、ジルベールとなじみになると、厨房メイドをしていた妹のオリーヴが、ときどき晩餐会の準備の様子を見学させてもらえるようになりました。上質のサービスは見慣れていたオリーヴにとっても、アスター家のパーティーは驚きだったようで、とりわけ気に入っていたのは、シュガーシェフの仕事を見学することでした。綿菓子状の砂糖を使ってお菓子のデコレーションをするシュガーシェフは、シェフである前にまず芸術家で、お菓子のデコレーションに加えて、プチフールを入れるために、蜂の巣、郵便箱、小鳥の巣などさまざまな意匠で、砂糖細工の籠も作っていました。一度、彼が作った薔薇の籠を母にお土産に持っていったところ、母は籠が汚らしい茶色になり、日の光を浴びて形がくずれてしまうまでとっておきました。どうしても捨てるに忍びなかったのだそうです。

溶かした砂糖をつねに沸点近くに保っておく必要があるため、シュガーシェフの仕事は危険なものでしたが、作業ぶりを見ているだけでは、工作用の粘土で遊んでいるとしか思えなかったでしょう。レディ・アスターも含めて、たいていの人は気づいていませんが、晩餐会が催されているとき、厨房ではほとんど秒刻みで、タイミングをにらみながら作業が進められています。いまなら最高の状態で出せる料理が、わずか一分後には食べごろを過ぎてしまう。これはスフレを作った経験のある者ならだれもが知っていることですし、同じことはそれ以外の料理の多くにも当てはまります。何時間もかけて作った料理が台なしにされるのを目の当たりにするのは、シェフにとっては胸が張り裂けるほどつらいことで、ひとつの厨房に胸が張り裂けたシェフが四人もいたら、これはまさに悪夢です。

そんな厨房と連携してお客様方を食堂にお通しし、料理が時間どおりに出され、食べられ、下げられるように気を配るのは、これまたリー氏の役目でした。きれいに盛りつけられ、食卓に出せる状態になった熱々の料理を厨房から食堂に運ぶのは、雑用係の仕事です。どこのお屋敷も雑用係を一人は抱えていて、二人、ときには三人抱えているお宅もありました。名前からも察しがつくとおり、雑用係はほかのスタッフの担当外のありとあらゆる雑用をこなし、猫の手も借りたい忙しさのときは、ほかの使用人の仕事を代行することも珍しくありませんでした。

一部の雑用係は、ほかの使用人とは毛色が違っていました。どう違うかというと、あまり頭の回転が速くなく、野心もほとんどないことが多かったのです（一度雑用係になったら、死ぬまで雑用係）。ものを運ぶ仕事が多いので必然的に力が強く、興味の対象はほとんどビールと煙草だけ。所帯持ちの雑用係には会ったことがありませんが、みんな働き者で親切でした。リー氏に言わせると、雑用係は一〇〇ヤード〔約九〇メートル〕離れたところからでも見分けられるとか。「ポイントは歩き方だよ、ミス・ハリソン。脚が曲がり、爪先は内側を向いていて、いつも何か重いものを運んでいるように見えるんだ」なるほど雑用係はいつも重いものを運び、晩餐会のときはとてつもなく重いお盆を運んでいました。アスター家にはセーラーという雑用係がいました。リー氏とそれはしっくりいっていて、まるで飼い主と飼い犬のようでした。本人は決して認めなかったでしょうが、セーラーはリー氏を崇拝していたのだと思います。褒められれば顔を輝かせ、叱られれば鞭で打たれたようにしょげていました。厨房から料理を運ぶのがとても上手で、何かを落としたという話は聞いたことがありません。というより、その種の事故があったのは、わたしが覚えているかぎり一度だけでした。下男がセイボリー〔前菜やデザートとして出す塩味や辛口の料理〕の皿を落としてしまったのです。幸い、落とした場所は食堂ではなく給仕室で、皿が落ちる音を聞きつけたリー氏は、下男と二人で中身の大部分を回収することができました。その後、リー氏が粗相をした下男を叱っているのを聞いたときは、その下男がちょっぴり気の毒になったものです。「皿が火傷しそうに熱かったんです、サー」下男は言いました。

「むろん熱かっただろうとも。熱いままお出しすべき料理なのだからな、お若いの。だが皿を持つために雇われている以上、今後は絶対に手を放してはならん。たとえ大火傷をしてもだ。いいね？　指は治るが、料理はそうはいかんのだから」

それでいて、リー氏はときに意外なほどの思いやりを示すことがありました。ある晩餐会の席で、ひとつ間違えば社交界のスキャンダルになりかねない惨事が起きかけたことがありました。かなり大物の著名人が、下男の給仕を受けている最中にレディ・アスターに言ったのです。「厨房の下働きをするあまっちょが必要なんだが、お宅の使用人にだれか紹介してもらえませんかね？」

これに対して、奥様がやんわりと軌道修正を試みたことは認めてさしあげるべきでしょう。「どのような使用人をお望みですの？」

「なに、どんなつまらんあばずれでも構いませんよ」下男はあとずさり、シーツのように真っ白になりました。「虫の知らせで、どうも様子が変だと気づいてね」リー氏は語りました。「なるべく急いで近づいていって、いままさに熱々のソースを問題の招待客の頭の上にぶちまけようとしていた下男の腕をつかんだ。何をしようとしていたかは一目瞭然だったし、外に連れだしたあとで、当人もそのつもりだったと認めたよ」

下男の話を聞いたリー氏は、叱責の言葉はいっさい口にしませんでした。無言でサイドボードに歩み寄ってグラスにポートワインを注ぎ、それを渡すと、軽く背中をたたいて言ったのです。「気持ちの整理がついたら戻ってきなさい」翌日、リー氏はレディ・アスターに会いに行き、問題の客人の発言について苦情を申したてました。「たとえ陰にまわってでも、使用人についてそのような言い方をなさる権利はありません。ましてや私どもに聞こえるところでそのようなことをおっしゃるのは、許しがたいことでございます」客人の発言を耳にした下男が何をしようとしたかについては、リー氏は口をつぐんでいました。

「まったくあなたの言うとおりよ、リー。あの男はもう二度と招かないわ」奥様は下男をよこすように言い、直接、気の毒なことをしたと謝りました。どうやらわたしが以前、ハウスメイドについてのご発言に対して申しあげたことが、かなり効いていたようです。

リー氏の監督下にある男性使用人は、パーティーのときは休む暇もありませんでした。晩餐会の場合、リー氏と下男二人が玄関ホールでお客様方をお迎えし、マントやコートをおとりします。引き続きレセプションが予定されているときは、大きなクロークルームが用意され、そこにも人員が配置されました。こちらに配置されることの多かったアーサー・ブッシェルが、そこで滑稽な物まねの材料をどっさり仕入れていたことは、言うまでもありません。パーティーの翌日になると、アーサーはいつもサーヴァンツ・ホールでみんなを笑わせてくれました。彼の物まねの面白さは実際に見ないとわかりませんが、コートを脱がされるメアリー王妃をまねて、回転式の台座の上のモデルのようにくるりとまわってみせるアーサーの姿を想像するのは、難しいことではないはずです。アーサーによると、ジョージ五世はコートを脱がされるときも着せられるときも、うなり声をあげられたとか。

食事に先立って、小さいほうの食堂で飲み物をお出しするのも、下男の仕事です。そして食後からレセプションが終わるまでは、それこそ目がまわるような忙しさ。お屋敷のなかでも外でも、膨大な量の作業が行なわれます。パーティーがあることは、警察にも事前に知らされていました。リー氏が予定されている来客数を告げ、それをもとに必要な警官の人数を割りだすのです。リー氏は執事としてはじめてとりしきった大規模なパーティーの際、経験不足からあたり一帯の交通を完全に麻痺させてしまったそうです。その日アスター家では、バルフォア卿を主賓とする晩餐会と、千人が出席するレセプションが催されることになっていました。リー氏はヴァイン街の警察署に行き、交通整理のために巡査を三人よこしてほしいと頼みました。まだ乗り物として、自動車と馬車が混在していたころの話です。三人の巡査がやってきてリー氏の指示を受けましたが、数分後に招待客が到着しだすと、あたりは修羅場と化しました。自動車と馬車がぎっしりと広場を埋めつくし、運転手と御者という、ただでさえ仲がいいとはいえない者同士のあいだで怒号が飛びかいます。混乱の原因はどうやら警察にありました。三人ともほかの巡査の指図に従う気がなく、各自が自分の判断で行動したのです。

　気の毒に、リー氏は一時間近くかかって、ようやく混沌から秩序を作りだしました。その騒動について語ったときにはしみじみと言ったものです。「あれはいい教訓になったよ。自分自身で指揮をとれない場合は、だれか指揮権をゆだねられる人間を確保する必要があるんだ。次回からは警部に指揮をとってもらって、実際の交通整理は巡査部長一人と巡査二人に任せるようにした。それきり問題は一度も起きていない」

　もうひとつ、パーティーに欠かせないのが誘導係《リンクマン》です。誘導係の仕事は、お客様がお帰りになるとき、待機している乗り物に合図して、玄関前に誘導すること。これはなるべく迅速にやってのけなくてはなりません。いったん帰ると決めた招待客は、玄関ホールで長いこと待たされるのを嫌いますし、スタッフにとっても、場所ふさぎになる客人はもはや邪魔なだけだからです。合図に使う手提げランプか懐中電灯に加えて、よく通る声と耳をつんざく口笛も誘導係の必需品でした。わたしの若いころに使い走りの少年がよくやっていた、二本の指を口に入れて強く吹くいわゆる指笛です。昔からうらやましく思っていながら、あの芸当はどうしてもまねできませんでした。誘導係には、つきものの危険がひとつありました。長い待ち時間のあいだ、彼らには寒さに耐える以外にすることがありません。どうやら彼らは、寒さを寄せつけずにおく最上の方法はお酒を飲むことだと思ったらしく、これはときとして反抗的な警官が二十人集まったよりも惨憺たる結果を招きました。

会場の入り口に立ち、到着されたお客様の名を声高らかに告げるのも、大規模な催しには不可欠な作業でした。その担当者を雇うのもリー氏の役目で、いつもなるべく同じ人を確保しようとしていました。バトリー氏というその男性は、風采が立派なうえによく通る美声の持ち主で、この人にかかると単なる〝ミスター〟や〝ミセス〟でさえ重々しげに響いたものです。これはそうとうに気の張る仕事でした。自分の名前をたどたどしく、あるいは間違って発音されて喜ぶ人はいないので、かなりの集中力が必要になるからです。それに人数が多いと喉にも負担がかかるため、三百人から四百人をめどに、リー氏が交替することも少なくありませんでした。それがまた、なかなかの腕前なのです。リー氏はたぶん、人に頼む仕事はすべて自分でもこなせ、しかもうまくやってのけられると感じるのを楽しんでいたのだと思います。レセプションのあいだ、下男は飲み物や食べ物の給仕に追われます。スナックとプチフールが中心ですが、あたたかい料理も出されるので、厨房もまだ暇にはなりません。驚いたのは一部の方々の食欲で、たっぷりした晩餐を召しあがったうえに、その後もレセプションがお開きになるまでせっせと詰めこみつづけているのです。いまの人と比べて、当時の人々はよく食べました。

レセプションの多くは〝ドライ〟、つまりアルコール飲料がいっさい出ない催しで、お客様方もそれは承知していました。とはいえ、尻ポケットからそっと携帯用の酒瓶をとりだす光景はよく見られましたし、あらゆる情報から判断して、紳士用のクロークルームは、本来の目的よりもウイスキーを飲む場所として使われることのほうが多かったようです。旦那様と奥様は、お二人とも絶対禁酒主義者でした。リー氏はそれを尊重する一方で、ある意味では残念にも感じていました。そのせいで多くの同業者のような本物のワイン通になり損ねたと思っているからです。長い目で見れば、それは悪いことではなかったのかもしれません。目利きになった同業者の一部は、のちにアル中になり、その結果、何人もの有能な執事が引退に追いこまれたのですから。それにわたしに言わせれば、リー氏は謙遜しすぎです。アスター卿はその方面にはまったく関心をお持ちでなかったため、ワインの購入と管理はすべて執事の手にゆだねられていました。ワインの仕入れ先はプリマスのホーカー社。ホーカー氏はプリマスの保守党協会の会長でしたから、旦那様にはそれ以外の選択肢はないも同然でした。

晩餐会のためにワインを用意するのも、それを注いでまわるのも執事の役目で、リー氏は苦情が出た場合に備えて、栓が抜かれるたびに味見をしていました。本人がのちに語ったところによると、「まさに極上の味だったよ」とのことで、多くのお客様がワインの質や料理との相性のよさに驚いていたところを見ると、やはりリー氏は本人が認めている以上にワインに詳しいに違いありません。リー氏が下男たちを前に、ポートワインとクラレット〔ボルドー産の赤ワイン〕のデキャンティングの仕方を実演しているのを見たことがあります。どちらも綿モスリンを使って漉し、デキャンタに移すのです。リー氏はポートワインの瓶に〝お辞儀をさせる〟という表現を使っていました。また適温にはやかましく、クラレットは中温のホットプレートに載せてあたためました。「あたためるといっても、ほんの少しでいいんだ。一部の人間が思っているほど熱くする必要はない。いずれ慣れてくれれば、これが適温だとわかるようになる」

管理を任されていたワインのなかで、リー氏がとりわけ誇りにしていたのはクラレットでした。あるとき奥様が、レセプションでクラレットカップ〔クラレットを炭酸水で割ってブランデー、レモン汁、砂糖などを加え、氷で冷やした飲み物〕を出すのはいい妥協案だと思いつきました。奥様はリー氏を呼んで、それを伝えました。「承知いたしました。ではホーカー社からクラレットを取り寄せませんと」

「貯蔵室に在庫はないの？」

「ございますが、あれは使うわけにまいりません。極上のヴィンテージ・ワインでございますから」

奥様はそれがどうしたと言わんばかりに、「新しいのを注文するのは、それを全部使い切ってからよ。極上のヴィンテージ・ワインで作ったクラレットカップをお出しすれば、お客様もきっと喜ぶわ」

リー氏は憤慨するやら呆然とするやら。「結局、三六ダース使ったよ、くそいまいましい。罰当たりにもほどがある！」めったに聞けないリー氏の悪態が出たところを見ると、その一件はよほど胸にこたえたに違いありません。

白ワインは軽く冷やして飲むのがいちばんだと考える一方で、シャンパンはよく冷やすのがリー氏の好みでした。その際に冷蔵庫を使わなかったのは、氷のほうが使い慣れていたからです。お酒をお出しするレセプションがあると、リー氏は重さが約五〇キロある氷の塊を二つ注文し、砕いて浴槽に入れました。客間に近い階の浴室にはシャンパンが軽く二百本は入る浴槽があり、新しい瓶がひと晩に何度も補充されました。晩餐会だけでお開きになるときに使われるのは給仕室にあるワイン用の桶で、ここでは一度に最大三ダースのシャンパンを冷やすことができました。リー氏はまだ若いうちに、中身をこぼすことも、だれかを不自由な体にすることもなしに、シャンパンのコルク栓を抜く方法を学んだそうです。「そっとコルクをゆるめ、ナプキンをかぶせておいて瓶を横に傾けると、コルクは簡単かつ静かに抜けてくる。ところが世の中には、コルクが飛びだす〝ぽん〟という音がしないとだめだと思っている馬鹿がいてね。マウント街にあったフレディー・ウィンことニューバラ卿のお屋敷にも、その手の輩がいた。私がまだ下男をしていたころの話だ。その執事は瓶の頭を天井に向けてシャンパンの栓を抜いた。コルクがものすごい音をたてて飛びだし、跳ね返って旦那様の頭にぶつかった。

『結構な音でございますな、旦那様。どうやら上物のようで』執事は言った。

『なにが結構な音だ、馬鹿者。おかげで脳みそを吹き飛ばされかけたぞ、いまいましい。ワインのよしあしを決めるのは音ではない。味だ』

リー氏が聞いた話によると、シャンパンのせいで片目を失った執事もいるそうです。「なぜかコルク栓が飛びだしてこなかったので、不思議に思ってのぞきこんだらしい。弾が入っているかどうか確かめるために銃口をのぞきこむようなものだ。間違ってもまねするべきじゃない」

ポートワインと食後酒を注いでまわるのは、リー氏の役目でした。ポートは一杯目を注いだら、あとは食卓の上座に置いておき、お代わりが必要なときは右から左に順にまわしてもらいます。

「食後酒の種類も、ある程度絞っておいたほうがいい。なんなりとお好みのものを、となると、ひっきりなしに動きまわっているはめになりかねない。私はブランデー、クレーム・ド・メント、それにキュンメル〔キャラウェイやクミンシードで香りをつけたリキュール〕しかお出ししなかったよ」

アスター卿ご夫妻が絶対禁酒主義者だということは、だれもが知っていました。一九二三年に国王ジョージ五世とメアリー王妃が主賓としてお越しになったときは、ご一行が到着されるなり、王の侍従がリー氏を脇に連れていき、デキャンタを二つ渡したそうです。片方にはポートワインが、もう片方にはシェリーが入っていました。どうやら国王陛下は、ちょっと一杯ひっかけるのを、招待主夫妻の気まぐれのせいであきらめるおつもりはなかったようです。

リー氏はそのときは黙っていましたが、侍従がお屋敷を離れるときが来ると、中身がいっぱいに入ったままのデキャンタを返して言いました。「ご同意いただけると思いますが、これは必要なかったようでございますね、サー」リー氏は王族方ご臨席の昼食会や晩餐会を歓迎していましたが、それはステータスうんぬんに加えて、出席者が全員、王族方のご到着予定時刻の十五分前までに客間に集まっていなくてはならず、遅刻者は追い返されたからです。リー氏いわく、「このお屋敷で確実に時間が守られるのは、王族方がお見えになるときだけだからね」

皇太子がはじめて晩餐会にいらしたときも、お酒がらみで似たようなことがありました。このころにはリー氏もすっかり貫録がつき、応対も堂に入ったものでした。電話をかけてきたのは、殿下の侍従のメトカーフ少佐です。「殿下のためにブランデーを一本、届けさせるよ、リー。いつでもお出しできるようにしておいてくれ」

「お言葉ではございますが、招待主の面目というものもございます、サー」リー氏は答えました。「私どもがお出しするブランデーは、間違いなく殿下のお口にも合うかと存じますが」実はメトカーフ少佐は単に殿下のお指図に従っただけで、リー氏がそれに気づいたのは、食後酒を注いでまわったときでした。何をお飲みになりますかという問いに、皇太子殿下は「きみの極上のブランデーを少しもらうよ、リー」と応じられ、いたずらっぽく目をきらめかせたのです。

招待客がひとり残らず立ち去ると、リー氏は臨時雇いの使用人全員に手間賃を支払います。リー氏は雑費として現金を百ポンド渡されていて、週に一度、事務所に計算書を提出することになっていました。事務所には一度に五〇ポンドまでならいつでも自分の一存で要求することができ、わたしの場合同様、計算書の内容をとやかく言われたことは一度もありませんでした。アスター卿ご夫妻はこちらを完全に信頼なさり、こちらがその信頼に完全に応えることを期待されていたのです。すべての支払いをすませると、リー氏は配膳室で銀器の下洗いをしている下男たちを訪ねます。多くの場合、ワインを一本持って。「骨を折った報いに、ささやかなご褒美にありつく権利があると思ったのでね」なかには勧められる前から、ちょくちょく勝手にささやかなご褒美を楽しんでいる者もいました。ある晩、いつものように慰労の一杯をみんなに勧めていたリー氏は、雑用係のセーラーの姿がないのに気づきました。そこで尋ねてみたところ、副執事が答えました。「私が最後に見たときは、浴室でシャンパンの栓を抜くのを手伝ってくれていましたが」

「この救いようのない馬鹿者めが。何があろうとセーラーを酒に近づけるなと言ったろう。おかげで面倒なことになった。早くあいつを探すんだ」

結果的には、面倒なことは何も起きませんでした。アスター家のシャンパンの在庫が何本か減ってしまったことを別にすれば！　セーラーはやがて秘書の部屋で発見されました。ベッドに長々と横たわり、ぐでんぐでんに酔っ払って。男が二人がかりで肩と足を持ってセーラーを運び、本人の部屋に放りこみました。「終わりよければすべてよしですね」ふたたび全員が集まると、アーサー・ブッシェルが言いました。

「いまだからそう言えるが、秘書がここに泊まっていたらどうなったと思う？」リー氏が応じました。

「あれにはまいったよ、ローズ」とアーサー。「大急ぎで退散しなきゃならなかった。その光景がどぎついほどまざまざと目に浮かんでしまって」

「パーティーの晩はみんな働きづめだったよ、ミス・ハリソン」つい先日、リー氏は言いました。「それでもわれわれは仕事から楽しみもたくさん得ていたが、気の毒なのは洗い場メイドだ。かわいそうに肘のところまで泡と脂だらけにして、何ダースもの深鍋や浅鍋、ソースパンや皿を洗って磨いて。当時は洗剤といえばソーダ液しかなかったから、手が荒れて真っ赤になっていた。ときどき疲れと痛みで泣いているのを見かけたが、あれは屈辱の涙でもあったのではないかな。せめて天国でご褒美をもらえていることを願おう」

まだ紹介していない仕事がひとつあります。ほかの仕事同様、作業は年間を通してあるものの、パーティーがあると、がぜん忙しくなる仕事。それはデコレーターの仕事です。パーティーの舞台作りに関して、たぶんだれよりも大きな役割を果たしていたのが、このデコレーターでした。デコレーターはお屋敷内に花を飾る仕事を担当する庭師で、ここでいう花には植物すべてが含まれます。ときには小ぶりな木ほどもある灌木が飾られることもありました。わたしが最もよく知っていたデコレーターは、のちに庭師頭になったフランク・コプカットです。若くしてアスター家に勤めはじめたフランクですが、すでに経験は豊富でした。見習いのころからずっと、あちこちの立派なお屋敷で働いていたからです。すぐ前の勤め先はロスチャイルド家。アスター家に来た当初は、えらくちんけなところに来てしまったと思ったそうです。温室も灌木類もフランクを失望させました。「ロスチャイルド家では、これが欲しいと言えばなんでも用意してもらえたからね」それについてはアスター卿ご夫妻に責任があったとは思えません。もっとも奥様は球根に関してはしぶちんで、買わせるのは至難の業でしたが。そのくせ、よそのお宅にその花があるのを見ると、あれが欲しいと大騒ぎなさるのです。フランクに言わせると、ないないづくしの元凶は、当時の庭師頭のカム氏でした。カム氏はフランクが来てじきに在職のまま死亡し、後任のグラシーン氏は気前よくあれこれ買いこんだため、事態は改善されました。

フランクは温室栽培がとても上手で、クリヴデンでもすばらしい成果をあげました。その仕事ぶりはほどなく奥様の目に留まり、前任者が辞めると同時にデコレーターに任命されたのです。「そりゃまあ、抜擢されたのは得意でないこともなかったがね、正直言って、怖くて身がすくんだよ。なにしろ、まったく経験がないんだから。おまけにレディ・アスターがとりわけお好きなのが、何種類もの花を混ぜて活けたものだとくる。その手の花を活けるのは、それ自体が芸術だし、奥様がときとして扱いにくいお方だということも、もちろん知っていた。はじめてセントジェイムズ・スクエアに行ったときは、グラシーン氏がいっしょに来て、仕事のこつを教えてくれた。そのうちレディ・アスターが、おれがひとりでいるところを捕まえて、おっしゃった。『いいこと、ジョージ』（ジョージは前のデコレーターで、おれの名前はフランクだと言いたかったが、言えなかったよ。おかげでたっぷり一年以上、おれはジョージのままだった）。『いいこと、ジョージ、これだけは頭に入れておいてちょうだい』奥様がえらく厳しい顔をしているんで、おれは思ったね。〝そら来た。お小言第一号だぞ〟そして内心ふるえあがった。

「奥様は先を続けた。『あなたの前任者は六年間わが家にいたわ。あなたにはもっと長く働いてほしいの』おや、出だしは悪くないぞ。そう思ったとき、奥様が言葉を継いだ。『それからね、いずれわかると思うけど、あなたが食卓やほかの場所に花を飾って、なかなかいい出来栄えだと思ったとするわ。そこにわたしが入っていって、こんなふうに言うかもしれない。〝気に入らないわ。全部抜いてやり直しなさい〟そのときは、つべこべ言わずに言われたとおりにするのよ』

「要するに、ご本人から直接、釘を刺されたわけだ。〝はいはい、奥様〟おれは思った。〝自分の立場はわかってますよ。あまり居心地のいい立場とは思えませんがね〟おれは何種類もの花を混ぜて活けるやり方については何も知らないと申しあげた。『じきに覚えるわよ』奥様はおっしゃり、部屋から出ていった。このまぜざしの件では、ほんとに気が気じゃなかったよ。ところがよくしたものでね、自然の女神はうまいこと問題を解決してくれるんだな。少なくとも、この件に関してはそうだった。というのは次の日曜日、クッカムの教会に行くために徒歩で丘をくだっていたときのことだ。ふと、丘の斜面に伸びている細い小道と、その両側に広がっている草地が目に入った。草に囲まれて、野生の花がそれは見事に咲き乱れている。おれは教会の帰りにそこで足を止め、じっくり観察した。穂の形の花もあれば、中ぐらいの花も小さい花もあって、さまざまな色がひとつに溶けあっているように見えた。〝あれだ、フランク〟おれは自分に言った。〝あの絵を頭に焼きつけておけば失敗しっこない。あの野原をお手本にするんだ〟そして、そのとおりにしたんだ。「次の日、全部の鉢に花を活けおえたところに奥様が入ってきて、おっしゃった。『まぜざしはしたことがないんじゃなかった？』

『はい、今回がはじめてです、奥様』

『ジョージ』奥様はおっしゃった。『あなたは嘘つきね』それは曲がりなりにも褒め言葉だった。奥様はほかの褒め方はご存じなかったが、それで十分だった。おかげでそれからは自信を持って仕事ができたよ」

わたしはフランクに、インスピレーションの出どころがどこだったかを奥様にお話ししたのかと尋ねました。話していないとのことだったのは残念でした。それを聞いたら奥様はお喜びになったに違いないからです。フランクは自然を生かすのがとても上手でした。あるときアスター卿が、何も生えていないように見える場所にアザレアとシャクナゲを植えたいとおっしゃいました。「四週間後にもう一度おいでになってください、旦那様。そして、いまと同じことをおっしゃってください」フランクは申しあげました。旦那様が言われたとおりになさると、そこは一面、なんとも見事なブルーベルの絨毯になっていたのです。「恩に着るよ、フランク。おかげであの絶景を台なしにするという罰当たりなまねをせずにすんだ」

「つまりね、ローズ、シェイクスピアがきみと同じ名の花についてのソネットで言っているように、〝美しいものはすべて、やがて美しさを失って朽ちる〟んだ〔ソネット十八番〕。だから庭作りは計画的にやらなきゃいけない。いまだけでなく春夏秋冬、すべての季節のことを考えてね。

「パーティーのために花を飾るとき、まず考えなくてはならないのは多くの人の目に触れる場所だ。玄関ホール、階段、そして舞踏室。どれも大きな空間で、レンギョウ、アーモンド、桜、キングサリ、藤などの低木がよく映える。立ち木作りのフクシアやゼラニウムも見栄えがするし、色も豊富だ。そのまわりにはプリムローズ、ポリアンサス、忘れな草など、花壇に使われるたぐいの小ぶりな花を植える。どれも温室で促成栽培して開花を早めるんだ。たとえばクリスマスの時期にマリーゴールドを咲かせるのに成功すると、奥様は蘭の花を使うよりよほど喜ばれたものだ。中くらいの大きさの花を飾るときは〝棺桶〟を使う。これは本物の棺桶を小型にしたような器で、粘土をぎっしり詰めこんだ上に苔をかぶせ、いわゆる下生えを演出する。奥様はゼラニウムが大のお気に入りで、のちにゼラニウム協会の会長になったほどでね。これは奥様には大いに結構なことだったかもしれないが、おれにとっては違った。ゼラニウムは持ち運びがとてつもなく難しい植物で、ちょっと触っただけですぐ花びらが落ちてしまう。クリヴデンを出たときはきれいに咲いていたのが、セントジェイムズ・スクエアに着いてみたら丸坊主なんてこともしょっちゅうだった。

「おもな場所の飾りつけがすむと、いよいよ厄介で危険な場所、つまり食卓の飾りつけにとりかかる。なぜ危険かというと、奥様が口出しできる分野だし、実際に口出しなさるからだ。まずしなくてはいけないのは、実際に現場に行く前に、それもパーティーまでまだ間があるうちに、どんなディナーセットが使われるかを確かめておくこと。食器と調和する花や木を選ぶ必要があるからだが、これは露地ものの花を当てにできない冬にはとくに、必ずしも簡単なことじゃなかった。おまけに困ったことに、奥様はシダがお嫌いとくる。どんな場所にもシダをほとんど使わせてもらえないというのは、とりわけテーブル花を活けるときは、かなり大きな制約になった。もうひとつ厄介だったのは、レディ・アスターがテーブルには背の高い花を飾らせてくださらなかったことだ。会話の邪魔になるし、お客の顔が見えにくくなるからとね。もっとも花器が金メッキや銀のときは、奥様も我慢するしかなかった。花器の大きさに合わせて、丈を高くしないわけにいかなかったのさ。使われる食器の種類でいうと、銀の場合はとても仕事がしやすかった。銀器はどんな花とも相性がいい。金メッキもそこそこ楽だったが、陶磁器のいくつかには半端でなく苦労させられたよ。セントジェイムズ・スクエアの楕円形のテーブルがまた難物で、テーブル中央の花を活けるには、いちいち食卓に上がらなきゃならない。おまけに、よく下男があたりにたむろして、大声でアドバイスしたり、ときにはやじったりしていたっけ。

「ちなみに、そのテーブルによじ登ったのはおれだけじゃない。あるパーティーの翌日、玄関ホールでリー氏とでくわした。『おや、フランク』リー氏は言った。『これはいいところに。きみときみの花のおかげで、昨夜の晩餐会は台なしになるところだったよ』

『それは申しわけないことをしました、サー』おれは言った。『何がいけなかったんでしょうか?』

『私には何も問題はないように見えたが、奥様がテーブル花をごらんになるなり、きみを罪人と見なしたのだ。なぜ仕上がりを確認していただかなかったのかね？』

『私がいるうちに議会からお戻りにならなかったもので』

『そう、王族ご臨席の晩餐会だというのに、遅れて帰宅された。それはともかく、奥様は食堂に入ってきみの花をひと目見るなり金切り声をあげ、靴を脱ぎ捨ててテーブルによじ登った。おかげで倒れたグラスや銀器があちこちに散乱し、テーブルクロスは水浸しだ。それから奥様は、きみがテーブル中央に飾った花をめちゃめちゃにしだした。きみを悪しざまにののしりながらね』

『それで、執事さんはどうなさったんで？』

『あの状況でできる唯一のことをした。さっきも言ったが、奥様はすでに時間に遅れていた。そこでこう申しあげた。〝おやめください、奥様。これではフランクの仕事も私の仕事も台なしです。このようなやり方で晩餐会を催すことをお望みでしたら、ご自分でやっていただくしかありません。私は手を引かせていただきます〟。そして食堂を出た。案の定、奥様は走って追いかけてきた。ストッキング裸足の哀れを誘う姿で。〝心配しないで、リー。いまからすぐ着替えるわ〟そう言うなり一目散に食堂に駆け戻り、靴を拾うと、手に持ったまま全速力で階段を駆けあがっていったよ』言わせてもらえば、あとでおれが会ったときの奥様は、とくに哀れっぽくは見えなかった。そしておれは、リー氏に続いて奥様からもお小言をちょうだいしたわけだ。『あなたのせいで晩餐会がめちゃくちゃになるところだったわ』から始まってね。まあ、よくあることさ」フランクは達観したように締めくくりました。

「おれたちが育てていた植物のなかで、もうひとつ奥様のご自慢の種だったのは、ポインセチアだ」フランクは続けました。「いまあるような小さいやつじゃない。高さが六フィートもあって、クリスマスに屋内に飾るとすばらしく見栄えがしたもんだ。そういう意味ではオレンジの木もすぐれものだったが、あれはここぞというときに実がなってくれるとは限らない。もっとも、ちょっとした細工が驚くほどの効果をあげることもあった。セントジェイムズ・スクエアで結婚披露宴が開かれたとき、階段の下にそれは見事なオレンジの木を一対、飾ったことがある。だれもがこの木を話題にしていた。なにせ花が咲き、実もついていたからね。旦那様が近づいてきて、おっしゃった。『見事なオレンジの木だな、フランク。クリヴデンの屋敷内に飾れないのが残念だ』

『なぜ飾れないんです、旦那様？』おれは尋ねた。

『なぜってきみ、移動中に実が落ちてしまうだろうからさ』

『その心配はないと思いますよ、旦那様。実は移動する前に取り外して、あっちに着いてからつけ直せばいいんですから』おれは言い、オレンジの実がひとつ残らず針金を使って留めてあるのをお見せしたわけだ。

「きみも知っているだろうが、ローズ、奥様はめったに人を褒める方じゃなかった」まさにそのとおり、とわたしは深くうなずきました。「それでもときどき、ほかのだれかが口にした褒め言葉を伝えてくださることはあった。あるとき皇太子のためにパーティーを開くことになって、奥様は今回は何かいつもとは違う趣向を考えてほしいとおっしゃった。皇太子はしじゅうお屋敷にお見えになっていたからね。『何がいいと思って、フランク?』そこでおれは、水生植物園はまだ十分に活用されていない気がすると申しあげた。あそこには美しい睡蓮《すいれん》が何種類もあるから、あれを浮き花にしたら見事だろう、と。『だけど睡蓮の花は、夜は閉じてしまうんじゃなくて?』もちろんそうなんだが、おれは晩餐会の直前までボイラー室に入れておいて、手で花びらを開いてやれば、食事が終わるまで開いたままでいてくれると思う、と答えた。奥様は試しにやってみることを承知したが、念のために予備のテーブル花を用意しておくことになった。結果的には、そんなものは必要なかった。すべてが思いどおりに運んで、自分で言うのもなんだが、そりゃあきれいだったよ。鉢に浮かべたんだが、真ん中に大輪の白い睡蓮グラッドストニアナを一輪持ってきて、その両側にエスカルブークレという赤いやつを一輪ずつあしらってね。

「それから二、三日して、奥様がクリヴデンでおれを見かけておっしゃった。『フランク、喜んでちょうだい。晩餐会のあとでお客様が二人、わたしのところにいらしてね、皇太子にお会いできたのもうれしかったけど、それ以上にうれしかったのは、わたしの植物や花――なかでもあの美しい睡蓮を見られたことだとおっしゃったのよ』奥様ご自身もあれが気に入ったとはつけ加えなかったが、それはまあ、いつものことだ。奥様はとにかく気分屋で、しじゅう癇癪《かんしゃく》を起こしたが、おれはいつしかそんな奥様が大好きになっていた。人と人を親しくさせる力にかけては、花に勝るものはない。おれは昔から引っ込み思案でね、子供のころにとことん自信をなくしたのが原因なんだが、奥様はそれを察しているようだった。それでもご機嫌が悪いと猛烈な勢いで食ってかかってきたし、こっちも負けずに言い返したが、ときには奥様がおれという人間を理解して、母親のように接してくださっている気がすることもあったよ」

大規模なパーティーのために果物を摘みとって箱詰めし、盛りつけるのもフランクの役目でした。それ以外の日は、昼食会や小規模な晩餐会のための果物の盛りつけはハウスキーパーかだれかほかの使用人に任されていましたが、フランクはその作業現場を目撃すると、歯ぎしりしながら押し殺した声でつぶやいていたものです。「あいつらの果物の扱い方はてんでなっちゃいない。あのすばらしいブルーム〔葡萄などの熟した果物の表面につく白い粉〕を作りだし、消さずにおくために、おれたちが昔からどんなに苦労してきたか。連中の不器用な指は、それをたったの数秒で消しちまう」たしかにクリヴデンの果物はすばらしく、だれもがそう言っていました。葡萄《ぶどう》、桃、ネクタリン、そして、あの世にも見事な〝黒い〟イチゴ。あんなものは、あとにも先にも見たことがありません。クリヴデンには年間を通していつでも新鮮な果物があり、言うまでもなく、かなりの量が無料で人にあげられていました。たかり屋はどこにでもいるのです。「なんて美しいイチゴでしょう。どんなふうに育てていらっしゃいますの？　父／母／姉／兄が見たらどんなに喜ぶか。まあ、本当に？　なんてご親切なんでしょう」キプリングの詩〔「貴婦人たち」。『七つの海』に収録〕にもあるとおり、大佐の奥方とジュディ・オグレイディーは、ひと皮むけば血を分けた姉妹。身分や階級は違っても、さもしいことに変わりはないのです。

植物や花についてもご同様で、奥様はいつも気前よくあげてしまっていました。庭師たちは基本的にはあきらめの境地でそれを受けいれていましたが、アスコット・ウィークに先立つ二週間だけは、スクルージ〔ディケンズ『クリスマス・キャロル』の主人公〕顔負けの吝嗇家ぶりを発揮しました。
さて、アスコットといえばクリヴデンと、そこで催される奥様の〝田舎方式〟のパーティーです。クリヴデンは週末のパーティーを開くのに理想的なお屋敷でした。玄関ホールと接待に使われるいくつかの部屋がコンパクトにまとまっていたうえに、美しいテラスは戸外でのおもてなしにうってつけだったからです。

クリヴデンは交通の便がよく、川もあれば庭園もあり、すぐ近くにはゴルフ場とテニスコートもあって、滞在客の方々はお好みしだいでどんな娯楽でも楽しめるようになっていました。そして実際、それらの施設は十二分に活用されました。お屋敷の資源はすべて目いっぱい活用され、人的資源である使用人も、目いっぱい働かされたのです。金曜日になると、わたしたちはひとり残らずクリヴデンに移ります。その際に必要になる荷造りと荷ほどきの作業については、すでに書きました。お客様がぼちぼち到着しだすのは、たいてい金曜日の晩になってから。大勢の、そして多彩な方々がお見えになりました。最大四十人までお泊めできましたが、ありがたいことに、そこまで大人数が滞在されたことはめったにありません。セントジェイムズ・スクエアに招かれるのがおもに政界関係者と上流社交界人士だったのに対して、クリヴデンでの催しはお友達やご親戚、訪英中のアメリカ人、各界の著名人を中心としたものでした。もっとも、いわゆる〝クリヴデン・セット〟――これについては、のちほど使用人一同の見方をご紹介します――は、まんざら理由もなしにそう呼ばれていたわけではなく、政治家もたいてい何人かは招かれていました。クリヴデンでの催しのほうが、雰囲気的に陽気で気さくでくつろいでいて、ときにヒートアップすることはあっても、テンポもいくぶんゆるやかでした。奥様は文学界の方々と交際するのがお好きで、俳優もときどき招かれましたが、音楽家はめったに招かれませんでした。奥様はたぶん、物書きのほうが言うべきことをたくさん持ちあわせているとお考えだったのでしょう。実際、奥様がいらっしゃるあいだ、クリヴデンでは会話のざわめきが途切れることがありませんでした。奥様は上質の音楽を味わう耳はお持ちでなかったようですが、アメリカ南部の歌は大好きで、ハーモニカがお上手でした。音楽といえば、いつだったか奥様がコヴェントガーデンにオペラ観賞にいらしたことがありました。全部ごらんになったわけではありません。例によって遅刻し、第一幕が終わるまでロビーで長々と待たされるはめになったのです。

文学界のお友達のなかで奥様がいちばん親しくされていたのはバーナード・ショーで、これはわたしには不似合いなコンビに思えました。奥様は下院で、労働党員のマーガレット・マクミランが経営する保育園のために戦ったことがあり、どうやらマクミラン女史がお二人を引きあわせたようです。その後いっしょにロシアを訪問したことで、お二人の友情は確かなものになり、親しい関係はショー氏が世を去るまで続きました。享年九十四歳ですから年に不足はないはずですが、奥様はその死にショックを受け、嘆き悲しみました。これはわたしにとっては驚きでした。晩年のショー氏は奥様の押しつけがましいところが鼻についてきたらしく、奥様にもはっきりそう言っていたか

クリヴデンのテラスに並んだ、レディ・アスターとジョージ・バーナード・ショー氏。

らです。
アイルランドの劇作家ショーン・オケーシーとその夫人も、常連のお客様でした。おもてなしの場での政治談義その他については、残念ながらお話しできることはほとんどありません。わたしはその場にいなかったからです。情報の切れ端くらいは昼間のうちに奥様を通して入ってきたはずですが、わたしにはほかに考えるべきことがどっさりありました。サーヴァンツ・ホールで何かを聞きかじることはあっても、前にも言ったようにリー氏はその種のゴシップにはいい顔をせず、そうでなくても話題になるのはたいてい自分たちに関係のあることばかりでした。二人きりで話したときでさえ、〝父さん〟は多くを語りませんでした。よくこんなふうに言っていたものです。「お客様方のそばにいるときに会話の内容が気になりだすと、面倒なことになる。どうしても気が散ってしまうからね。それに、うちの連中にもつねづね言ってきたことだが、会話を耳で追っている使用人はすぐにそうとわかってしまう。表情、とくに目の表情がくるくる変わるのが場違いに見える。もうひとつ、ほとほと始末に困るのは、わきまえのないお客人がこちらに話をふってきた場合だ。あれは本当に困る。そういうときは当たり障りのない返事をして引きさがるしかない。これが二人きりのときに話しかけられたのなら、話はまったく別だ。そういう形でなら、私も大勢の方々といろいろと興味深い話をさせていただいたものだよ」

週末になると、下男はいつも大忙しでした。すべてのお客様が従僕をお連れになるわけではなく、それ以前に従僕を雇っていない方もいらしたため、どの下男も一人または二人以上の男性客のお世話をしなくてはならなかったからです。同様に、お付きメイドをお連れにならなかったご婦人方のお世話はハウスメイドが分担しますが、女性客のなかには身のまわりのことはご自分でしたがる方もいらっしゃいました。このしきたりのせいで、下男は自分が担当した男性客についてかなり多くを知ったようです。通説とは逆に、男性のほうが女性よりも使用人に打ち明けた話をなさるものだからです。

泊まりがけのせいか、クリヴデンのお客様はロンドンのお客様より宵っ張りでした。明け方までブリッジやポーカーを楽しまれる方が多く、客室接待係と下男ひとりは持ち場についていなくてはなりません。トランプの管理も客室接待係の仕事でした。トランプは定期的に新しいものに交換され、ふた晩使うと廃棄処分になるのです。そのため大きなお屋敷では、大量のトランプをまとめて注文していました。

よその一部の使用人と比べれば、わたしたちは晩餐のあとはのんびりできたほうです。晩餐会のあとで夜食まで出すお屋敷もあったのですから。ミス・アリス・アスターの執事になったチャールズ・ディーンによると、女主人がオボレンスキー公爵と結婚していた当時は、それが日常茶飯事だったそうです。なるほど夜食に出されるのは冷たい軽食と相場が決まっていますが、そのためにはサーモン、七面鳥、ハム、ゲームパイなどを調理して盛りつけ、甘いデザートをあれこれ用意し、ワインを冷やしたりデキャンタに移したりする作業が必要で、しかもそのあとはお客様方のお世話をしなくてはなりません。それも、しばしば夜明けまで。妹のオリーヴは何週間かアリス・アスターの厨房で働いていましたが、そんな短期間だったにもかかわらず、夜更かしが体にこたえてお暇をいただかなくてはなりませんでした。

オボレンスキー公爵はほとんど一文なしの亡命ロシア人だったため、アリス・アスターが莫大な財産を持っていたのは好都合でした。レディ・アスター同様、この公爵もお金を使うのは美徳だと信じていて、友人や亡命者仲間もそれをあおったのです。ディーン氏によると、公爵とお仲間たちはある晩、晩餐のあとで一杯やりながら、その影響力と強烈な個性でロシア王室に大混乱をもたらした怪僧ラスプーチンの死について、思い出話をしていたとか。なんでも、公爵とその友人たちは、もはやラスプーチンを永遠に排除するしかないと心を決め、お茶に招いたのだそうです。敵がクリームケーキに目がないことを知っていたため、色つきのクリームを塗ったケーキだけに毒を仕込んだのですが、相手は罠を警戒していて、なかなか手を出しません。しかも、やっとその気になったと思うと、白いクリームを塗ったケーキ二つを選んで、陰謀者たちをがっかりさせました。けれどもついに過信と食い意地が命とりになり、怪僧は三つ目のケーキを食べて息絶えました——少なくとも公爵とその友人たちはそう思いました。そこで死体を外に引きずりだし、ヴォルガ川に放りこんだところ、ラスプーチンは下流に流れていきながら片腕を上げ、拳骨をふってみせたというのです。どのケーキにも、十人の人間を即死させられる量の毒が入っていたにもかかわらず。もっともチャールズに言わせると、「賭けてもいいが、ただ飯とただ酒にありつくための作り話が、長いこと繰り返すうちに自分たちにも本当のことに思えてきただけに決まってるよ」ということなのですが。彼らの話が本当かどうかはわからずじまいです。

アリス・アスターは数年後に公爵と離婚し、オーストリアの詩人フーゴー・フォン・ホフマンスタールの息子、ライムント・フォン・ホフマンスタールと再婚しました。ライムントはちょっとした役者で、レディ・ダイアナ・クーパーが『奇跡』で聖母を演じたときに端役で出演しています。当然ながら、芝居がはねたあとは夜ごとパーティーが開かれ、それはライムントの〝休演〟中も続きました。ライムントはバレエが好きで、ちょうどサドラーズ・ウェルズ劇場がバレエに力を入れはじめていたため、バレエダンサーのフレデリック・アシュトンとロバート・ヘルプマンも深夜の常連客でした。それから何年もして——おそらくワシントンのイギリス大使館にいたときに——ディーン氏はサー・フレデリック・アシュトンに再会しました。先方はチャールズを覚えていただけでなく、こう言って彼を驚かせたそうです。「実はねミスター・ディーン、私はあなたが怖くてしかたなかったんですよ。実際、ハノーヴァー・ロッジの執事だったあなた以上に怖いと思った人間は、ロンドンにはいなかったんじゃないかな」チャールズは驚きをこめてこの話をするのですが、わたしは内心、彼も悪い気はしていないのではないかと思っています。

フォン・ホフマンスタールとのしばしの結婚生活のあと、アリス・アスターはまたもや再婚しました。離婚手続きが進んでいるさなか、ディーン氏は女主人のお供でニューヨークにいました。ある日、花を買いに行くと、花屋の女性店主が言いました。「いらっしゃい、ディーンさん。また来てくれてうれしいわ。お宅の奥様、また離婚するんですってね」

「そうなんですか?」チャールズは応じました。

「あら、知らなかったの?」

「イギリスの使用人はですね、奥様、三猿のようなものなのです。悪いことは見ざる、聞かざる、言わざるでして」

「まあ、そうなの?」女性店主は言い、いたずらっぽくつけ加えました。「わたしの見たところ、あなた方イギリス人にはもうひとつ特徴があるわ。イギリスのご婦人は旦那様はしょっちゅう替えるけど、執事は絶対に替えないの」

実際には、ディーン氏はそれからほどなくアリス・アスターのもとを去り、ブヴァリー夫人に仕えるようになりました。そしてその結果、それまでになく近い距離でロイヤルファミリーに接するようになったのです。

すでにちらりと触れたように、アスコット・ウィークはクリヴデンが最も活気づく時期でした。ご家族と農場経営、それに政治を除けば、旦那様が何よりも関心をお持ちだったのは、馬を飼育して競馬に出すこと。アスコット競馬は競馬がらみの社交行事としては無敵の王者で、クリヴデンは競馬場のすぐ近くにあったため、奥様はこのときとばかりに思いきり豪勢な催しを企画されたのです。ホステスとしての奥様にとって、これは一年で最大の腕の見せどころでした。もっとも奥様は本当のところ競馬はお好きでなく、観戦されるのは一日だけ。しかも、それすら途中で引きあげてくることがおありでした。けれどもレースはごらんにならなくても、アスコットは奥様の帽子熱を満足させてくれました。ある年など、わたしはお好みのものを選んでいただくために帽子を四十五個もお出しするはめになり、奥様は毎日二つか三つずつをとっかえひっかえかぶられました。二つの帽子のどちらをかぶるか決めかねている奥様に向かって、「いっそのこと、どっちかをかぶって、もうひとつは手にお持ちになればいいじゃありませんか」と文句を言ったこともあります。奥様が「おだまり、ローズ」と応じられたことは言うまでもありません。

そう、アスコット・ウィークは本当にてんやわんやでした。客用寝室はすべてふさがり、厨房と食料品貯蔵室のスタッフは、ビュッフェ形式の昼食のために何日も前から冷肉料理を用意します。滞在客のほとんどは競馬観戦に繰りだしますが、奥様のお相手をするためにお屋敷に残られる方もいたからです。朝食は八時半からで、十二種類の熱い料理のなかからお好きなものを選べるようになっていました。下男たちはその前にまず、廊下を忙しく行ったり来たりして、朝のお茶と真鍮の水差しに入った髭剃り用のお湯を届けてまわります。それがすむと階下におりて靴を磨き、レースにアイロンをかけるのです。お付きメイドのなかには、わたしもそのひとりですが、まずレースを洗濯し、それからアイロンをかける者もいました。それがすむと朝食のお盆を用意して、朝早くから人前に出る気分になれないご婦人方のお部屋に運ばなくてはなりません。

フランク・コプカットはごく早い時間にやってきて花や植物を取り替え、いくつもの花瓶や鉢に活けた花の手直しをします。その後、競馬場に繰りだす面々が車に案内してもらうために玄関ホールに集まったころに、ボタンホールに飾る花やコサージュを載せた盆を手にしてふたたび登場し、お好きなものを選んでもらいます。ご婦人方がその日の服の色に合ったものを選べるよう、多種多様な花が用意され、男性陣のためのカーネーションも、さまざまな色と大きさのものが揃っていました。フランクいわく、「旦那様はいつもいちばん小さいのを選んだ。デヴォンシャー公爵はその逆で、いちばん大きいのを欲しがった。ある日、ばかでかい赤いやつを持っていって、盆に近づいてきた公爵にさしだすと、『私をなんだと思っているんだ、フランク。いかれぽんちのおかまかね?』と言われたよ」

六時ごろには競馬観戦のご一行が戻ってきます。レースの首尾に応じて、気分は人それぞれでした。それについてはフランクが面白いことを言っています。「実はな、ローズ、だれが勝ってだれが負けたかは、戻ってきたときのボタンホールの花の状態で十中八九見分けがついたんだ。つけている人間の気分や表情が、花にも伝染したらしくてね」

七時四十五分に玄関ホールで銅鑼《どら》が鳴り、これを合図にお客様方は全員、部屋に戻って晩餐の支度をなさいます。もっとも、奥様が時間どおりに部屋に上がってきてくださることはまずありませんでしたが。

アスコット・ウィークのグランドフィナーレは、王室主催のウィンザー城での舞踏会でした。旦那様と奥様は毎年この舞踏会に出席され、お客様方の多くもそうでした。ご想像どおり、これはわたしにとっては多忙で気が揉める一日を意味しました。例によって、奥様のお部屋の時計をひとつ残らず進めておきます。「あの時計は合っているの、ローズ?」着替えのために入ってくるなり、奥様がおっしゃいます。

「はい、奥様」わたしは嘘をつきます。「急いでお支度をなさいませんと」そしてもちろん、その夜は満艦飾です。興奮してじっとしていられない相手にアスター家のティアラをつけるのは大仕事でした。おまけに金庫のなかに何千ポンドもの値打ちがある宝石類が入っていると思うと気が気でなく、わたしはほとんど一日じゅう奥様の部屋にへばりついていました。やっとお支度がすんだと思うと、奥様はなめるように念入りに全身を点検なさいます。ご自宅でお客様をもてなすときも半端でなく身だしなみに気を使われましたが、外出されるときの点検の厳しさはもはや病的なほどでした。ようやく満足されると、すでに時間ぎりぎりだと思っている奥様は戸口に突進し、「じゃあね、ローズ」のひとことを残して、舞踏会のあとのシンデレラのように玄関ホールに駆けおりていかれるのです。旦那様はいつも早めに階下におりていらしたか、さもなければアーサー・ブッシェルからわたしが時計に細工をしていることを聞いていらしたのでしょう。いずれにしても、わたしの小細工が奥様にばれることはありませんでした。

アスコット・ウィークが終了すると、すべての使用人が、そしておそらく旦那様も、安堵のため息をついたものです。ほとんどの使用人は丸二週間、休日なしで一日十八時間労働を続け、敷地の外に出た者はひとりもなし。そして毎年、判で押したように同じことが繰り返されました。一度だけ例外があったそうですが、それはまだわたしがいなかったころの話です。リー氏によると、それは悪夢のような出来事でした。「当時、私の下で副執事を務めていたフレディー・アレクサンダーは、思いやりのある言い方をすれば年季の入った酒飲みだった。単に一杯ひっかけたいのではなく、そうする必要があると言うんだ。そこで私は、彼にだけは例外を認めることにした。『〈フェザーズ〉に行ってもよろしい』――きみも知っている、私道の突き当たりにあるあのパブだ――『ただし、お客様方が晩餐前の着替えをしているあいだに出ていって、仕事に間に合うように戻ってきてもらわないと困る。ほかのスタッフや、それより何より奥様には絶対に見られないよう、くれぐれも気をつけるように』息から酒のにおいを消してから戻ってこいと言う必要はなかった。フレディーはいつもクローブをひと包みポケットに入れていて、クローブのにおいをぷんぷんさせていたのでね。フレディーはちゃんと気をつけると約束し、当然ながらこの計らいに感謝していた。

「ある日、出るのが少し遅くなったらしく、フレディーは近道をして正面のテラスの下を通った。奥様は着替えをされているはずの時間で、実際にそうしていてくだされば問題はなかった。ところが実際には、奥様はテラスで同じ女性議員のウィントリンガム夫人と話をされていた。

『どこに行くの、フレデリック?』奥様は大声でおっしゃった。

『奥様がお考えになっている場所ではありません』フレディーは答えた。

「しかしまあ、それで奥様のお疑いが消えるはずもなく、ならば毒食らわば皿までと思ったのかどうか、フレディーは晩餐のあいだずっと雲隠れしていた。食事のあと、私がやきもきしながら目を光らせていると、やがて千鳥足のフレディーが、またしてもテラスの前を戻ってくるのが見えた。

〝この大馬鹿者めが〟私は思った。レディ・アスターもそうお思いになったらしい。私はフレディーが裏口から入ってきたところを捕まえて、自室にこもっているよう命じた。だが奥様はこの一件を喉に刺さった骨のように感じていて、断じてそのままにはしておけないとお考えだった。

『フレデリックはどこ?』私が戻っていくと、奥様は詰問口調でおっしゃった。

『あの男は気分がすぐれないようでして』

『つまり酔っ払っているということね、リー』

『はい、奥様』

「奥様は腹立たしげにそっぽを向いた。辞めさせろとは言われなかったが、そうするしかなかった。いまではそれほどやかましくないが、当時の規律は厳格《タイト》だったからね。それを言うならフレディーもへべれけ《タイト》だったが」リー氏は珍しく駄洒落を言いました。「フレディーは愁嘆場を演じたりしなかった。『もちろん私は辞めるしかありません』そう言ったよ。『あなたにもそれ以外の選択肢はないでしょう』フレディーを失うのは残念だったが、それでも推薦状はもらえるようにしてやれたよ」あのこのうえなく重要な文書、推薦状を。

　というわけで、たぶんおわかりいただけたと思いますが、アスター卿ご夫妻にとって宴会は単なる個人的な行為ではなく、むしろひとつの産業でした。もちろんお二人を批判し、貧しい人々や失業者の話を持ちだす人もいるでしょう。けれどもそういう生き方が、当時は当然のものとされていたのです。お金を持っている人々は、自分たちが最も楽しいと思うことにお金を使いました。それと同時に雇用を生みだし、お金の流通を促しました。それは労働者にとっても商売人にとってもありがたいことでした。そしてお金を持っている人々は、自分たちと同じ階級の人々にも娯楽を提供しました。それのどこがいけないのでしょう？　人と人を比較してとやかく言うのはよくないこととされていますが、比較はときに真実を指し示すように思えます。今日び、サッカーくじで五〇万ポンドもの大金を手にした人が、そのお金を人類の幸福のために寄付したという話は聞いたことがありません。要するに、そういう考えが身についていないのです。

7　アスター家の人々

最初から恐れていたことではありますが、わたしはどうやら、わたしたちがただひたすらレディ・アスターだけにお仕えしていたような印象を与えてしまったようです。実際にはそうではないので、なぜ違うのかをここで説明しておかなくてはなりません。実のところ、アスター家の使用人に求められる仕事の質とふるまい方の基準は、いわば旦那様が設定されたものでした。旦那様のお考えがリー氏に伝わり、それがさらにリー氏を通じてわたしたちにも伝えられたのです。一九一二年にアスター家の下男になったリー氏は、数年後にはアスター卿の従僕として、旦那様にそば近くお仕えするようになりました。その結果、あらゆる点でアスター卿に惚れこみ、感服しきったリー氏は、意識してか無意識にか、旦那様をまねようとしたのです。それも目に見える部分だけではありません。内面的にもかなり旦那様に感化され、そのため人の上に立つようになると、旦那様のように、みずから範を垂れるという形でわたしたちを統率することができたのです。人間はだれでも、すぐれた人物を知れば成長するもの。リー氏はある意味ではアスター卿の腹心で、のちには弟子でもありました。すぐれた指揮官、真に偉大な人物は、権限を人にゆだねる度量を持っています。自分の命令が実行されているかどうかを確かめるために、あちこち駆けずりまわったりはしません――する必要がないのです。部下を信頼してすべてを一任し、与えた信頼を悪用されれば、すぐさま気づいてしかるべき措置をとる一方で、与える信頼が大きければ大きいほど、得られるものも大きいことを心得ているのですから。旦那様がそうでしたし、リー氏もそうでした。レディ・アスターは違いました。それはご本人の責任ではありませんし、いつもそうだったわけでもありませんが、奥様は口出しせずにはいられない方でした。そういう性分だったのです。そして、だれよりも信頼しているように見える相手に対しても、信頼を悪用せずに忠実に仕事に励んでいるかどうか、ちょくちょく確かめてみずにいられませんでした。人生のほとんど最後まで、奥様はそうやってわたしの忠誠心を試しつづけました。

アスター卿は心正しく偉大な方でした。そういう人物のことを本で読むと、なんだか退屈そうに思えますが、生身の偉人はいっしょにいて退屈な相手ではなく、思い出のなかでもいきいきと輝いています。旦那様がいなければ、歴史はささやかながら変わっていたに違いありません。奥様はイギリス初の女性国会議員にはならず、名ホステスと謳われることもなかったでしょう。ひとつには、パーティーを開くのに必要なスタッフが居着かなかったでしょうから。旦那様がいらしたからこそ、奥様は安定した変わることのない環境のなかで、精力的に活動することができたのです。これさえ言ってしまえば、あとは言うべきことはほとんどありません。旦那様は政治家として生きる道を選ばれました。その道は不可抗力で断ち切られ、奥様があとを引き継がれました。旦那様はその後も恵まれない人々を助けるために時間とお金を費やしつづけましたが、どうやらこの世では、行動よりも言葉のほうがものを言うようです。少なくとも、不言実行では世間の注目を浴びつづけることはできません。旦那様は奥様に対して、若き日の恋心が長い年月をかけて熟成した、深くて息の長い愛情を抱いておいででした。もっとも旦那様を知らない人々は、ご本人のそぶりからそうと察することはできなかったでしょう。あの当時は、感情をあらわにするのは褒められたことではないとされていたのです。リー氏にそういう場面を見たことがあるかと尋ねたことがありますが、案の定、こう言われました。「感情がちらりとでも顔をのぞかせたら、よくできた使用人は顔をそむけ、席をはずす機会を作るものだよ」

旦那様のそんなお気持ちを、奥様は無造作に受けいれていました。旦那様から与えられるものすべてを、なんの疑問も感じず、感謝の気持ちもなしに受けとっていたのです。もちろん奥様も旦那様を愛してはいらしたはずです。胸に手を当てて考えてごらんになりさえすれば。けれども奥様はそうする時間を作ろうとはしませんでした。わたしたちみんなの物まねをしたように、奥様は旦那様の物まねをなさいました。ときには心ないやり方で。旦那様がご病気をされると、奥様は腹を立ててました。病気になるのは信仰心が足りないせいだというのです。クリスチャン・サイエンスの信心に費やしていた時間のせめて十分の一でも旦那様のために使っていたら、旦那様はどんなにかお幸せだったでしょう。わたしが入院したとき、旦那様がお見舞いに来てくださったことがありまし

クリヴデンのテラスに座ったアスター子爵ご夫妻。

た。わたしはなんとかして感謝の気持ちをお伝えしたくて、申しあげました。「人間にはこういうときこそ、ありったけのやさしさと思いやりが必要なんですね」

「思いやり、いま思いやりと言ったのかい、ローズ？」

「はい、旦那様」

すると旦那様はひとりごとのようにおっしゃいました。「そうだね。まったくそのとおりだ」それがどういう意味かは、二人ともわかっていたと思います。次の瞬間、旦那様は心の鎧戸を閉ざされました。

こんなふうに書くと、またもや奥様を非難しているように見えるでしょうが、そうではありません。奥様があまり旦那様のおそばにいなかったのは、ある程度まではご自身の性分のせいにしても、ほかにもいろいろ事情があってのことだからです。奥様は政治家としてお忙しく、旦那様におできになるのは、裏方としてそれを支えることだけでした。奥様のもてなし好きにしても、旦那様はご自分が政界入りされた当初はそれを奨励されていたはずで、それがのちに病膏肓に入ったのは、ある程度は旦那様の責任でもあるのです。奥様の熱中ぶりにブレーキをかけることもおできになったはずですが、どうやら旦那様は、奥様を楽しませるものはなんであれ、ご自身の喜びと感じていらしたようです。それでも戦後、奥様が議会から引退されたときは、今後はいっしょに過ごす時間が増えるのではないかと期待されたかもしれませんが、もう遅すぎました。旦那様はすでに病にむしばまれていたのです。クリスチャン・サイエンスの信者にとって病気は無視すべきもので、しかも奥様は新しい生活にいらだっていました。

「奥様をどうしたものだろうね、ローズ?」旦那様はおっしゃり、奥様のもどかしいお気持ちをなだめるために、わたしたちはひっきりなしに旅行に出かけました。ある意味では奥様は、ずっと仕事ひと筋で生きていて、それ以外のことに興味を持つ暇がなかった男性に似ていました。そういう男性は、退職すると途方に暮れてしまいます。議員を辞めたときに奥様が直面されたのも、似たような問題でした。一般の人々であれお友達であれ、まだほかにも関心を向ける対象はあったはずですが、奥様がご自分の気持ちと折り合いをつけるには長い時間がかかりました。

旦那様には道楽がひとつおありでした。競走馬です。旦那様は馬主であるとともに、繁殖も手がけていらしたのです。さて、わたし自身は馬については何も知りませんし、クリヴデンにいたときも、馬の飼育場がすぐ玄関先にあったにもかかわらず、馬についてあまり多くを知る機会には恵まれませんでした。馬を見て、なんて美しい生き物だろうと思うことはあっても、競走馬を持つことが実益をかねた趣味だったアスター卿と違って、わたしは競馬とは相性が悪いようです。ウィシー様づきになってじきに、一度だけ賭けてみたことがあります。ウィシー様が「今日のレースに出るお父さまの馬、きっと勝つと思うわ」とおっしゃり、馬の名前を教えてくださったので、サーヴァンツ・ホールにおりたときに下男のひとりを捕まえて、その馬に一シリング賭けてくれるよう頼んだのです。その馬はウィシー様の期待に応えず、わたしがときたま小声でつぶやくのを除けば、それきりその馬の話が出ることはありませんでした。

何日かして、ウィシー様がおっしゃいました。「今日はお父さまの持ち馬のペニー・カム・クイックが勝つらしいわよ、ローズ」

「この前ので懲りました、ウィシー様。わたしがその馬に賭けたら、〝てっとり早くひともうけ《ペニー・カム・クイック》〟どころか〝あっという間にすってんてん《ペニー・ゴー・クイック》〟になるでしょうよ」

言うまでもなく、今度はウィシー様のおっしゃったとおりでした。ペニーが勝ったのです。でも、わたしの気持ちは変わりませんでした。どうやら賭け事には向かないようだと判断し、二度と運試しをする気にはならなかったのです。

念のために申しあげておきますが、アスター卿が馬券を買っていらしたとは思いません。単に馬がお好きだったから馬を育て、レースに出していらしただけなのです。リー氏とアーサー・ブッシェルは旦那様の従僕時代に、ときには勝ち馬を教えていただけるのではないかと期待していましたが、そういうことは一度もありませんでした。旦那様はおっしゃったそうです。「だれにも情報を提供する気はないよ。自分の馬が勝つと思ってだれかにそう言ったあげくに予想がはずれたら、相手に悪いことをした気がするだろうからね」

旦那様はときたまリー氏を競馬場にお連れになりました。ある年のダービーについて、リー氏はこう回想しています。「旦那様にはやめておけと言われたが、競馬場に来ながらまったく賭けないのもつまらないと思ってね。旦那様の持ち馬のサンジェルマンというのが出ていて、旦那様は何もおっしゃらなかったが、厩舎は行けそうだと踏んでいるようだったので、手堅く複勝を買ってみた。すると特別観覧席に戻る途中で、ダービー卿の従僕にでくわした。『どの馬が来ると思う、アスター?』彼は言った(われわれはいつもお仕えしているご主人の名前で呼びあっていた)。私は自分が何をしたかを話した。

『おれの聞いた話はちょっと違うぞ』彼は言った。『うちの旦那様のサンソヴィーノが一着間違いなしだそうだ。もう一度、馬券売り場に行こうじゃないか。おれは保険としてお宅の旦那様の馬の複勝を買うから、あんたはうちの旦那様の馬の単勝を買うといい』

「私はそのとおりにしたよ、ミス・ハリソン。そして彼は正しかった。サンソヴィーノが一着で、サンジェルマンは二着だったんだ。おかげで二人とも、休日を大いに楽しむ軍資金を手に入れたよ」

アスター卿の持ち馬は、ダービーで二着になったことは四回ありますが、残念ながら優勝はしていません。クリヴデンにあった絵のなかで、わたしが気に入っていたもののひとつが、アルフレッド・マニングズ〔馬の絵を多く描いたイギリスの画家〕の作品で、そこにはご自分の馬に囲まれた旦那様が描かれていました。旦那様にとって馬が大きな気晴らしになっていたことは間違いありません。競馬好きな人々は、しじゅうリー氏から情報を聞きだそうとしていましたが、リー氏はそのたびに、旦那様から何もうかがっていないのでお役には立てませんと答えていました。けれども敵はそんなことでは引きさがりません。旦那様と同じく馬主だったサー・ハロルド・ワーナーは、いつもどおりの返事をしたリー氏にこうおっしゃったそうです。「では、きみはどの馬に賭けているのかね、リー?」

「どの馬にも賭けておりません、サー。場外では馬券は買わないことにしておりますので」

サー・ハロルドは笑って言いました。「うちの執事めとは大違いだな。あいつはひっきりなしにノミ屋に電話しているぞ」

リー氏によると、馬主に仕えている使用人のなかにはお金で情報を売る者もいて、リー氏はこれも信頼を裏切る行為のひとつと見なしていました。

旦那様にとっては庭園と温室もご自慢の種で、フランク・コプカットとはたいそう馬が合っていました。フランクいわく、「旦那様と奥様の違いはね、庭のどこかを変えたいと思ったときに、旦那様はまずそれが可能かどうか尋ねてくださったのに対して、奥様は問答無用でやれとおっしゃったところだよ」

フランクによると、旦那様は気前のいい雇い主で、相場より一〇シリングも高い週給を払ったうえに、コテージその他の宿舎もあてがってくださったそうです。第一次世界大戦後には社会保障事業を始められ、領内で働く労働者の妻子のためには疾病《しっぺい》手当を、労働者本人のためには年金制度を作られました。ありとあらゆるスポーツがお好きで、休暇にはお子様方のためにクリケットとテニスのコーチを雇っていました。クリケットのコーチのジョージ・フェナーは、坊ちゃま方だけでなくスタッフ一同にも受けがよく、ことにクリケットの名手でクリヴデン・チームの一員としてよく試合に出ていたリー氏は、このコーチが大のお気に入りでした。

アスター卿がほかの何よりも関心をお持ちだったのは、お子様方でした。それもお子様方がお小さいころから。ここでリー氏に、旦那様の従僕だったころの思い出を語ってもらいましょう。「旦那様は早起きな方だった。六時半に寝室にコーヒーをお持ちし、ご入浴のあと、私が髭をお剃りした。そのころになるとお子様方が、もうお父様が起きているのを知って勢いよく駆けおりてきて、旦那様は私が剃刀の手元が狂わないよう苦労しているのをよそに、片方の膝にひとりずつお乗せになる。こっちは旦那様かお子様方に怪我をさせやしないかと気が気じゃなかったし、お子様方の口に髭剃りブラシをつっこみたい誘惑に駆られることも数知れずだったよ」

すでに書いたとおり、一九二八年にわたしがクリヴデンに奉公に上がったとき、長男のウィリアム様は二十一歳、末っ子のジェイキー様は九歳でした。ですからお子様方のお小さいころの暮らしぶりや、その当時のご両親との関係については、わたしは何も知りません。リー氏とアーサー・

ブッシェル、ゴードン・グリメットト、それにフランク・コプカットはよく、お子様方とその成長の過程について語ってくれました。彼らから見ると、お子様方はお屋敷の重要な活力源の一部でした。お子様方がいることで、お屋敷はより中身が濃く、陽気で幸福な、働きがいのある場所になっていたのです。お子様方の使用人への接し方は、お父様から自然に学びとったもので、リー氏たちの話を聞いていると、彼らやほかの使用人たちは、ときとしてご両親以上にお子様方との触れ合いを楽しんでいたようです。

言うまでもなく、クリヴデンは子供にとってはすばらしい場所でした。何もかもすべてが揃っていたのですから。お子様方は伝統にのっとって育てられました。子供部屋、家庭教師、プレップスクールとパブリックスクール、そして大学。それは生まれた時点ですでに決まっていた流れでした。まず最初に、子供部屋とギボンズばあやについてお話ししましょう。ギボンズばあやはウィリアム様が生まれたときにアスター家に雇われ、残りの生涯をアスター家で過ごしました。乳母というと、子供の扱いはうまくても、ほかのスタッフにはひどく評判が悪いことが少なくありません。それは乳母がどっちつかずの存在だからです。つまり、使用人でもなければ主人でもなく、その中間の、いわば中途半端な存在なのです。アスター家ほど大勢の使用人を抱えていないお屋敷では、乳母はしばしば旦那様や奥様と晩餐をともにし、食後のひとときもいっしょに過ごしました。いつでも雇い主に話を聞いてもらうことができたことから、乳母は階下の出来事を告げ口できる立場にあり、実際に告げ口することもあったのです。また、ほかの使用人にあれこれ要求し、なかでも厨房スタッフに対しては、相手の都合にはお構いなしで、とんでもない時間に坊ちゃま嬢ちゃまのための特別な食べ物を要求したりしました。おまけにうぬぼれ屋でお高くとまった人が少なくなく、そのためほかの使用人にはうさん臭く思われがちだったのです。その点ギボンズばあやは、雇い主と使用人のどちらに対しても、絶妙の距離を保っていました。乳母になった時点で自分が何を求めているかをはっきりさせる一方で、自分の要求がだれかの迷惑になることがないよう気を配り、スタッフにはいつも愛想よく、それでいてなれなれしくはなく接していました。リー氏によると、ギボンズばあやは使用人に関する苦情はリー氏にしか言わず、しかも、どれももっともな内容だったため、スタッフはみな、ばあやに一目置いていたそうです。お子様方はばあやにあふれんばかりの愛情を示し、それはばあやが他界するまで変わりませんでした。その点でも、ギボンズばあやは賢明にふるまいました。乳母のなかには、世話をしている子供からあまりにも多くを得ようとする者がいます。実の母親をさしおいて理想の母親になろうとするのですが、そういうまねは、子供やその両親とのあいだに深刻な感情問題を生じさせかねません。その点アスター家のお子様方は、幼いころはお母様を慕う一方で、ギボンズばあやのことは、やさしく親しみ深い祖母と見なしていたようです。

ギボンズばあやは奥様と同じような体型で、小柄でほっそりしていました。服装は午前中は白いブラウスにグレーのスカートで、午後と夜は濃いグレーのワンピース。献身的な乳母で、何につけてもお子様方にいいようにと考え、食事や服装に気を配り、お小遣いを管理していました。坊ちゃま方の服をそれは念入りに繕い、貧しい家庭ならどこでもするように、下のお子様方にお下がりを着せていましたが、これはお兄ちゃんのお古を着る側にとっては、迷惑な場合も少なくなかったことでしょう。ギボンズばあやはなんであれ無駄にすることを嫌ったのです。

学齢期前のお子様方の日課のひとつは、ポニーが引く荷馬車でのドライブで、時間はいつも決まって午後二時半から。このドライブの結果、お子様方は周囲数マイル四方にあるものを、草の葉一枚まで知りつくしたに違いありません。聞くところによると、坊ちゃま方は日々のドライブの単調さをやわらげるために、ポニーがおならをするのを待ってじっとばあやを見つめ、厳しい表情がゆるんで笑みが浮かぶのを待ち受ける、ということをしていたとか。ギボンズばあやはちょっぴりお堅い女性だったのかもしれません。当時の乳母は、お堅いものと相場が決まっていました。

これはアーサー・ブッシェルに聞いた話ですが、ある晩、何人かのスタッフがサーヴァンツ・ホールでパーティーを開いたとき、ばあやとお子様方が招待されたそうです。アーサーはお得意の女装をし、例によってきわどい冗談を飛ばし、下品すれすれのふるまいをしていました。アーサーの言動がきわどくなればなるほどお子様方は笑い、ばあやの表情はこわばっていきました。翌日、アーサーはばあやにパーティーの感想を尋ねました。「小さい人たちは喜んでいるようでしたね。わたしには、あなたの服装はちょっとどうかと思えましたけど」

「おや、ミス・ギボンズ」アーサーは言いました。「ひょっとして、もっと脱ぐべきだったとおっしゃりたいんですか?」

「彼女はぷいと立ち去って、それから一週間は、顔を合わせても鼻を鳴らすだけだったよ」

ギボンズばあやが七千五百ポンドの遺産を残して亡くなったとき、だれもがそれはお給料のなかから貯めたものだと思いました。いったいどうすればそんな芸当ができたのかと、みんな首をひねりました。ばあやはそんな芸当をしてのけたわけではありません。実はそのうち三千五百ポンドはお姉さんからの遺贈でしたし、二千ポンドは、余計なことを書くなと叱られそうですが、お子様方からの贈り物だったのです。

ばあやを補佐するのは子守メイドでした。仕事の内容は子供部屋の掃除と洗濯とアイロンかけ、食卓の用意と食事のお世話、赤ん坊のときは乳母車で、大きくなってからは徒歩で、お子様方をお庭に散歩に連れだすこと、そしてゲームのお相手をすること。服装は糊の効いたカフスと襟つきのプリント地のワンピースで、外出時にはグレーのフェルト帽とコートを身につけました。またお屋敷には常時フランス人、ときにはドイツ人の家庭教師がいたようで、お子様方はごく早い時期から外国語を覚えました。おしまいは子供部屋づきのボーイで、ホールボーイという呼び名のほうが一般的なこの使用人は、料理を載せたお盆を厨房から子供部屋に運ぶほか、必要な力仕事を一手に引き受けていました。

昼の子供部屋は大きくて居心地がよく、明るい部屋でした。中央にテーブルがあり、ぐるりの壁には戸棚や本棚。これはおもちゃや本をしまっておくためのもので、たくさんあるおもちゃと本にはギボンズばあやが厳しく目を光らせていました。おもちゃは使用中以外はいつも鍵のかかる戸棚に保管されていましたが、ときどき奥様が子供部屋を急襲し、もう不要だと判断したおもちゃを持ち去って、恵まれない子供たちの手に渡るように手配されていました。大きくすわり心地のいいソファーがひとつと安楽椅子が何脚かあり、サイドボードには花が飾られ、いつも果物が置かれていたので、子供部屋は快適そのもので、もちろんどこまでも清潔でした。

お子様方がある程度の年齢になって一人部屋に移るまで、ばあやはベビーベッドや普通のベッドのなかのお子様方とともに、夜の子供部屋で眠りました。わたしはこれまで、アスター家の子供部屋が家族専用であるかのように書いてきましたが、実際には滞在客のお子様方を受けいれることもしょっちゅうでした。貴族社会で名の通った乳母は、そうやって誕生したのです。われらがギボンズばあやの評判は大変なものでしたし、ハットフィールド・ハウスにも名ばあやの誉れ高い乳母がいました。ギボンズばあやは愛情のほとんどをお子様方に向ける一方で、アスター卿ご夫妻、とりわけ旦那様を敬愛していました。言ってみれば子供部屋は奥様ではなく旦那様の管轄で、何か困ったことや判断に迷うことがあると、ギボンズばあやは旦那様に相談していたのです。もっとも二人の考え方と行動は完全に一致していたらしく、そういうことはめったにありませんでしたが。

旦那様は、お子様方が当時の上流社会の常識の枠内で育てられることを望まれる一方で、甘やかされることはあってはならないとお考えでした。たとえば旦那様は、お子様方のお小遣いを制限されていました。実際、リー氏によると、近くのウォーバン・グリーンで毎年催されるお祭りなど、何か特別の行事のときは、リー氏やその配下の使用人たちが、お子様方にそっと何ペンスか渡してさしあげることもあったとか。アスター卿はまた、お子様方がご自分と同じような大人になることを望んでいらしたのだと思います。それが間違ったことだとしたら、ほとんどの人間は同じ過ちを犯しています。人間はだれでも、わが子に自分以上ではないまでも、せめて自分と同程度にはうまくやってほしいと願うもの。そして、その方法をわが子に教えてやれると思い、子供に反抗されると腹を立てたり傷ついたりするのです。それはいわば人間の性《さが》で、よほど子供に無関心な親でないかぎり、その罠に陥らずにいるのは容易なことではありません。それにしても、わたしの若いころは〝親の因果が子に報いる〟ものだったのに対して、いまは子の因果が親に報いる時代のようです。非行に走った子供たちが、医者や弁護士、学校の教師などにそそのかされて、責任逃れのためにすべてを親のせいにする風潮が幅を利かせているのですから。

前から気になっていたことを口にしてすっきりしたところで急いでつけ加えれば、アスター家のお子様方はだれひとり、ご両親に対してそんな気持ちは抱いていません。お子様方が起こしたとされるいくつかの不祥事について、外部の人々がそういう見方をしたことはあったかもしれませんが、〝かわいそうな金持ちの子供〟というお手軽な嘲り文句は、アスター家のお子様方には当てはまらないのです。いまではどなたもみな、わたしに劣らずご自分の両親を誇りに思い、ご自分が何か間違ったことをしたとしても、断じてその罪をお二人に肩代わりさせようとはなさらないでしょう。何不自由なく育てられることに問題があるのは事実で、たとえば裕福な人々は、自分は特別な存在だと考えるように仕向けられがちです。けれどもアスター家のお子様方は、裕福な家の子供は経済的に恵まれている分、周囲の人々に対して、貧しい家の子供にはない責任を負っていると教えられていました。たとえば、ほかの人々のお手本になること、リーダーシップを発揮することなど。嘆かわしいことに、いまの世の中では、ほんの少しその役割から逸脱しただけで、どちらの資質もまったくといっていいほど持ちあわせていない人々の怒りを買うはめになるのですが。ちょっと先走りすぎました。話を戻しましょう。

幼いころのお子様方にとって、一日の最大のイベントは、お茶のあとで子供部屋から階下におり、お客様がいてもいなくても、ご両親といっしょに過ごすことでした。このひとときの奥様はとびきり陽気で、その陽気さが部屋じゅうを満たしていました。とにかく何もかも笑いに変えてしまうのです。奥様はまるで女優のようでした。全開にした魅力を蛇口から出る水のようにあふれさせ、毎晩違った余興を披露なさるのです。奥様にとって、いっしょにいて最もくつろげる相手は、幼く無邪気な子供たちでした。そしてわたしは戦時中に、それがご自分と同じ階級の子供を相手にされているときに限らないことを知りました。奥様はスラム街の子供にもくつろいで接し、相手の男の子も完全にくつろいでいたのです。わたしは、奥様と毎日そんな時間を過ごしていた坊ちゃま方をうらやましく思わずにはいられませんでした。わたし自身は奥様のそんなお姿を、ときたましか目にしたことがないのですから。とりわけ好きだったのは、奥様がアメリカ深南部の話をされる晩で、滑稽なのにどこか物悲しい話を、いくつもの役をひとりで演じながら語るとき、奥様の口からはしじゅう生まれ故郷の南部訛りが飛びだしました。もちろん、このひとときがお子様方にとってつねに楽しい時間だったわけではありません。ときには奥様の陽気な気分が毒々しいものに変わり、辛辣で嘲りに満ちたもうひとつの人格が表に出てくることもあったからです。

坊ちゃま方の学校時代については、わたしはほとんど何も知りません。どなたも八歳前後で同じプレップスクールに入って寮生活を始められましたが、のちにわかったところでは、その学校が選ばれたのは、校長がクリスチャン・サイエンス信者の生徒を受けいれていたからだったようです。もっともそんな年齢では、坊ちゃま方にはそのあたりの事情はよくわかっていなかったでしょうが。この学校に行ったことはなんら害にはならなかったらしく、坊ちゃま方は幼くして身につけた魅力を失われることはありませんでした。パブリックスクール進学に関しては、宗教がらみの妥協が入りこむ余地はなく、どなたもイートン校に行くことに決まっていました。わたしが知るかぎり、坊ちゃま方はイートン校でも楽しく過ごし、クリヴデンに泊まりに来たご学友の様子や人数から見て、イートン校にとっても坊ちゃま方は好ましい生徒だったようです。リー氏は何度かイートン校に足を運び、六月四日〔ジョージ三世の誕生日を祝うイートン校の記念祭〕には果物を届け、ピクニック形式の昼食会で給仕を務めています。

イートン校に好感を持っていなかったのは、ゴードン・グリメットだけでした。「もっともな理由があってのことなんだよ、ミス・ハリソン。あれはビリー様の最初の学期中のことだ。ビリー様が寄宿生活を始めて八週間ほどしたある日、リー氏がやってきて言ったんだ。ギボンズばあやの要請でだれかが、この場合、そのだれかというのはおれのことだが、イートン校に行ってビリー様のスーツと靴を点検し、修理が必要かどうか確かめる必要がある。踵がすり減った靴は――なんでも生徒たちは、だれがいちばん早く踵を全部すり減らせるか競争しているという話だったが――有無を言わせずハイ・ストリートにある老舗の靴直し店〈ゲインズ〉に修理に出し、繕う必要のある服はすべてギボンズばあやのところに持ち帰るように、とね。

「おれは旦那様の当時の第二運転手、バート・ジェフリーズが運転するダイムラーで、コニビア先生が舎監をしている寮に向かった。これはだだっ広い古い建物で、表にはシルクハットをかぶり、揃いも揃ってぐちゃぐちゃに巻いた傘を手にした少年がたむろしていた。『もしもし、坊ちゃん方』おれは声をかけた。『オノラブル・ウィリアム・アスターのお部屋はどこか教えていただけませんかね?』

『最上階に行って、目当ての部屋が見つかるまで端からドアをノックしてみな』というのが返事だった。

「おれは言われたとおりにした。部屋の主がにやにやしながら顔を出し、好き勝手なことを言ってくれたよ。『消えろよ、目障りだ』とか『その顔、むかつく』とか『さあ、聞いたことないね、きみ』とか。

「それでも脅しと粘り強さにものを言わせて、おれはようやく目当ての部屋を見つけて目的を果たし、ズボン一着と靴二足を持って部屋を出た。そして廊下を途中まで引き返したとき、いっせいにドアが開いて一ダースばかりの少年が不意打ちをかけてきた。ホッケーのスティックだのクリケットのバットだの傘だのでぽかぽか殴りつけながら、階下まで追いかけてくるんだ。やっとのことで車にたどりつくと、おれはバート・ジェフリーズに何があったかを説明した。やつは無情にも大笑いし、『あんたは運がいい』とぬかしたよ。『服や靴の点検に来る部外者は普通、ズボンを脱がされるんだぜ』

「お屋敷に戻ると、おれはリー氏に何があったかを報告し、あそこには二度と近づく気はないと告げた。ところがリー氏も冷たくてね。『次回は大丈夫だ。部屋がわかっている以上、ほかの部屋のドアをノックして、来たことを宣伝する必要はないわけだからな』と、こうだ。

「だが、おれは頑として譲らず、次のときは別の下男が派遣された。バート・ジェフリーズ同様、おれもそいつに何が待ち受けているかを教えてやろうとは思わなかった。ところがそいつはおれよりうまくやったんだ。やられた以上ではないまでも同程度にはやり返して、シルクハットをぺちゃんこにされた以外、なんの被害も受けずにクリヴデンに戻ってきたよ」

お子様方が思春期を迎えると、レディ・アスターはわが子への理解も愛情も失ってしまったように見えました。前にも書いたとおり、奥様はお友達や使用人に関してはイエスマンがお嫌いでした。そのくせお子様方は思考、発言、行動のすべてにおいて、どこまでもご自分の言いなりになるべきだとお考えだったらしく、そうならないと気を悪くし、腹を立てたのです。奥様はお子様方の身になって考えてみようとはなさいませんでした。思春期は男女どちらの子供にとっても難しい時期だというのに、奥様はそれをご自分にとっての試練としか見ていなかったのです。それに奥様は、お子様方に寄り添いつづけるために、愛の力を使おうともなさいませんでした。できなかったのです。そこで宗教を武器にしてお子様方をつなぎとめようとしましたが、思春期の子供はたいてい神よりも地上の富に興味を持つものです。肉の誘惑はたまらなく魅力的に思え、それが自分の手の届くものだと知っていればなおさらですが、奥様にはそれがおわかりにならないようでした。不思議なことに、そのせいで傷ついたのは奥様ご自身だけでした。そしてありがたいことに、奥様もやがてはお子様方の愛情と敬意を取り戻し、どなたも癒えることのない傷は負わずにすんだのです。

奥様より程度は軽かったとはいえ、旦那様も同じような経験をされています。お子様方がご自分のような大人になり、ご自分が立てた計画どおりに人生を歩むことを期待されていたのに対して、坊ちゃま方には別のお考えがあり、それを知った旦那様は当惑され、落胆されました。けれども、もともと物事を冷静に受けとめる方でしたし、それまでの人生のなかで達観することを学ばざるを得なかったため、それほど大きな打撃は受けずにすみました。

お子様方はどうかといえば、ほとんどの子供がそうであるように、やがて順応することを学びました。魅惑に満ちた変わりつつある世界で生きていたお子様方には、ほかにも考えるべきことがいくつもあったのです。それに、どのお子様も二十一歳になればちょっとした財産をもらえることになっていて、それは自由を意味していました。ありがたいことに、実際にその年齢になったときには、どなたもみな手にした財産を粗末に扱わないだけの分別を身につけていて、束縛を断ち切りたいという願望も、一時期ほど強いものではなくなっていました。両親を退屈で低能で時代遅れだと思っていた十六歳の少年が、二十歳になったとき、過去四年間での二人の進歩ぶりに驚いたという話がありますが、アスター家のお子様方もそんなふうだったのかもしれません。

アスター家の親子関係は、実際には世間一般の家庭のそれと大差ないものだったのでしょう。ただ、わたしは奥様のすぐおそばにいて、坊ちゃま方が大好きだったので、奥様のなさりように感心できず、ちょっとどうかと思うと申しあげたくなることがよくありました。もちろんメイドの分際でそんなまねはできませんが、それでも何度かは、かなり露骨にほのめかしています。もっとも、舞台の袖から見ているだけの人間が、自分には本当の意味で個人的に関係のない問題について批判がましいことを言うのは、いつだって簡単です。何かが起きたあとになって、わかっていたようなことを言うのが簡単なのと同じように。

お子様方が休暇に入るとクリヴデンは家庭らしくなり、だれもが首を長くしてそのときを待っていました。ジュラ島のターバート・ロッジやサンドイッチのレスト・ハローで休暇を過ごすこともあり、わたしはそのたびに大量の荷造り作業に追われました。何週間も滞在するため、どんな気候にも対応できるよう、ありとあらゆる衣類を持っていく必要があったからです。はっきり言って、ジュラ島は好きになれませんでした。子供にとっては理想的な場所で、釣り、水泳、登山、散歩、射撃、鹿狩りを楽しめますが、わたしはその種の娯楽にはまったく興味を持てなかったのです。釣りには一、二度行き、かなりの獲物があったものの、いったん獲物を釣りあげた興奮が冷めてしまうと、釣りは寒いなかで濡れながらする、不愉快で単調でぬるぬるした、下手をするとひどく危険な作業でしかありません。それにいくら新鮮なサバが好きでも、一週間ずっと朝食に食べつづけたらうんざりですが、どうやら釣った魚を食べないのは、恥ずべきことらしいのです。おまけに子供のころはご馳走だった鹿肉も、もうおいしくは感じられなくなっていました。

ロッジは人里離れた場所にあり、わたしは刺激に満ちたロンドンや、話し相手が大勢いるクリヴデンが恋しくてなりませんでした。なにしろ、まともにおしゃべりできる相手がひとりもいないのです。訛りがきつくて何を言っているのかさっぱりわからない点を除けば、ハウスキーパーとその夫は十分に感じのいい人たちでしたし、厨房メイドもそうだったのですが、わたしたちが遠足に連れだすまで一度も島から出たことがなく、列車を見たことさえない相手との会話を長続きさせるのは、容易なことではありません。おまけに仕事もろくにないのです。奥様はターバート・ロッジに滞在されるときは、お手持ちの服のなかでとくに古いものをありったけ詰めさせ、脱いだ服はそのまま捨てるか払いさげることにされていて、下着も例外ではありませんでした。アイロンかけも洗濯も繕い物もなく、もちろん奥様が日中に着替えをされることもまずありません。一度などあまりの退屈さに、ふと気づくと、自分の寝室の床をごしごし磨いていたほどです！

お子様方の手前、楽しんでいるふりはなさっていましたが、奥様も楽しんでいらしたとは思えません。わたし同様に退屈し、そのため怒りっぽくおなりでしたが、それで状況がよくなるはずもありません。鬱憤《うっぷん》を晴らすために、奥様はむやみやたらとゴルフボールを打ち飛ばしていました。一度など、よほど欲求不満がたまっていたのでしょう。ロッジの前の草地でパッティングをされていた奥様は、ふいに向き直ると、手にしたパターでボールを四つ、続けざまに家にたたきつけました。そのうち二つはガラスを突き破りました。そのときの奥様のお気持ちは、わたしにもわかる気がします。

　はじめてジュラ島に行ったときは（そして、それに懲りて手を打ったのでその後は一度しか行かずにすみました）、ささいなことでへそを曲げて時間を守らないという、奥様の持病が顔を出しました。それは島を離れる当日のことで、マイケル様とジェイキー様は、翌日には学校に戻ることになっていました。わたしは坊ちゃま方とお二人の荷物とともに波止場に行き、船着き場近くでご夫妻を待っていました。旦那様はわたしを先に行かせておいて奥様を急きたてたのですが、奥様はそれがお気に召さなかったらしく、癇癪を起こして動くことを拒否されたのです。そんなことだろうと見当はついたので、なんとか船長を説き伏せてお二人を待ってもらおうとしましたが、あのあたりではアスター家の名もものを言わないのか、さもなければあの船長は、奥様が禁酒運動をされていることを知っていたのかもしれません。いずれにしても、船は定刻きっかりに出航しました。数分後にご夫妻があたふたと到着されたときには、解決すべき問題が山積みになっていました。最終的には小船が雇われ、わたしと坊ちゃま方とお二人のトランク二つだけが、先に本土に向かうことになりました。本土に着いたら、わたしはなんとかしてお二人をグラスゴーにお連れして列車に乗せ、駅構内のホテルで後発組の到着を待つのです。車を雇えなかったので、グラスゴーへはバスで行くはめになりましたが、これは珍妙な旅でした。なにしろ大きなトランクを二つ抱え、列車に遅れて学校を休むはめになってもちっとも構わないと思っている男の子二人を連れているのですから。結局、列車には余裕で間に合いましたが、その翌日にわが雇い主ご夫妻と再会したときは、正直のところほっとしました。ホテル側の人々は、わたしが部屋代を払えるだけのお金を持っていないことを見抜いているかのように、何度か横目でこちらを見ていたからです。

さっきも言ったように、ジュラ島やサンドイッチに滞在するときは大量の手荷物を持っていきましたが、それとは別に、必ず持っていく特殊な荷物がひとつありました。雌牛を一頭、列車の最後尾につないだ無蓋貨車に積んでいったのです。旦那様はお子様方が飲む牛乳の質にたいそうこだわりがおありで、自作農場の雌牛と牧夫をわざわざ同行させたのです。駅での乳搾り光景を見て、少しばかり違和感を感じたのを覚えていますが、慣れというのは恐ろしいもので、いつしか雌牛が旅行に同行するのはしごく当然のことだと思うようになりました。

サンドイッチでの休暇は、文句なしに楽しいものでした。レスト・ハローは設備の整った別荘で、奥様が暇を持て余されることもなく、わたしにとってはたまった針仕事を片づけ寝不足を解消する、いい機会でもあったのです。もちろん、あちらでもお客様を招くことはありましたが、たいていはご家族だけで戸外で過ごされていました。わたしたちがレスト・ハローを使うのはせいぜい年に二か月ほどでしたが、レディ・アスターはとても気前がよく、この別荘をしじゅうお友達に貸していました。まだわたしがご奉公に上がっていないころに、スタッフ一同を大いに興奮させたロマンチックな出来事があったそうです。その詳しい内容について、ゴードン・グリメットがどこか楽しげな口調で語ってくれました。「ある朝、リー氏に呼ばれて行ってみると、奥様がレスト・ハローをレディ・ルイーズ・マウントバッテン、バッテンベルクのお姫様にお貸ししたと告げられた。姫君はスウェーデンのグスタフ・アドルフ王太子〔のちのグスタフ六世〕とのハネムーンをあそこで過ごされるというんだ。『当然ながら』とリー氏は言った。『このような場合の慣例としてお二人の滞在先は秘密になっている。ほかのスタッフにうっかり漏らすことのないように。きみにはひと足先にあちらに行ってもらって、お二人のご到着に備えて準備をしてもらうから、そのつもりでいてほしい。のちほど私も合流して、二週間のご滞在中、いっしょにご夫妻のお世話をすることになる』

「というわけでね、ミス・ハリソン、少なくとも銀器磨きばかりしているのと比べたら、目先が変わっていいだろうと、そのときを楽しみにしていたんだ。ところが出発前にちょっと調べてみたら、レディ・ルイーズは三十四歳で王太子は四十九歳〔実際には四十歳。語り手または著者の記憶違いか〕じゃないか。〝少しばかり遅咲きだな〟おれは思ったが、こう考えて自分を慰めた。〝お二人は出遅れた分を取り戻すのに忙しいだろうから、こっちは楽ができるかもしれないぞ〟

「十一月三日にご婚礼があって、幸せな新婚カップルが到着された。あとで知ったことだが、乗ってきたダイムラーは車高の高い特別仕様でね。その車が選ばれたのは、王太子が六フィート六インチ〔約一九八センチ〕の長身だったからだ。王太子がおりてきて、ひょいと身を起こしたときは、少々たじろいだよ。ご夫婦が使うベッドをこの目で見たわけじゃないが、窮屈な思いをなさるんじゃないかと思ってね。だがリー氏は顔色ひとつ変えなかった。すばやくその場をさばいてお二人を家のなかにご案内すると、荷物の面倒を見るために戻ってきた。知ってのとおり、リー氏は運転手に対してはあまり気が長いほうじゃない。おまけにこの運転手は荷物をおろすそぶりさえ見せていなかったから、リー氏はさっそく嚙みついた。『きみの名前は?』

『アーブ』

『ではミスター・アーブ・アーブ……』

『違う違う。アーブはハーバートの略だ。わかるだろ? それがおれの洗礼名ってわけさ』

『そんなことは知らないが、きみが怠け者で、そこにすわりこんで貴重な時間を浪費していたことはわかるぞ。さあ、荷物をおろして、ここにいるゴードンに渡したら、さっさと消えるんだ。早くしないか』

「ハーバートは言われたとおりにした。それも急いで。

「両殿下のお供は、王太子の従僕で英語がまったくわからないニールソン氏と、レディ・ルイーズのお付きメイドだった。おれはリー氏に、ロイヤルカップルをどうお呼びすればいいか質問した。『朝の最初のご挨拶のときは〝おはようございます、殿下〟で、それ以降にこちらから何か申しあげる必要があるときは、〝サー〟と〝マダム〟でいいだろう』

ゴードン・グリメットは続けました。「その夜、両殿下はご夫婦水入らずで食事をされ、リー氏とおれが給仕を務めた。その場の雰囲気はいくぶん沈みがちで、お二人は小声で言葉をかわし、ときどきくすくす笑うだけだった。リー氏はそんな場合の対処法もちゃんと考えていた。『ゴードン』リー氏は言った。『われわれは食事中はずっと食堂に控えているしきたりだが、今夜は慣例を破って、料理をひとつお出しするたびに別室に下がることにしよう』

「食堂を出ると、レスト・ハロー常駐のハウスキーパーのエイヴリー夫人が待ち受けていた。下級スタッフは彼女を〝ささやき魔エイヴリー〟と呼んでいた。なぜかと言うと、重要だと思うことを話すときに相手の耳元に口を寄せ、話がすむと、〝ここだけの話よ、いいわね？〟とでも言うように、肘でどんと脇腹を小突く癖があったからだ。われわれ全員にそれをやっていたところを見ると、公然の秘密をどっさり抱えていたんだろうな。このときは何かリー氏だけに伝えたいことがあるのは明らかだったが、長身のリー氏が身をかがめようとしないので、何を言っているかは丸聞こえだった。『お二人のベッドに湯たんぽはいくつ入れればいいかしら？』そう言ったんだ。『私は知らないし、当て推量をする気もない』リー氏は答えた。『レディ・ルイーズのお付きメイドに訊いたらどうかね』

『訊いてみたら、いままではいつも三つ入れていたって言うのよ』

『そういうことであれば今夜はひとつで十分だろう』リー氏は自信たっぷりに言ってのけた。どうやってその数字を割りだしたのかは、さっぱり見当がつかなかったがね。エイヴリー夫人は納得したらしく、リー氏の脇腹にいつもの肘打ちを見舞って立ち去った。

「あのサンドイッチでの日々は本当に楽しくてのんびりしていたよ、ミス・ハリソン。それにお二人ともそれは気さくで、ちっともお高くとまっていないんだ。何かを頼むときは〝悪いけど〟、こちらが何かしてさしあげたときは〝ありがとう〟を必ずおっしゃったし、ご出立の際にはリー氏に札束が入った大きな封筒をくださって、リー氏は中身をスタッフ全員に分けてくれた。リー氏といっしょにクリヴデンに戻ったときのみんなの歓迎ぶりといったらなかったね。だれもが、とくにメイドたちがロイヤルカップルの夫婦仲がどんなかを知りたくてうずうずしてたんだ。こっちはもちろん、そんなことはろくに知るはずもないんだが、あのときのおれの話しぶりを聞いたら、だれだってオマル・ハイヤーム顔負けの大詩人だと思っただろうよ」

サンドイッチではその後、わたしがご一家のお供で滞在中にも、ちょっとした事件がありました。アスター卿の妹に当たるスペンダー・クレイ夫人がレスト・ハローの隣の別荘をお持ちで、そちらにはクレイ夫人とともに、奥様の甥でジョイス・グレンフェルの兄弟のトミー・フィップスが滞在していました。事件があった晩、トミー様はこちらの別荘で坊ちゃま方とふざけていましたが、その後、クレイ夫人とともに隣家に戻っていました。一発の銃声が響いたのは、わたしたちがベッドに入った直後のこと。ほどなく階下でトミー様が叫んでいる声がして、家じゅうの者がガウン姿で集まってきました。トミー様はがたがたふるえながら、つっかえつっかえ、しどろもどろに何か言っています。よくよく聞いてみると、どうやら男が部屋の戸口に現われて、命が惜しければ金を出せと脅したらしいのです。なけなしの一ポンドを差しだすと、男はそれを受けとってトミー様めがけてピストルを発射し、撃ち損じ、そのまま外に駆けだしていったとやら。まるで殺人物のお芝居の一シーンのようでした。下男たちは厨房で調達したありあわせの武器をつかんで外に飛びだし、ハウスキーパーは卒倒、ビリー様は猟犬を呼び集めるとナイフを持って出ていきました。旦那様もゴルフクラブを手にしてあとに続かれ、別荘に残ったトミー様はブランデーをあおり、奥様は警察に電話されました。

わたしはその場に立ったまま、何かが起きるのを待ちました。やがて警察が車二台に分乗して到着し、われらの勇敢な捜索隊の面々も、種々雑多な獲物で武装したどこか滑稽な姿で、ぞろぞろと戻ってきました。警察はトミー様から簡単に事情を聞くと、すぐさま捜索にとりかかり、ひとりの警部があとに残って使用人の事情聴取をしました。すると、だれもが仰天したことに、若い下男のジョンが突然、犯人は自分だとぶちまけたではありませんか。さあ、これにはみんな好奇心をかきたてられ、どういうことだと大騒ぎ。けれどもその好奇心は満たされずじまいでした。ジョンと旦那様とトミー様と警部は別室にこもり、わたしたちは寝床に戻るよう言われたからです。

翌朝起きると、驚いたことにジョンはまだ別荘にいましたが、前夜の一件については何も話してくれません。わたしたちは何日もかけて情報のかけらを寄せ集め、ようやく真相にたどりつきました。トミー様はもともと使用人には評判が悪かったのですが、相手が使用人なのをいいことに、ずっとジョンをいびっていたらしいのです。さんざんなぶりものにされて精神的に追いつめられたジョンは、ついに仕返しを決意しました。脅しに使ったのはおもちゃのピストルで、最後には自分から正体を明かすつもりでした。まさかトミー様があれほどおびえるとは思わなかったのです。旦那様はジョンを叱責されましたが、トミー様にもたいそう腹を立て、すべての責任はトミー様にあると断定されました。例の警部は、銃を使うふりをした罪でジョンを逮捕するとかなんとか言ったようですが、事件はすでに旦那様に裁かれ、判決も言い渡されていたため、すみやかに口をつぐまされました。当時は警察でさえ身のほどをわきまえていたのです。

アスター家の末っ子で、そのせいか、わたしがたぶんほかのどのご子息よりも親しみを感じていたジェイキー様は、ご兄弟のだれよりも機知に富んだ愉快な坊ちゃまでもありました。その機知がお母様から受け継いだものか、意識してまねた結果かはともかく、奥様と違ってジェイキー様の機知には、辛辣さや意地の悪さはありませんでした。そんなジェイキー様の口から、奥様のお子様方に対する態度を端的に表現しているように思える当意即妙のひとことが飛びだしたのは、自伝の執筆を考えていらした奥様との口論のなかでのことでした。「自分の姿をありのままに書くなんて、やめたほうがいいよ、お母さん」ジェイキー様はおっしゃいました。「ぞっとするような代物ができあがるに決まってる」

「母親に向かってなんてことを言うの。第一、どうしてぞっとするような代物ができあがるのよ?」

「お母さんは独占欲が強すぎるからさ」とジェイキー様。「だから子供がみんな成長を阻害《アレスト》されたんじゃないか——でもまあ」と言葉を継いで、「本当に逮捕《アレスト》されたのはボビーだけだけど」

逮捕されたボビーとは、ジェイキー様の異父兄ボビー・ショー氏のことです。というわけで、わたしが奥様の悲嘆にくれるお姿にはじめて接したその一件について、ここでお話しすることにしましょう。若いころのボビー様は、少々無軌道な方だったようです。近衛騎兵隊の士官として陸軍に入り、そこでお酒の味を覚えたボビー様は、やがてそれが原因で軍を去るはめになりました。その不名誉が、ボビー様をいっそうお酒に走らせたのかもしれません。自暴自棄になったボビー様は、同性愛行為にふけった罪で警察に捕まったのです。いまと違って、まだその種の知識が広まっていなかったころの話です。正直のところ、わたしも当時は同性愛のことなど何も知りませんでした。リー氏がスタッフ全員を集めて話をしたときのことは、いまでも覚えています。リー氏は何があったかを曖昧な言葉で説明すると、言いました。「いったんサーヴァンツ・ホールを出たら、このことは決して口にしないように。お屋敷の内外を問わず、このことを口外したことが明らかになった者、口外したのではないかと疑われた者は、だれであろうと即刻解雇される」

この事件についてはその後、奥様からもお話がありました。お悲しみのあまり、だれかに話さずにはいられなかったのでしょう。どういうことかよく理解できていなかったため、お慰めするのがとても難しかったのを覚えています。

どうやら警察は最大限の配慮をしてくれたようです。旦那様とボビー様に、逮捕状を発行するのに数日かかるので、それまでにボビー様がイギリスを離れ、一年かそこら外国でおとなしくしていれば、それで一件落着になると告げたのです。ボビー様はかたくなに拒み、いさぎよく罰を受ける道を選ばれました。奥様は心配のあまり気も狂わんばかりでした。タイミングは最悪でした。奥様と旦那様は、バーナード・ショーほかの数人とともに、招待に応じてロシアを訪問されることになっていたのです。そういう形でのロシア訪問は革命後まだほとんどなく、そのため世間の関心が集まっていました。使用人一同に対するリー氏の訓示からも明らかなように、いまや最大の目的は、事件が世間に知れ渡るのを防ぐことでした。どんな手を使ったのかは知りませんが、この事件は新聞ではいっさい報道されませんでした。もちろん旦那様と旦那様の弟は、それぞれオブザーヴァー紙とタイムズ紙の社主でしたし、当時は同族相食む時代ではなかったとはいえ、かなりの裏工作があったことは間違いないでしょう。それに事件を隠しとおすためには、アスター卿ご夫妻は予定どおりロシアを訪問される必要がありました。中止などすれば、その理由を詮索する声が広まって、真相がばれることは確実だったからです。事態がどう転ぶか、はっきりしたことはだれにもわからないうえ、裁判が始まるのはアスター卿ご夫妻のご出発後とあって、奥様はお心の休まるときがありませんでした。「おまえもいっしょに来られればいいのに、ローズ」何度となく口にされたその言葉は、ご本心からのものだったと思います。奥様にはだれか胸のうちを打ち明けることのできる、単純な人間が必要だったのです。最後の最後まで、奥様はアーサー・ブッシェルとわたしのビザをとろうと奮闘されていました。ご出発の際には涙ながらに別れを告げられ、お慰めしようとしたわたしにおっしゃいました。「もしもこれを乗り越えられれば、わたしはきっとどんなことでも乗り越えられるわ」そして奥様は、その経験を乗り越えられました。ボビー様も乗り越える一歩手前まで行きましたが、わたしは個人的には、刑務所に入った経験を完全に乗り越えられる人間などこの世にはいないと思っています――たとえそれがたった三か月のことだったとしても。

わたしから見て、奥様の何よりも偉大で愛すべき美点のひとつは、ご自分から見て間違ったことをした人々を許せることでした。奥様にとって飲酒と肉欲は最大の罪だったにもかかわらず、ロンドンでもプリマスでも、酔っ払った兵士をお屋敷に連れ帰り、憲兵に捕まらないようにしてやっていましたし、ボビー様に対しても、どんな母親でもこれ以上はできないだろうというほどの思いやりを示されました。それだけでやめておくことができれば、ボビー様のためにはそのほうがよかったでしょう。困ったことに、奥様はそこに宗教をからめずにはいられず、やみくもにボビー様をせっついて信仰の道に駆りたてようとしました。せっかくの思いやりも、それでは魅力半減です。この件ではお子様方もボビー様にどこまでも思いやりある態度を示し、それはボビー様が他界されるまで変わりませんでした。いまでもお子様方がボビー様の話をなさるのを聞いていると、耳に入るのはボビー様の魅力と機知と勇気に対する褒め言葉ばかりです。ボビー様と奥様のあいだにはとかく感情の行き違いが生じがちで、お二人がいっしょに過ごしたあと、わたしは涙をこぼす奥様を何度となくお慰めしたものですが、ボビー様が母親思いだったことには疑問の余地がありません。ことに奥様が晩年を迎えられてからのボビー様の孝行息子ぶりは大変なもので、電話をするか訪ねてくるかなさらない日はめったにありませんでした。

それでいて、どういうものかわたしはボビー様をほかのお子様方ほど好きになれませんでした。

わたしの好みからいうと、ボビー様は気分にむらがありすぎました。お母様の部屋を訪ねてきても、あるときは感じがよくて快活なのに、別のときはむやみと揚げ足をとろうとなさったり、奥様やほかの使用人について軽率なことを言わせようとしたりなさるのです。ボビー様の前では、わたしはいつもどこかで身構えていました。あるいはそれは、奥様づきになってまもなく起きたある出来事のせいかもしれません。それはサンドイッチに滞在中のことでした。奥様のお部屋の外に出て、浴室近くの踊り場でお召し替えがすむのを待っていると、ボビー様がやってきて話しかけたのです。やがてボビー様は、藪から棒におっしゃいました。「レディ・クランボーンのところを辞めたときは、さぞかしうれしかっただろうな、ローズ」

「いいえ、ボビー様、そんなことはありません」一瞬とまどってから、わたしは答えました。「あちらのお宅ではとても幸せでしたし、奥様にもいつもよくしていただいていましたから」

するとボビー様は薄笑いを浮かべて立ち去りました。その数秒後に浴室のドアが開き、レディ・クランボーンが出てこられました。ボビー様はレディ・クランボーンがそこにいるのを知っていて、わたしに何かあの方を傷つけるようなことを言わせようとしたのです。わたしはその一件を教訓と受けとり、その後、ボビー様が同じようなことを仕掛けてきても、不意をつかれることはありませんでした。とはいえ、ボビー様はお気の毒な方でした。人一倍、不幸な経験をされているのです。二度もひどい落馬事故に遭って頭蓋骨にひびが入り、従軍中には激しい空爆を経験し（爆弾が落ちたのは、皮肉にもボビー様がパブにいるときのことでした）、自殺未遂も一度しています。ボビー様が亡くなられてから、わたしはそれまでよりもあの方を高く評価するようになりました。ボビー様の遺言書は、使用人の夢を絵に描いたようなものでした。ボビー様はお金と家をハウスキーパーのロッティー・ムーアに遺されたのです。ロッティーはもとはクリヴデンのハウスメイド頭で、仕事を辞めなくてはならなくなったときにボビー様が親切心から雇いいれた女性でした。全部で一〇万ポンドほどの遺産は、三頭の飼い犬の世話をすることを条件に遺贈されました。残念ながら、ロッティーを待っていたのはめでたしめでたしの結末ではありませんでした。一年後に他界したため、せっかくのお金で楽しい思いをする時間はほとんどなかったのです。

犬で思いだすのは、上流社会での犬の地位です。わたしが滞在したお屋敷のほとんどでは、屋内に入れるのは小型犬だけで、大型犬は外の犬舎で飼われていました。わたしの記憶が正しければ、タフトン家はロンドンのお屋敷でもアップルビー城でも犬は飼っていませんでした。クランボーン家にはつねに二頭の犬がいて、そのほかに狩猟用の犬も何頭か飼っていました。なかでもわたしが気に入っていたのはクランボーン卿の黄色い雄のラブラドル・レトリバーで、犬のほうもわたしになついていました。旦那様がお留守の夜は、わたしのベッドの下で眠りたがって部屋に忍びこもうとするのです。レディ・クランボーンはグレイハウンドを飼っておいででした。グレイハウンドがお好きだったからか、ご自分があの犬と散歩している図がすばらしく絵になることをご存じだったからかはわかりません。ともあれ、犬と人間がときとしてお互いに引き立てあうことはたしかで、不細工な男性も、飼い犬のブルドッグと並べばまんざら捨てたものではないご面相に見えることは少なくないはずです。

わたしがクリヴデンに奉公に上がった時点では、お屋敷に入ることを許されていた犬はアスター卿のペキニーズだけでした。〝ピーキー〟は旦那様の寝室で眠り、旦那様の行く先々についてまわっていました。旦那様がお留守のときはハウスキーパーのフォード夫人に世話をしてもらい、相変わらず気ままにお屋敷内を歩きまわっていました。旦那様は生涯に数匹のペキニーズを飼われています。ペキニーズがそれほど好きではなかったわたしが、だんだんこの犬を好きになり、それはほかのどんな種類の犬についても同じだったところを見ると、要は慣れなのでしょう。

お子様方は全員が犬を飼っていました。記憶に残っているのはビリー様の黒いラブラドル、デイヴィッド様のスパニエル、ウィシー様のミニチュアプードル、そしてマイケル様とジェイキー様のテリア。ボビー様はといえば、あの方はクラフツ〔毎年二月にロンドンで開かれるドッグショー〕に出場するありとあらゆる種類の犬を飼われたはずです。およそこの世に存在する犬で、あの方が連れているのを見たことのない種類の犬がいるとは思えません。ボビー様はひっきりなしに飼う犬を変えていました。ボビー様の犬を褒めたお友達は、次の瞬間にはご自分でその犬を飼うはめになっているのです。スースーという雌のペキニーズがレディ・アスターのものになったのも、そんないきさつからでした。それは戦後のことで、奥様はそれまではずっと、忙しくてペットなど飼えないとおっしゃっていたのです。奥様が犬の扱い方をご存じないことは最初から明らかで、スースーをなつかせるために運動させる、話しかける、餌をやるなどということは、いっさいなさいませんでした。ボビー様からスースーをプレゼントされたのはサンドイッチでのことで、奥様がロンドンに戻られるときが来ると、わたしは車のところまで犬を抱いていきました。「いったいなんだってそんなものを連れてきたの、ローズ？」奥様はおっしゃいました。「まさかペキニーズといっしょにロンドンまでドライブさせるつもりじゃないでしょうね。そんなみっともないまねができると思うの？」

「そうはおっしゃっても、これは奥様の犬ですし、奥様に飼っていただきたいということでボビー様がくださったものですから」

「とにかくその犬を乗せていく気はないから、くどくど言わないでちょうだい」

「承知いたしました、奥様。では、この犬はどうすればよろしいので？」

「おまえが飼えばいいわ、ローズ。わたしからのプレゼントよ」奥様は叫び、ぴしゃりとドアを閉めてロンドンに向かって走り去りました。

そのときは悪くない気分でした。自分の犬を持ったことは一度もなかったうえに、小さなスースーをかわいく思うようになっていたからです。もっとも奥様と合流したあとは、その喜びも長続きはしませんでしたが。まったく、なんという三角関係！　奥様はスースーにやきもちを焼いたのです。奥様はことあるごとにスースーのことでわたしを責めるようになりました。ふたことめには「その犬にはずいぶんよくしてやるのね。わたしの世話をするときとは大違いだわ」と声を荒らげ、呼び鈴を鳴らしてわたしを呼ぶたびに「どうせまたあの犬といっしょにいたんでしょう」とおっしゃる始末。最後のとどめは、ある晩わたしが犬の散歩を終えて当時住んでいたヒル街のお屋敷に戻ったときの出来事でした。玄関の鍵を開けてくださった奥様が、「おまえはそれでもわたしのメイドなの、ローズ？」と叫んだのです。「その犬にかまけて、わたしのことを二の次にするなんて」

もう限界です。翌日、わたしは適当な口実を作って自宅に帰り、この人ならわたしと同じように世話をしてくれるだろうという友人にスースーをあげました。うれしいことに、スースーは死ぬまで客間をあてがってもらっていました。

だからといって、レディ・アスターが犬嫌いだったとは思っていただきたくありません。奥様は犬がお嫌いだったわけではないのです。犬が周囲にいるのを見るのはお好きで、お子様方にも犬を飼うことを勧めていました。ただ、犬の気持ちを理解したりご自分で犬の世話をしたりするだけの忍耐力や、そうしたいというお気持ちは、お持ちでなかったのです。

このスースーの一件があったことを思えば、サンドイッチに滞在中に奥様がまたもや犬をもらうはめになったときのわたしの気持ちは、察していただけるでしょう。今度の犬はコーギーの雌で、名前はマダム。ボビー様がレスト・ハローのハウスキーパー、メアリーに贈ったものでした。この犬を持て余したメアリーが、奥様にさしあげたいと申しでて、奥様は承知されたのです。さて、これは奥様が亡くなられる三年ほど前のことでした。当然ながら奥様は前回よりもかなりお年を召していて、わたしもひょっとしたら少しは人間が丸くなられたのではないかと期待したのです。それにこちらも用心して、最初はなるべく犬を無視するようにしていました。ところが、それが面倒の種になりました。「マダムが嫌いなのね、ローズ。どうして？　この子はおまえを怒らせるようなことはしていないはずよ」これではもうお手上げです。それにだれかが餌をやらなくてはならないので、マダムは単に食べ物目当てにすぎないかもしれませんが、わたしに愛情を示すようになり、じきにわたしの足音を聞きつけると奥様の部屋のドアを引っ掻くようになりました。

そして、ついに来るべきものが来たのです。「その犬はわたしよりもおまえになついているようね」と奥様。わたしは答える手間を省きました。もはや万事休す。それがわからないほどばかではありません。けれども奥様はある日、本気でわたしを怒らせました。着つけのために奥様の寝室にうかがったときのことです。「マダムはどこですか？」とお尋ねすると、奥様は「知らないわ」とおっしゃいました。

二秒ほどして、くぐもったうなり声と何かを引っ掻く音がしました。わたしは衣装だんすに歩み寄り、扉を開けてマダムを出してやりました。奥様は気まずそうに黙りこみ、それはわたしも同じでしたが、一、二秒後には気を取り直して食ってかかりました。

「こんなひどいまねをして恥ずかしくないんですか、奥様？　今度やったら、坊ちゃま方に奥様には犬を飼う資格はないと申しあげますからね」とにかく猛烈に腹が立ったのです！　もちろん「おだまり、ローズ」が飛んできましたが、その声は小さく、どこか恥じいった響きがありました。それでもスースーと比べれば、マダムはまだしも奥様になついていました。ひょっとすると、奥様がしじゅうチョコレートを食べさせていたからかもしれません。ちなみに、奥様がマダムにやるチョコレートは、歯型をつける前のまっさらなものでした！

マダムのことでは、少しばかり奥様を懲らしめてさしあげたこともあります。いまでも覚えているのは、奥様が姪に当たるランカスター夫人のお屋敷へイズリー・コートに滞在中、マダムを牧草地に散歩に連れていくと言いだしたときのことです。さて、わたしはあの犬の癖を知っていたので、申しあげました。「気をつけてくださいよ。牧草地は羊だらけです。汚いもののなかを転げまわったりしたら、戻ってきたときにお屋敷じゅうがひどいにおいになりますからね」

たぶんそんなことを言うべきではなかったのでしょう。奥様を焚きつける結果になってしまったのですから。ご自分でマダムを羊の糞の上に置き、その手で転がすことはなさらないまでも、奥様はあの犬をけしかけて、そうさせたに違いありません。戻ってきたマダムは全身が汚泥にまみれ、ひどいにおいをぷんぷんさせていたからです。こちらを見やった奥様の口元には、勝ち誇ったような小さな笑みが浮かんでいました。さあ、戦闘開始です。わたしは水をたっぷり入れたボウルを持ってきて、床に敷いたタオルの上に置くと、奥様に石鹼とブラシを渡しました。「さあ、わざわざ気をつけてくださるよう申しあげたのに、これはなんてざまです？　この子は奥様の犬で、きれいにしてやる必要があります。わかったら、さっさと始めてください」

奥様はひとことも言わずに仕事にかかりました。これでよし。もちろん、ただ見ているわけにもいかず、わたしが交替しましたが、石鹼をこすりつけるたび、ブラシでごしごしやるたびに、いちいち奥様に文句を言い、しまいには二人とも大声で笑いだしてしまいました。面白くなさそうな顔をしていたのはマダムだけでした。

この犬には、ほかにもちょっと変わった習性がありました。イートン・スクエアで雑用係をしていたウィリアムは、よくマダムを夜の散歩に連れていっていました。雑用係のご多分に漏れず、ウィリアムもビールに目がなかったので、マダムは近所にあるあちこちのパブに連れていかれ、ウィリアムが一杯やっているあいだにポテトチップやチーズのかけらを与えられていたのです。マダムはいわば常連としてパブの主人や客たちの人気者になり、少しばかり甘やかされてしまいました。そのため奥様といっしょに散歩に出ると、マダムはパブのそばを通るたびに引き綱をぐいぐい引っ張って、奥様を店に引きずりこもうとしたのです。そして入り口まで来ると、でんとその場にすわりこんで哀れっぽく鼻を鳴らし、どんなに引き綱を引っ張っても動こうとしませんでした。これは奥様を怒らせる一方で、通行人、とりわけ奥様がだれかを知っている人々を面白がらせました。ほかの政治的な信条や活動はともかく、レディ・アスターが絶対禁酒主義者だということだけは、どんなときでも忘れられることがなかったからです。

猫はアスター家のどのお屋敷でも見たためしがなく、完全にタブー視されていました。奥様が大の猫嫌いだったのです。わたしは奥様がどんなに猫が苦手だったかを、この目で見て知っています。戦争中にプリマスのエリオット・テラスのお屋敷が空襲の被害を受けたあと、わたしたちはコーンウォールのロックにあるブレイ・ハウスで借家住まいをしていました。この貸家にはいわば付属品として猫が一匹ついていて、その猫の世話をし、絶対に奥様の目に触れることがないよう気を配るのは、わたしの仕事でした。とても美しく気立てのいい猫だったので、ごらんになれば絶対にお気に召すはずだと思ったわたしは、ある晩、奥様のお部屋に猫を抱いていきました。たとえわたしが爆弾を抱えていても、あれほど激しい反応はお見せにならなかったでしょう。奥様は紙のように蒼白になり、がたがたふるえだしたのです。「その生き物を外に連れていきなさい」奥様は叫び、わたしはあわてて言われたとおりにしました。わたしはこのときはじめて、クリヴデンの猟場管理人が、領内に入ってきた猫をすべて撃ち殺すよう命じられている理由を理解したのです。

ここで開戦当時に話を戻すとしましょう。同じ階級の若い男性の大多数がそうだったように、アスター家のお子様方もすぐさま戦いに身を投じられました。ビリー様は海軍に入り、デイヴィッド様は海兵隊の将校に。アメリカから帰国されたマイケル様は国防義勇軍のバークシャー連隊に加わり、ジェイキー様はすでに近衛騎兵連隊の将校でした。ボビー様は落馬事故で頭に怪我をしていたため、しばらくは手をこまねいているしかなかったようですが、お国のために働きたいという決意は堅く、やがて国防市民軍に入り、のちには救急隊員として活動されています。

旦那様も奥様も、坊ちゃま方の祖国への奉仕を当然のこととして受けいれながらも、ほかのすべての親御さんたち同様、いつもお子様方の身を案じておいででした。幸いにも、ご兄弟全員が無事に終戦を迎えられ、ほっと胸をなでおろした奥様は、ご自分がいかに幸運かを生涯忘れず、ことあるごとにご自分にそう言い聞かせていました。それはともかく、お子様方を誇りに思う奥様のお気持ちは、なんとも奇妙な形で現われました。坊ちゃま方のために靴下を編みはじめたのです。わたしはいちばん高い毛糸を買いに行かされ、奥様がすぐに仕事にかかれるよう、編み針に目を立てるところまでやらされました。奥様も編み物の基本は子供のころに習ったらしいとはいえ、それもうずいぶん昔のこと。腕前はさっぱりで、見ていて滑稽でした。ただ見ていただけなのに何度も「おだまり、ローズ」が飛んできて、何も申しあげていないじゃありませんかと抗議すると、「そのいやったらしい顔つきが我慢ならないのよ」と言われたものです。

それでも途中で投げださなかったことは褒めてさしあげるべきでしょう。ついに完成すると、奥様は靴下をわたしに渡してアイロンをかけるようおっしゃいました。わたしは靴下を両手で目の前にぶらさげて、とっくりながめました。それは珍妙な代物でした。片方は足首から上が長くて足首から先は短く、もう片方は足首から先が長く、足首から上は短いのです。「なるほど、片方はマイケル様用で、もう片方はジェイキー様用ですね」わたしは言いました。

「余計なお世話よ。いいから言われたとおりにして、小包にしてちょうだい。さっそく送ってやるんだから」

「検閲を通りっこないと思いますけどね」わたしは言い、部屋をあとにしました。その靴下の扱いについては最終的に家族会議が開かれ、母親の愛情もときには度が過ぎることがあるということで意見がまとまると、ギボンズばあやが靴下をほどいてきちんと編み直す役目を仰せつかりました。

アスター家のご兄弟は、全員が終戦までに結婚されました。マイケル様は一九四二年に、ジェイキー様は一九四四年に、そしてビリー様とデイヴィッド様は一九四五年に。まだ戦争が続いていたのは、むしろ幸いだったかもしれません。奥様にはほかに考えるべきことがどっさりあって、ほとんど干渉する余裕がなかったからです。ジェイキー様の花嫁はアルゼンチン大使の令嬢で、通称チキータ。当然ながらカトリックで、奥様はかんかんになりました。結婚式に出席することをかたくなに拒まれ、旦那様もそれは同じでした。わたしはもちろん口出しできる立場ではありませんでしたが、それでもずいぶん不平を鳴らしたものです。宗教にこだわって人間関係を危険にさらすなどというばかげたまねをする人がいるのが、どうしても信じられませんでした。

お嫁さんたちに対する奥様の態度は、どの坊ちゃまに対しても示した独占欲の強さを見れば予想がつくとおり、手厳しいものでした。奥様はご自分のなさりようが褒められたものではないことを素直に認めながらも、そういう性分なのだからしかたがないとお考えでした。あるとき奥様が——旦那様が亡くなられてからのことですが——こうおっしゃったのを覚えています。「息子たちを全員、昼食に招待するわ、ローズ。ただし嫁は連れてくるなと言うつもりよ」

「ばかなことをおっしゃらないでください」わたしは申しあげました。「そういうわけにはいきませんよ。子供はいずれ母親から離れ、妻と結ばれる。それが世の習いです。きっとどなたもおいでにならないでしょうし、余計な波風が立つだけです。奥様が旦那様とご結婚されたとき、どなたかが同じことをなさった場合を考えてみてください。その方に『あの子はいいけど、あなたは来てはだめよ』と言われたら、奥様はどうなさいました？　まったく、ばかげてますよ！」このときは、奥様は珍しくわたしの忠告を受けいれました。

お子様方のなかで、強すぎる母親に真っ先に反旗をひるがえしたウィシー様は、やがてだれよりも強い絆でお母様と結ばれるようになりました。ウィシー様はなんとかして奥様を理解し、助けようと心を砕き、その努力はのちに実を結んだのです。そのウィシー様のご結婚は、さすがの奥様も文句のつけようがないものでした。アンカスター卿との縁組が社交界でいう理想的な組み合わせだったこともありますが、それを別にしても、ご夫君は非凡な男性でした。勇敢な軍人で、おだやかでやさしく、思いやりに満ちているのです。アスター卿と同じようなお人柄で、階上でも階下でも、アンカスター卿が悪く言われるのは一度も聞いたことがありません。ただし、奥様はアンカスター卿にはけちをつけないかわりに、結婚後もウィシー様を子供扱いされていました。あるときなど、晩餐の直前に寝室に顔を出されたウィシー様を見るなりおっしゃったものです。「そんな格好で晩餐に出席できると思ったら大間違いよ。いますぐ着替えてきなさい」

さて、たとえ懺悔服を着ていたとしても、そんな言い方をされたら着替える気になるはずがありません。当然ながら、ウィシー様は強い口調でつっぱねました。そこから大喧嘩が始まって、涙まで流れはじめました。わたしは割ってはいってお二人を引き離しましたが、骨を折った報いに、双方から一度ならず「おだまり」と「口出ししないで」を投げつけられる始末。やがてウィシー様は憤然と立ち去り、わたしは雌虎とともに取り残されました。たかがドレス一枚のことで、なんとまあ！　わたしはしばらくせっせと部屋を片づけてから、ウィシー様に会いに行きました。「着替えませんからね、そうさせに来たのなら」

「いいえ、違います、ウィシー様」わたしは申しあげました。「実はお詫びしに来たんです。奥様があんなふうだったのは、わたしのせいですから。さっき奥様を怒らせてしまって、ウィシー様はそのとばっちりを受けられたんです。ですから、わたしのせいでせっかくの夜を台なしになさるのは、ちょっともったいなくありませんか？」

「いやよ」ウィシー様はおっしゃいました。「着替えはしないわ」

「そこをなんとか、わたしのために。このままでは、わたしが責任を感じてしまいます」

ウィシー様は少し考えてからおっしゃいました。「わかったわ、ローズ。だけどお母様には、あなたのために着替えただけだと言うわよ」

まあ、それについては異議を唱える気はありません。そこで、わたしは奥様のところに戻りました。

「晩餐には出ないわ。旦那様にそうお伝えするようミスター・リーに言いなさい」

「承知いたしました、奥様」わたしは言いました。「でも残念ですね、せっかくウィシー様が別のドレスをお召しになったのに」

それは引きあわない勝利でした。奥様はうさん臭げにわたしを見て、おっしゃったのです。「わたしのことをあの子に謝ったんじゃないでしょうね、ローズ？」

「いいえ、奥様」

「だったら何をしたの？」

「わたしが何をしたかはどうでもいいですから、とにかくお食事にいらしてください」わたしは答えました。けれども奥様はそれでは納得せず、猟犬顔負けのしつこさで、ウィシー様が折れた理由を嗅ぎだそうとしました。使用人を勝たせてはおけないというわけです。これは見ようによってはくだらない話ですが、物事に対する態度は、人生のあらゆる局面で起きるささいな出来事の積み重ねで決まるのです。


さて、この話題をとりあげるのは実は気が進みません。どう考えてもすでに多くが語られ、もはや忘れてしまったほうがいい話なのですから。とはいえ、この問題を素通りすれば、逆にそこに注目を集める結果になるだけでしょう。わたしが言っているのはもちろんプロヒューモ事件と、そのなかでビリー様が果たされた役割です。ことが明るみに出たのは一九六三年、奥様が亡くなられる前の年のことでした。奥様は当時八十四歳。多くの点で以前と変わらずお元気でしたが、記憶力は衰えはじめていました。わたしたちはイートン・スクエアで暮らしていて、チャールズ・ディーンが奥様の執事を務めていました。リー氏は旦那様が亡くなられたあとも長らくクリヴデンにとどまり、なおも新子爵のビリー様にお仕えするのを楽しんでいました。スキャンダル発覚前に引退したとはいえ、のちに有名な事件《コーズ・セレーブル》として世間の注目を集めることになる出来事の幕が開いた時点では、まだ現役だったのです。

ビリー様は狐狩りで事故に遭われ、回復を早めるために理学療法士〔正確には整骨療法医〕スティーヴン・ウォード医師の治療を受けていました。ちょうど領内にある河畔のコテージが空き家になっていて、ウォード医師とその兄弟の陸軍大佐は、そこで週末を過ごすようになりました。リー氏によると、しばらくすると大佐がコテージを訪れる回数が目に見えて減ったそうで、いまにして思えば、それはウォード医師が複数の若い女性を連れてくるようになったせいだったのではないか、というのがリー氏の意見です。ウォード医師と連れの娘たちは、ごくたまにお屋敷に顔を出しました。リー氏はウォード医師に好感を抱いていました。「愛想のいい、気さくな紳士だったよ」とのことです。もうだれも覚えていないかもしれませんが、ウォード医師には画才もありました。リー氏を口説き落としてモデルを務めさせ、見事なスケッチを描いています。わたしがそのスケッチを見ることができたのは、だれかの文句なしに傑作な間違いのおかげでした。スキャンダルが最高潮に達したころ、ウォード医師の手になるスケッチが六点、新聞に掲載されました。そのうち一点はリー氏を描いたものでしたが、絵の下に添えられた説明文で、それは〝アスター卿〟の肖像だとされていたのです。イーストボーンで引退生活を送っていたリー氏は、その後何週間にもわたってあちこちに食事に招かれては、その話をして人々を楽しませ、わたしを含めたかつての同僚の多くも、大いに笑わせてもらいました。あの嘆かわしい騒動のさなかでわたしたちが愉快な気分になれたのは、このときだけだったかもしれません。

ウォード医師の連れの娘たちは、リー氏には〝そこそこ行儀はいい〟ように見えたそうです。リー氏は彼女たちを、ウィンドミル劇場の活人画《タブロー・ヴイヴァン》ショーに出演しているショーガールだと思っていました。「私は彼女たちをほかのお客様方とまったく同じように扱ったし、私の知るかぎり――そして、そんなことがあれば私も気づいたはずだが――お屋敷ではだれもふしだらなまねなどしていなかった。プロヒューモご夫妻にはお会いしたことはない。お二人が訪ねてこられるようになったのは、私の引退後のことだからね。これは私の率直な意見だが、お若い子爵様は単に巻き添えを食っただけの不運な犠牲者でしかない。ついでに言えば、この事件にかかわったほかの人々の多くも」（原注　ウォード医師の連れとしてクリヴデンを訪れた娘たちのなかにクリスティーン・キーラーがいた。ロンドンのコールガールで、ロシアのスパイの愛人だと噂されていたキーラーは、クリヴデンで陸軍大臣で妻帯者のジョン・プロヒューモと出会う。二人が愛人関係になったことは、のちにプロヒューモの下院での偽証と大臣辞任につながり、このスキャンダルによって政府の評判も地に落ちた）

イートン・スクエアではチャールズ・ディーンが執事を務め、かつてのレディ・ブーズビーでのちにレディ・ゲージになったキャンベル＝グレイ夫人が、奥様の話し相手《コンパニオン》をしていました。わたしたちの仕事は、この一件が奥様の目にも耳にも入らないよう気を配ることでした。楽な仕事ではありませんでした。新聞はこっそり隠したり一部分を抜きとったりし、テレビはわざと故障させました。問題はラジオで、奥様の疑惑をかきたてずにラジオに細工をするのは容易なことではありません。そこで奥様の友人の方々に協力をお願いした結果、毎日、主要なニュース番組が放送される午後一時と夕方六時の少し前にどなたかが奥様に電話をかけ、ニュースが終わるまで電話に釘づけにしておいてくださることになりました。一度だけ、どなたかが当番を忘れたことがありましたが、チャールズ・ディーンはちゃんと対策を考えていました。ニュースの開始が告げられると同時に奥様の私室に入ってきて、別の局にチャンネルを切り替えたのです。「なぜそんなことをするの、ディーン？」と奥様。

「実は奥様」チャールズは言いました。「ＢＢＣのライト局で奥様のお好きなアメリカ南部の音楽が演奏されますので、お聴きになりたいだろうと思いまして」もちろんそんな番組はありませんでしたが、その件をめぐる奥様とチャールズの議論にけりがついたときには、危険は過ぎ去っていました。

訪問客はその話題には触れないよう警告されました。本当にひやひやしたのは一度だけで、ある晩、ちょっと飲みすぎたらしいボビー様が、ひょっこり顔を出されたのです。「母さんは何が起きているかを知るべきだよ。だから、これから教えてやるんだ」わたしたちは立場上許される範囲内で──そして、その範囲は以前よりかなり広くなっていたのですが──なんとかボビー様を思いとどまらせようとしました。他人様のことをむやみと邪推したくはありませんが、ボビー様はご自分の不祥事がご家族全員に知られているのだから、ビリー様の不祥事もそうなるべきだと感じていたのだと思います。たぶん群れのなかのただ一匹の黒い羊でいるのがちょっぴり寂しくて、お仲間が欲しかったのでしょう。ボビー様は奥様に何かおっしゃったらしく、奥様は呼び鈴を鳴らしてわたしを呼ぶなりおっしゃいました。「ポーヴァー（運転手）を呼んで、帽子をかぶってコートを着なさい。クリヴデンに行くわよ」

「どうしてでしょうか？」わたしは尋ねました。

「大変なことになっているのに、だれもわたしに何も言わないからよ」

「それがわからないから突きとめに行くのよ」

「何があったにしても、もう三週間は前のことのはずですよ。アスター卿はいまはアイルランドにおいでですから」わたしはとっさにビリー様をアイルランド送りにしました。

「本当でしょうね？」と奥様。

「もちろん本当ですとも」

「そう、だったらクリヴデンに電話してちょうだい。あそこにいるだれかと話したいわ」

わたしはチャールズに相談しました。配膳室には電話の回線が二つありました。チャールズは自分の番号をまわし、当然ながら話中の信号音がするのを待って、奥様におつなぎしました。「出るまでかけつづけなさい」と奥様。チャールズは同じことを何度も繰り返して時間を稼ぎ、そうこうするうちに、わたしたちは奥様の関心を別のことに向けさせるのに成功しました。翌日には、すべてがきれいさっぱり忘れ去られていました。わたしは奥様が最後まで何もご存じなかったと堅く信じています。ご存じだったら、わたしに黙っていらしたはずがありません。そのころにはもう、わたしにはなんでも話してくださるようになっていたのですから。というわけで、奥様は国民の大多数を大喜びさせたあの事件について知らずにすんだのです。

今日では、あのころとは風向きが変わっています。人々は当時の自分たちのふるまいを恥じ、罪をなすりつける相手を探しているのです。悪いのは報道機関だというのですが、そんなばかな話はありません。報道機関はつねに大衆が求めるものを提供するだけのこと。大衆が狐狩り反対運動を望めば狐狩り反対を叫び、大衆が人間狩りを望めば人間狩りを繰り広げる。要するに需要と供給の法則です。責めを負うべきは、聖人面をした国会議員たちです。まったくあの連中ときたら！　何を隠そう、わたしは潔癖な人間です。それも強情とされるヨークシャー産の潔癖人間。悪態はつかず、お酒はたしなむ程度、結婚の経験はなく、そんな自分に満足しています。わたしには自分で作った性に関するべし・べからず集があり、それを守って生きてきました。わたしのフラットにいらしてみてください。どこもかしこも清潔そのものですから。すべてがあるべき場所にある、それがわたしです。それがわたしの性分で、わたしはそういう生き方が気に入っているのです。でも、だからといって、だれもがわたしのように生きるべきだとは思いませんし、そうしてほしいとも思いません。どうぞご自由に、なんなりとお好きなようになさってください。あなたがわたしに干渉しないかぎり、わたしもあなたに干渉しません。それにわたしは、あっちでもこっちでも「ひどい話じゃありません？　なんて恐ろしい！　あの人は恥を知るべきですよ！」などと言ってまわる人間でもありません。世間の人々の困ったところは、他人にどう思われるかを気に病みすぎることです。なぜそうなってしまうかというと、自分以外の人間が何を考え、何をしているかを気にしてばかりいるから。他人のことは放っておけば、相手もあなたを放っておいてくれるはずです。そして、それは問題のスケールが大きくなっても同じです。人はなぜ、他人が不運に見舞われると、いい気味だとほくそ笑むのでしょう？　なぜ他人の破滅を喜ぶのでしょう？　自分は自分、人は人と割り切ることができないから。それに尽きます。

ビリー様はプロヒューモ事件の被害者で、なんの証拠もないまま大衆に裁かれ、有罪判決を受けました。この問題について最後に言っておきたいのは、ビリー様を知ったおかげで、わたしは前よりも上等な人間になれたということです。

8　戦争中の一家族

〝英雄も従僕の前ではただの人〟という格言があります。アーサー・ブッシェルは、その格言は旦那様には当てはまらなかったと証言するでしょう。そして、この格言を貴婦人とお付きメイドの関係に当てはめれば、わたしも奥様について同じことを証言できます。こんなことを言うと、意外に思われるかもしれません。これまでのところ、わたしが描いてきた奥様の肖像は、ちっとも英雄らしくないのですから。とはいえ、英雄らしさを発揮するにはそれなりの状況が必要で、戦争が始まるまで、そういう状況は訪れなかったのです。開戦によって、奥様は求めていたものを手に入れました。大衆のため、個々の人間のために何かをする機会を。そして、ご自分の行動がどんな成果を生んだかをその目で確かめる機会を。わたしはドイツに対し宣戦を布告したチェンバレン首相のラジオ演説〔一九三九年九月三日〕を聞いているはずですが、そのとき自分がどこにいたかは覚えていません。この発表は、アスター卿ご夫妻をたいそう嘆かせました。お二人は最後の最後まで、戦争は回避できるし、回避されるはずだと信じていらしたからです。いまでは世の人々はそのことでお二人を責め、宥和主義者呼ばわりしています。まるで戦争を望んでいなかったのは、お二人だけだったかのように。そういう人々は忘れているようですが、開戦のわずか数か月前までは、国民のほとんどは戦争を望んでおらず、それはまっとうな理由があってのことでした。アスター卿ご夫妻は最後までその主張を曲げなかっただけのことで、たとえそれが間違っていたとしても、お二人もまた、まっとうな理由から戦争回避を望んでいらしたことに変わりはありません。そしていったん戦争に突入すると、お二人はだれよりも熱心に祖国のために戦ったのです。

戦争が始まったとき、だれもがそうだったように、わたしもほかのスタッフも、さまざまなことがめまぐるしく起こり、生活ががらりと変わるだろうと予想しました。たしかに変化はいろいろとありました。男性使用人の一部は、徴兵されたり志願したりして軍に入り、女性使用人の一部も軍や工場で働くようになりました。おもてなしはまだ続けられていたものの、規模は以前より小さくなり、そのため少なくとも最初のうちは、人手が減るとともに仕事も減っていました。レスト・ハローは終戦まで閉鎖され、一方でプリマスのエリオット・テラス三番地は、いわば本宅に格上げされた格好になりました。プリマスはそれまでの伝統を破ってよそ者である旦那様を市長に選んでいたため、奥様は地元選出の国会議員、旦那様は市政のトップということで、お二人ともなるべくあちらで過ごすべきだとお考えになったのです。奥様は定期的に下院に登院しなくてはなりませんでしたが、昼の時間を有効に使えるよう、行きも帰りもできるかぎり寝台車で移動されていました。六十代の女性がそれをやってのけたのですから、やはり奥様はただ者ではありません。ともにアメリカ人として生まれたアスター卿ご夫妻〔ウォルドーフ・アスターは、父がイギリスに移り爵位を得る前にニューヨークで生まれている〕が、奇しくもイギリスのどの都市よりもアメリカとの絆が強いプリマスで、ご夫婦揃って重要で権威ある地位を占めることになったわけで、お二人ともそれを喜んでおいでてでした。のちにアメリカ海軍の軍艦がひっきりなしにプリマス港に入ってくるようになると、お二人は入れ替わり立ち替わり現われるさまざまな訪問者たち――水夫から提督まで、GIから将軍まで――を相手に、外交使節のような役割を果たすことができたのです。アスター卿ご夫妻がアメリカ生まれだったことは、別の形でもプリマスに利益をもたらしました。市長夫妻としてのお二人は、市長もその奥方もただのお飾りというイギリスの慣例を破って、アメリカ式にありとあらゆる形で市政にかかわったのです。平和な時代なら地元の怒りを買ったかもしれないそんな行動も、拡大していく一方の戦争のさなかにはとても高く評価され、旦那様は五年にわたって市長を務められました。

クリヴデンの敷地内にはふたたび病院が開かれ、お屋敷のひと棟が医師と看護婦に提供されました。旦那様は政府にお屋敷全体を提供すると申しでたのですが、構造上、ふさわしい使い道がないと判断されたのです。クリヴデンにはアメリカの外交官やお友達も滞在され、アスター卿ご夫妻のご不在中は、リー氏が責任者として留守を守っていました。このときにはすでに徴兵年齢を過ぎていたリー氏ですが、第一次世界大戦には特務曹長として従軍しています。リー氏にこっぴどく叱られた使用人はみなそれに気づき、憎まれ口をたたいたものです。

わたしはじきにヨーヨーのような生活に慣れました。ロンドンとプリマスのあいだを往復し、ときにはその中間にあるクリヴデンを訪れる。ロンドンで空襲が始まると、わたしもその洗礼を受けましたが、ロンドンのすぐ外にあるクリヴデンのほうが安全なのにセントジェイムズ・スクエアで夜を過ごす必要はどこにもないため、ロンドンでの空襲はあまり経験していません。プリマスでは最初の年に小規模な空襲が二十数回ありましたが、のちの大空襲と比べたら、これは直接被害を受けた人々以外にとってはささいな出来事でした。戦争一年目のわたしたちの動きについて、本当に報告する値打ちのあることといえば、奥様が一日十六時間、年中無休のペースで精力的に活動され、そのためわたしも多忙な日々を送っていたことくらいです。

わたしたちがはじめて直接的な被害を受けたのは一九四〇年の十月。セントジェイムズ・スクエア四番地に焼夷弾が何発か命中したのです。ボビー様がケントで空襲に遭い、負傷されたのと同じ夜のことでした。これを皮切りに、セントジェイムズ・スクエアのお屋敷には全部で四回、爆弾が落ちています。幸運にも、焼けたのは上のほうの一角だけでした。アスター卿ご夫妻はどちらも留守にされていたため、リー氏とわたしがクリヴデンから手伝いに出向きました。奥様の寝室とわたしの寝室はどちらもひどく焼けていて、わたしの私物の一部は助かりましたが、奥様のほうは全滅でした。火事が起きると、消火に使われる水が大きな損害をもたらすことが少なくありません。レディ・アスターの私室は水浸しでした。無事だったものはすべて運びだしましたが、幸いなことに、大したものは置いてありませんでした。貴重品はどれもクリヴデンに移され、厩舎に保管されていたからです。その後まもなく、このお屋敷は接収され、自由フランス政府〔一九四〇年のフランス降伏後、ド＝ゴール将軍がロンドンに設立した亡命政府〕のロンドン本部になりました。裏手にある作業用スペースは接収されなかったので、必要なときに寝泊まりできる小さなフラットに改装されました。このフラットには独立した玄関があって、ジャーミン街の近くのバブマース街という袋小路に面していました。学校の歴史の授業では習いませんでしたが、十八世紀と十九世紀のジャーミン街が、殿方がささやかな愛の巣を構え愛人を住まわせる場所だったことは、わたしも知っていました。さらにその後、二十世紀には愛人たちはどこかよそに移されたものの、今度は質より量をモットーに殿方をもてなす女性たちが流れこんできて、肌もあらわな姿で町角に立つようになったという知識も得ていました。たとえそんな予備知識がなくても、あのフラットで寝起きしていれば、いやでもそれに気づくことになったでしょう。奥様もお気づきになったに違いありません。性的な冗談などついぞ口にされない奥様が、ときたま友人の方々の度肝を抜こうとして、ご自分はジャーミン街で最も重要な女、いわば売春婦の女王だとおっしゃったからです。ある晩、お屋敷に戻られる途中に、奥様は酔いつぶれて舗道に転がっている若いアメリカ兵を見かけました。奥様はその兵士を助け起こし、よろめきながら腰を上げた相手に言いました。「ほら、しゃんとして。わたしの家にいらっしゃい」

「やだね、行ってたまるか」兵士は言い、また舗道にへたりこみました。「あんたみたいな女には気をつけろって母さんに言われてるんだ」

「わたしみたいな女ですって？」奥様は金切り声をあげました。「わたしはあなたのお祖母さんくらいの年齢なのよ」

すったもんだの末に、奥様はいやがるアメリカ兵をフラットに連れてきて、寝かしつけさせました。そして一夜明けると、飲酒の害についてお説教をし、五ポンド札を与えて追いだしたのです。奥様は酔っ払いが大好きでした。ご自分が実践されている美徳について一席ぶつ機会を与えてくれるからです。

戦争が長引くにつれて、バブマース街はいよいよ本格的に男女がいちゃつく場所になっていきました。ピカデリー・サーカス近くの米軍クラブ〈レインボー・コーナー〉が比較的近くにあったとはいえ、ありとあらゆる国籍の人間があの袋小路を利用していたと思います。夜間にあの通りに入ってくる人間はみな目のやり場に困りましたし、雑用係のウィリアムによると、それは朝になって玄関前の階段を磨くために外に出たときも同じだったとか。いつだったたか、こう愚痴っていたのを覚えています。「愛の果実をむさぼるのは構わないがね、そこらじゅうに皮を残していって、このおれに片づけさせるのは勘弁してほしいよ」あの目障りな代物には、わたしたちみんなが迷惑することになりました。愚痴をこぼした数日後の朝、ウィリアムがにやにやしながら厨房に入ってきました。「今度は旦那様がやられたよ」彼は言いました。「今朝は早くにお出かけで、まだ掃き掃除がすんでいなかったんだ。昨夜はまたとびきり派手にやらかしたらしくて、階段の上に立つと、例の代物が散らばってるのがいやでも目に入る。旦那様ははたと足を止め、ぶるぶるっと背中をふるわせると、ぐいと頭をもたげて、そんなものは目に入らないかのように歩きだした。ところがそれが失敗で、なかのひとつが靴に貼りついたんだ。こいつはさすがに無視できない。旦那様は傘の石突きでそいつをはがすと、また歩きはじめたが、今度はそれが傘にくっついてきた。旦那様はまたもや足を止め、足で踏みつけるようにしてそいつを落とした。〝そうら、まただ〟おれは思ったね。〝これじゃあ、いつまでやっても切りがないな〟だが今回は、旦那様はちゃんと厄介払いできたかどうか念入りに確かめた。それからふりむいて、おれがにやにやしながら見ているのに気づいたらしい。『このことは警察に通報するぞ』何もかもおれの落ち度であるかのようにおっしゃって、大股で歩み去っていったよ」

さっきも言ったように、似たような経験はわたしもしましたし、それは奥様も同じでした。わたしはばつが悪くてたまりませんでしたが、奥様は違ったようです。何があったかを平気な顔で話してくださったのにはびっくりしました。昔からその種のことには我慢できない方だったのに、どういうわけか戦争中はいつもより寛大になられていたようです。あのときは、みんなそうだったのかもしれません。

それに奥様が思いがけないことをなさるのは、珍しくもなんともないことでした。戦争が始まってまだ間がないころに、奥様の甥のジム・ブランド青年が休暇の一部をセントジェイムズ・スクエアで過ごしていたときのことです。ある晩、奥様が藪から棒におっしゃいました。「思いきりおめかしなさい、ローズ。ジムがおまえを夕食に連れていってくれるそうよ」

「それは初耳ですね、奥様。ご本人からは何もうかがっていませんが」

「そうでしょうとも。あの子はわたしに頼んできたんですもの。だけど北部人特有の強情さを発揮するのはなしにしてもらうわよ。さっさと行って着替えてらっしゃい」

わたしたちは二人で外出し、すばらしいひとときを過ごしました。レストランを出るとき、ジム様がおっしゃいました。「ナイトクラブに行こうよ、ローズ」奥様のお許しは出ていたので承知しましたが、わたしはシンデレラのようにひっきりなしに時計に目をやっていました。ジム様はいっこうに帰宅しようとする様子がありません。「でも、きっと伯母様が玄関先で待ち構えていますよ」わたしは抗議しました。

「ばかなことを言うなよ、とっくの昔にベッドに入ってるさ」

「賭けますか?」わたしは言い、五シリング賭けることになりました。わたしにとっては大金ですが、負ける心配はこれっぽっちもしていませんでした。はたして呼び鈴を鳴らすと、何秒もしないうちに奥様が玄関に現われました。夜中の一時だったにもかかわらず! いまの人は若いうちに合鍵を与えられるようですが、わたしが合鍵を持つことを許されたのは、奥様が八十歳になられてからでした。

自由フランス政府に接収されてから、セントジェイムズ・スクエアはある種の災厄に襲われました。鼠の大群です。空爆で住処を奪われたロンドンの鼠が、フランスの食べ物が気に入ったのかなんなのか、わたしたちの縄張りにも侵入してきたのです。いたるところに鼠がいて、床下にひそんだり、雨樋を走りまわったり、ごみ箱を漁ったり。まるでハーメルンで暮らしているようでした。勇気があれば猫を飼ったところですが、奥様に見つかったときのことを思うと、そうも行きません。鼠がとりわけ気になったのは、夜になってからです。真夜中ごろに街路が静まり返ると、行軍中の連隊のようにいっせいに外に出ていく鼠たちの、せかせかした足音が聞こえてきます。そして朝の四時ごろになると、鼠たちはまたわらわらと戻ってくるのです。わたしは窒息しそうになりながら、頭から夜具をかぶっていました。ほかの人はどうだか知りませんが、わたしは鼠を這いまわる虫の仲間と見なしています。どちらも大の苦手なのです。

わたしにとっての本当の意味での戦争は、プリマスで始まってプリマスで終わりました。始まったのは一九四一年三月二十日。わたしはその何日か前に奥様のお供でプリマスに行き、国王ご夫妻をお迎えする準備をしていました。非公式のご訪問とはいえ、プリマスの筆頭市民である旦那様と奥様が、市内を視察される国王と王妃のご案内役を務め、おもてなしをする以上、それなりの準備はしておく必要があったのです。ご訪問は成功でした。両陛下は盛大な歓迎を受け、視察先でも明らかに強い感銘を受けられたようです。のちに奥様にうかがったところでは、ある病院の婦長は王妃様に、いつ空襲があっても大丈夫なように、ちゃんと準備はできているはずだと申しあげたとか。この婦長は翌朝になるのを待たずに身をもってそれを証明し、それから何か月にもわたって何度となく同じことをやってのけるはめになりました。

両陛下はエリオット・テラス三番地でお茶を召しあがりました。ちょうどお二人がお発ちになろうとしていたとき、サイレンが鳴りました。だれもそれほど気にかけませんでした。当時はまだ昼間の空襲はごくまれで、とくにプリマスはフランスの海岸からかなり離れていたからです。そのときは知りませんでしたが、それは偵察機でした。国王ご夫妻は列車で町を離れられ、アスター卿ご夫妻が駅から戻られると、晩餐が供されました。

お屋敷には当時、アメリカ人ジャーナリストのベン・ロバートソン氏が滞在中でした。ロバートソン氏はイギリスの戦いぶりを報道するためにアメリカからやってきた勇敢な新聞記者の一団のひとりで、災いに直面している最前線に身を置くべきだと考えていました。災いを求めてプリマスを訪れたかどうかはともかく、ロバートソン氏がこの町で災いに遭遇したことはたしかです。ご一同が食後のコーヒーを飲んでいる最中にサイレンが鳴り、何秒も経たずに高射砲が活動を開始しました。あとはもう、てんやわんやの大騒ぎです。わたしは〝さあ、いよいよ来たわよ、あんた〟と自分に言い聞かせると、エリオット・テラスの消防隊の一員でしたので、ブリキのヘルメットをかぶり、すべての階に水を入れたバケツと手押しポンプを配置しました。使える容器はひとつ残らず駆りだされました。爆弾や焼夷弾が雨あられと降り注ぎはじめましたが、運よくわたしたちの上には落ちてきませんでした。ところが奥様がどこにも見当たりません。愚かというか大胆というか、ロバートソン氏とともに外の通りに立ち、空襲の様子をながめていらしたのです。なかにお入りくださいと声をかけましたが、奥様は知らん顔です。しつこく呼びつづけると、爆弾や高射砲の音に混じって、何度か「おだまり、ローズ」が聞こえてきました。〝まさか、こんなときにこんな状況でこのせりふを聞くとはね〟そう思ったことを覚えています。

わたしの声を聞きつけたのかどうか、しばらくすると空襲監視員がやってきて、お二人に屋内に入るよう命じました。それでよかったのです。お二人が玄関ホールに入ってくると同時に、近くに爆弾が一列に落ち、玄関扉のガラス部分が吹き飛んだからです。ロバートソン氏も奥様も、爆弾が落ちてくる音を聞くなり床に身を伏せるだけの分別は持ちあわせていました。わたしは奥様を助け起こして地下の防空壕に向かい、ロバートソン氏は賢明にもあとからついてきました。階段をおりながら、奥様は詩編二十三を暗唱されていました。「主はわが牧者なり。われ乏《とも》しきことあらじ……」そして防空壕に身を落ちつけると、今度は詩編四十六を口ずさみはじめました。「神はわれらの避所また力なり。なやめるときの最《いと》ちかき助《たすけ》なり……」ゆったりと落ちつきはらったそのお姿は、何も恐れてはいないように見えました。わたしたちの心から不安を追いだそうとするかのように、奥様はヴァージニアでの子供時代について語られました。わたしはただ黙々と、玄関のガラスが割れたときに奥様の髪に突き刺さったガラスの破片を取り除いていました。やがて奥様は、ロバートソン氏にわたしについて話しはじめました。奥様づきのメイドとしてのわたしの日々について。そして、わたしたちが十三年間いっしょに働いてきたことを。胸のなかに、ご自分の〝ために〟ではなく、ご自分と〝いっしょに〟と言ってくださった奥様への慕わしさがこみあげてきました。そういう言い方をされると、わたしがただの雇い人ではなく、奥様の相棒であるかのように感じられたからです。奥様はさらに続けて、奥様に我慢できる女はわたしだけだし、わたしに我慢できる女は奥様だけなのだとおっしゃいました。このあたりで、わたしも何かひとこと言うべきだと思いました。「ロバートソン様、奥様のようなご婦人を理解するのは骨の折れる仕事です。わたしは三年近くかかりました」たとえ爆弾が落ちてきている最中でも、そこで黙っている奥様ではありません。「ほらね、ローズ」奥様は笑っておっしゃいました。「やっぱりおまえのほうが有利だわ。わたしはいまだにおまえを理解できずにいるんだもの」

このときプリマスが受けた空爆は、コヴェントリー以外はどこも経験していないほど激しいものでした。家は絶えず揺れ動き、砲声と爆弾の落ちる音が恐ろしげに響きます。やがて奥様の甥でエリオット・テラスに滞在中だったジム・ブランド青年（その後、ドイツで戦車に搭乗中に戦死しました）が駆けおりてきました。アーサー・ブッシェル（第一次世界大戦のときは機関砲部隊の将校でした）と二人で屋根の上で火の見番をしていたところ、一発の焼夷弾がスレートを突き破り、梁が燃えだしたというのです。みんなでそれっとばかりに砂や水の入ったバケツを持って上がっていき、やっとのことで火を消し止めました。通りにも焼夷弾が四発落ちていて、そちらも処理しなくてはなりません。それがすんだころには敵機はすべて去り、あとには燃えさかり廃墟と化した都市が残されました。わたしはようやく奥様をお部屋にお連れしました。奥様は家に入るのをいやがりましたが、旦那様がおっしゃり、わたしも申しあげたとおり、奥様の仕事が始まるのは翌日からで、それに備えて体調を整えておく必要があったのです。ありがたいことに奥様は多少なりともお休みになれ、わたしたちも少し片づけをしてから、ひじ掛け椅子で二時間ほど仮眠をとることができました。

　翌朝はみんな早くから起きだしました。旦那様と奥様は朝食前に外に出て通りを歩きまわり、ひどく痛ましげな、やつれた顔をして戻ってこられました。この日はお二人にとっては多忙な一日になりそうでした。オーストラリアのメンジーズ首相のプリマス訪問が予定されていたため、そのお相手をするのに加えて、被害の程度を把握し、市が行なっているさまざまな業務の有効性を点検し、被災者に衣食住と慰めを与えるなど、膨大な仕事が山積みになっていたからです。とうていやりとげられるはずのない大仕事に思えましたが、お二人は冷静かつてきぱきと仕事にかかられました。奥様は芝居がかったまねはいっさいなさらず、ひたすら自信と力強さだけを感じさせました。旦那様は権威と有能さを感じさせ、まとめ役として見事な手腕を発揮されました。メンジーズ首相もお二人に歩調を合わせ、視察の予定はすべてキャンセルし、お二人に同行するだけで満足されました。予定ではエリオット・テラスで歓迎の宴が催されるはずでしたが、いまやそれは問題外だったため、首相は海軍司令官公邸で晩餐を召しあがりました。

　わたしたち使用人は一日がかりで片づけと掃除をしました。結果的には、それは無駄骨折りでした。前夜とほぼきっかり同時刻にサイレンが鳴り、あっという間にばらばらと焼夷弾が降ってきたからです。わたしはアーサー・ブッシェルとハウスキーパーのフロリーとともに、階段を駆けあがって屋根に向かいました。いちばん上の踊り場に近づいたとき、爆弾が落ちてくるひゅーっという音がしました。煙のにおいを追いだすために踊り場の窓を開けてあって幸いでした。そこまでたどりつくと同時に、わたしたちは爆風をまともに食らって壁にたたきつけられたからです。一瞬息が止まりましたが、三人ともどうにか息を吹き返したに違いありません。記憶はそこでいったんとぎれ、気づいたときには地下の防空壕のなかでした。空襲はあまりにすさまじく、もはやできることは何もありませんでした。たとえ頭の上で家が燃えていても、放っておくしかありません。上がっていったところで木っ端みじんに吹き飛ばされるのが関の山です。わたしは無力感に打ちのめされました。できるのはただ待ち、ひたすら祈ることだけ。とはいえ、そんな状況のなかでは、祈りはとてつもなく大きな慰めを与えてくれます。それにその祈りは、ただ自分さえよければという性質のものではありませんでした。ふと気づくと、わたしはありとあらゆる人々のことを思い、当然ながら気も狂わんばかりに奥様の身を案じていました。外では激しい爆撃が続いていて、そんななかで生き延びられる人間がいるとは思えなかったからです。空襲は三時間ほど続き、轟音は始まったときと同じくらい唐突にやみましたが、さっきまでよりは静かになった街路では火がはぜる音が響き、ときたま時限爆弾が炸裂する音も聞こえてきました。

わたしたちは屋根の上を見に行きました。屋根に落ちた焼夷弾はどれも燃えつき、奇跡的に、今回も高性能爆弾の洗礼は受けずにすみました。けれども屋根の上からプリマスを見おろすと、ほかの場所はみな、それほど幸運ではなかったように見えました。それは恐ろしく、それでいて雄大な光景でした。まるで巨大な火山の噴火口のような、煮えたぎる都市。あたり一帯はすべて破壊されていました。エリオット・テラス一番地は爆弾の直撃を受けながらも、かなりの部分がくずれずに残っていました。裏手にある建物のひとつは完全に破壊され、その通り全体が廃墟と化しているように見えました。わたしにできることは何もなかったので、家のなかに戻って、損害のほどを確かめることにしました。奥様のお部屋をのぞくと、窓は割れ、壁にはひびが入り、天井の一部が落ち、いたるところにガラスが散らばっています。それを見たときは、無駄になってしまった前日の仕事のことを考えずにいられませんでした。箒を持ってきて床を少し掃き、奥様のベッドを整えましたが、そのころには奥様の身に何かあったに違いないという思いで気が狂いそうになっていました。わたしはみんなと合流するために階下におりました。階段をおりきると同時に、奥様が駆けこんできました。奥様は半狂乱に見えました。「ローズ。よかった、無事だったのね」叫ぶようにおっしゃると、わたしに腕を投げかけ、「もう二度と置いていったりしないわ」と言ってむせび泣きました。わたしの目からも涙があふれてきましたが、奥様のあまりに激しい感情のほとばしりには驚かずにいられませんでした。その後わかったところによると、奥様は近くまで来たところで骨組みだけになった裏手の家を見て、わたしたちも直撃を受けたと思いこんだのです。それにしても、あの奥様があんなふうに感情をあらわにされたのにはびっくりしましたが、あのときはだれもが死の瀬戸際に立っていて、そのせいで気が高ぶっていたのです。

奥様は疲労困憊されていました。旦那様ともども一日ずっと働きづめで、空襲中はずっと外で軍と行動をともにされていたのです。旦那様も奥様と大差ない状態でしたが、奥様をわたしの手にゆだねると、徒歩で破壊された街に出ていかれました。わたしたちはお止めしようとしました。口々に無茶だと申しあげたのに、旦那様は聞きいれてくださいませんでした。というより、聞こえていなかったのかもしれません。まるで機械人形のように、すべての感情を失っていらしたのでしょう。奥様のお部屋は凍えるような寒さだったので、わたしはしっかり服を着こんだままの奥様をベッドにお入れして、それから眠ることを考えました。眠れる場所といったら地下室くらいなのに対して、こちらは空襲のあいだ何時間もあそこで過ごしたおかげで、いくぶん閉所恐怖症気味です。そこでふたたび屋根に向かい、アーサー・ブッシェルと合流しました。わたしたちは屋根に立ち、街が燃えていくのを見つめました。炎が一軒の家から隣の家に移ってそちらも焼きつくし、ついには家並み全体をのみこんでしまうのを。それについて、わたしたちに言えることは何もありませんでした。すでに言うべきことはすべて言い、見るべきものはすべて見てしまっていたからです。

やがてアーサーが、エリオット・テラスの屋根の上を端から端まで歩いて、ほかの家に異常がないかどうか点検すると言いだしました。わたしはその場を動かずに、街を見つめていました。なんの前触れもなく、道路から大きな黒い塊が迫りあがってくるのが見えました。自分で伏せたのか、爆風になぎ倒されたのかはわかりません。近くの車庫で時限爆弾が爆発したのです。わたしはうつ伏せに横たわっていました。爆発音で耳がばかになっていましたが、それでも周囲に瓦礫が落ちてくる音は聞こえました。ひとつか二つ、破片が当たりましたが、幸いコートを二枚着こんでいたので、いくつか打ち身をこしらえただけですみました。ちょうど八番地の屋根の上にある大煙突の陰にいて、かすり傷ひとつ負わなかったアーサーが、駆け寄ってきて抱え起こしてくれました。「てっきりやられちまったかと思ったよ、ローズ」二人でよろめきながら階段をおりる途中で、アーサーが言いました。「まさか」わたしは答えました。「わたしは猫だもの。命が九つあるから簡単には死なないわ」奥様は今回の爆発になどびくともなさいませんでしたが、わたしは閉所恐怖症の件は忘れることにして、その後は朝までほかのみんなといっしょに地下室で過ごしました。命が九つあると豪語はしたものの、あといくつ命が残っているかについては自信がなかったからです。

いくらなんでもそんなことはないだろうと思っていたのに、翌朝は前の朝に輪をかけたひどさでした。わたしは夜明けとともに外に出て、周囲の惨状を見て歩きました。朝の光のなかで見ると、その荒廃ぶりはなぜかいっそう無残に感じられました。骨組みだけになった家々、ねじれた鉄骨、車の残骸、道路に散らばった、かつてはだれかの家だった瓦礫と家財道具。汚れてぽつんと転がった、子供の人形などの哀れを誘う品々。怪我をしたスパニエルが地面にうずくまり、小さな男の子が犬を守るようにそばに立っていました。やがて動物愛護協会の人々がやってきて、そっと犬を抱きあげて運び去りました。あたりには精根尽きはて、汚れて気が抜けたようになっている人々が、なすすべもなく立ちつくしていました。それ以上見ていられませんでした。部外者の立ちいるべきでない悲しみの場に、ずかずかと踏みこんでしまったように感じたのです。

わたしはお屋敷にとって返し、気力を奮い起こして片づけと掃除にとりかかろうとしました。奥様はすでにお出かけになっていました。もはやこなすべき日課はなく、呼び鈴が鳴ることも、

「いったいどこにいたの、ローズ？」と詰問されることもありません。まさに〝みんなはひとりのために、ひとりはみんなのために〟という状態でした。ただひとり、フランス人シェフのムッシュー・ラメだけは本来の持ち場である厨房でがんばっていましたが、ガスも電気も使えないのですから、ずいぶん苦労したに違いありません。それでも彼は、どこかで石油ストーブを見つけ、それを使っていくつかの奇跡を起こしてくれました。「ドイツ野郎をやっつけるには腹ごしらえをしないと」が口癖で、それがこのシェフの個人的なスローガンのようになってました。そしてそのあとに、まるでドイツ人が自分だけの宿敵であるかのように、続けざまにののしり言葉を並べるのです。わたしは彼に、ドイツ人に好意を持っていないのは、わたしたちイギリス人も同じだと指摘しなくてはなりませんでした。何はともあれ、ラメは戦争中ずっと厨房ですばらしい手腕を発揮し、とくにわたしにはよくしてくれました。いくらなんでも盛りがよすぎると抗議すると、「しっかり食べないと体がもたないよ」と言われたものです。

その日の午前中、わたしはどこか無気力な気分で、ほかの使用人たちといっしょにめちゃめちゃになった家のなかを片づけていました。そして午後一時、ようやく苦労の成果が見えはじめた矢先に、奥様が空襲監視員の集団とともに現われたのです。「総員退避よ、この家のまわりに不発弾が六つあるの」このときばかりは、さすがに悪態をつきたくなりました。さんざん苦労して片づけたあげく、お屋敷から立ちのかなくてはならないとは。前夜の時限爆弾の一件があったのに、そのときのわたしは不発弾のことは頭になかったらしく、奥様のお荷物をまとめ、自分自身のわずかばかりの私物をまとめながらも、ずっと文句を言っていました。奥様とわたしは、別々の場所に行くことになっていました。アーサー・ブッシェルとわたしは近くにあるアイヴィーブリッジという町のホテルに泊まり、アスター卿ご夫妻はお友達のお宅に身を寄せられるのです。

アイヴィーブリッジに到着すると、わたしはぴたりと愚痴るのをやめました。しばらくぶりに清潔でこざっぱりした部屋を目にし、今夜はちゃんとベッドで眠れるかもしれないと思うのは、なんともいい気分だったのです。とはいえ、完全に気をゆるめたわけではありません。この町はプリマスからそれほど離れてはおらず、周辺地域もすでにいくらか空襲の被害を受けていたからです。結果的にはそれは杞憂に終わりましたが、わたしは毎日、プリマスが受けた試練を思い知らされました。アーサーとともにプリマスに通い、アスター卿ご夫妻の手足となって働いたからです。そしてこのとき、わたしは奥様がされているすばらしい仕事を目の当たりにしたのです。奥様は本領を発揮され、大勢の人々を助けていました。アーサーとわたしは奥様のために使い走りを務め、衣料品が不足している場所に服を配ってまわりました。衣類の多くはアメリカにいる奥様の友人や親戚の方々の手で集められ、しばらく前にこちらに届けられていました。そういうことにかけては、アメリカはお見事としかいいようがありません。ある学校では、四十人の子供が靴を手に持って裸足で登校し、「この靴をプリマスの子供たちにあげてください。その子たちのほうが靴を必要としているはずだから」と言ったそうです。また別の学校では、空襲があったことを聞いてからわずか数日間で、千ポンドもの義援金が集まったとか。レディ・アスターは母国から寄せられた同情と支援について語れることを誇らしく思っておいでした。わたしたちは次に、あちこちの救急センターを走りまわって、何が必要とされているかを調べてご報告しました。その際にくどいほど言われたのは、自尊心に邪魔されて自分からは助けを求められない人、どんな支援を受けられるか知らずにいる人など、援助の手が届いていない個人を探せということです。しかも旦那様も奥様も、その仕事を人任せにしてはいませんでした。指示を出したり公務を処理したりしていないときは、お二人とも毎晩外に出て、ご自身で実情を見てまわられていたのです。

いまでも覚えているのは、奥様が慰問先の病院で患者を力づけ、何か必要なものはないか訊いてまわられていたときのことです。ベッドのひとつに、ひどく具合の悪そうな十六歳くらいの少年が横たわっていました。「肺炎とショックで弱っているんです」看護婦は説明しました。「すっかりふさぎこんでいるんですが、理由がわからなくて。この子はフランス人で、病棟にはフランス語を話せる者がいないものですから」

とたんに奥様は、少年に向かって早口のフランス語で何やらまくしたてはじめました。「リヴァプールにいるお兄さんの近くに移りたがっているわ。旅行できる体なのかしら?」

医者が呼んでこられました。「冒険ですね」医者は言いました。「移動するなら酸素テントに入る必要があります。つまり一等車に乗らなくてはなりませんが、この患者は一文なしです」

「それは問題じゃないわ。費用はわたしが出します。追って連絡するから、出発の準備をしておいてちょうだい」

奥様はリヴァプール選出の下院議員エレン・ウィルキンソンに電話をしました。ウィルキンソン女史があちらの病院にベッドを手配してくださり、数時間後には少年は列車に乗っていました。これは小さな例ですが、同じようなことはほかにもいくつもあったのです。旦那様は奥様と違って口数の多いほうではありませんでしたが、こちらもご自分なりのやり方で活動されていました。アスター卿ご夫妻については、当時こんなことが言われていました。〝妻はなすべきことを見つけ、夫はそれが実行されるよう取り計らう〟

奥様が取り組んでいたもうひとつの大きな仕事は、軍務で地元を離れている人々に、両親の安否と居場所についての情報をきちんと提供できるようにすることでした。電話や手紙での問い合わせに対応するために、専門の部署が作られました。容易な仕事ではありませんでしたが、奥様はご自身の経験から、その種の仕組みがぜひとも必要なことを心得ていらしたのです。その合間に、議員としての職務を果たすためロンドンとのあいだを忙しく往復するうちに、奥様はプリマスで空襲の被害があれほど大きなものになったのを政府の責任と見なして批判的な態度をとるようになり、チャーチル政権の不評を買いました。そうでなくても、チャーチル氏とはもともと反りの合うほうではなかったのです。それでも、いつもながらご自分の目で見た事実だけを語る奥様の言葉は人々を動かし、さまざまな対策がとられたり、それまでのやり方が変えられたりしました。

そしてこのとき、貴婦人はお付きメイドの英雄になったのです。それ以前のわたしは、奥様がいくつも欠点をお持ちなことを承知したうえで――ときには欠点があるからこそ――そんな奥様に深い愛情を抱き、その愛情は強まっていく一方でした。そしていま、戦いのなかで、奥様が持つ美点の数々が明らかになったのです。まず勇気。それはイギリス流の〝壁を背にして〟のストイックな勇気ではなく、強烈な光を放ち、嵐のように激しく、威勢がよくて陽気なヴァージニア流の勇気でした。たとえば奥様は防空壕に退避中、空襲が最高潮に達すると、みんなの気晴らしになればと側転をしてみせることがありました。そこにいるのは、クリヴデンの奥方として貴族階級の人々をもてなし、下院に議席を持つ六十一歳の名流婦人ナンシー・アスターではなく、荒馬に乗る無鉄砲な少女ナニーでした。それとともに、奥様のなかには感じやすく同情心に満ちた女性が息づいていました。哀愁に満ちたヴァージニアの歌曲を歌ってわが子を失った母親を慰め、気の毒な母親のために心を痛める一方で、先見の明がなかったためにプリマスを学童疎開の対象地区に指定しなかったホワイトホールの役人たちに対しては、強硬な姿勢をとった女性。夜行列車に飛び乗ってロンドンに向かい、その翌日には議会でどんな対策がとられるべきだったかを語り、その発言が敵に情報を与え、敵を有利にしたと非難されても、みじんも動じなかった人。それはわたしにとって崇拝するに足る女性でした。

　とはいえ、ときには持ち前のわがままなところが顔を出すこともありました。奥様にたくましさを与えたらしい空襲と危険は、旦那様の健康には悪影響を与えました。旦那様は悪天候でもあちこち歩きまわっていたために風邪をひき、それを放置したために発熱されたのです。休養が必要なことは明らかでしたが、旦那様はプリマスの近くにとどまりたいという理由で、クリヴデンに戻ることを拒否されました。そこでコーンウォールのロックという小さな町の近くにあるホテルで療養されることになり、わたしが看護婦兼お世話係のような身分でお供することになったのです。療養先には奥様も同行し、一日か二日、旦那様といっしょに過ごされるご予定でした。出発の当日、エリオット・テラスでは地元のお偉方を招いて昼食会が催されました。市長の仕事場として使うために、お屋敷は大急ぎで修理されていたのです。その朝はたまたま、アメリカからプリマス市民のためにとチョコレートやお菓子が届いたところでした。昼食後、奥様はご自分のためにそのお菓子を少し手に入れてほしいと旦那様におねだりをなさいました。旦那様はお菓子は奥様ではなく、もっと慰めを必要としている人々のために送られたものだと説明されました。奥様はたちまち癇癪を起こし、お客様方の前で旦那様に無作法で意地の悪い態度をおとりになり、だったらもうロックには同行しないと言ってのけたのです。旦那様は部屋から出ていかれました。わたしはその時点では何があったのか知らず、あとでハウスキーパーのフロリーから聞きました。フロリーは旅行は中止だから荷物をほどくようにという奥様の伝言を持ってきたのです。そこでスーツケースの中身を出しはじめると、今度はアーサー・ブッシェルが入ってきて、旦那様がお呼びだと言いました。執務室に入るなり、旦那様がただならぬご様子なのがわかりました。息をするのもお苦しそうで、お顔が不自然なほど赤いのです。これは発作を起こされたに違いないと思いました。いまでもその見立ては正しかったと信じています。

「ローズ」旦那様はおっしゃいました。「奥様のせいですっかり気が動転してしまってね。あれはロックに行く気はないと言うんだ。なんとか考え直させるために、きみの力を貸してほしい」わたしはそのお言葉に心を動かされると同時に、いよいよ旦那様のお体が心配になりました。

「よろしゅうございます、旦那様。あとはお任せください」わたしはお客様方がお帰りになるのを待って、客間に行きました。「フロリーから聞きましたが、奥様はロックにはおいでにならないそうですね」

「ええ、そうよ」奥様はおっしゃり、逃げるように客間を出て階段を上がりはじめました。そういう行動に出られることは予想していたので、わたしは踊り場で奥様に追いつき、両方の肩をつかんでゆさぶりました。

「いいですか。何をなさったのか知りませんが、おかげで旦那様はひどく具合がお悪いんです。奥様には何がなんでもロックに行っていただきます。いやだとおっしゃるなら坊ちゃま方全員に手紙を書いて、旦那様の体調が悪化したのは、たかが少しばかりのお菓子のために奥様が意地汚くて身勝手なまねをなさったせいだとお知らせしますからね」わたしは怒りに任せてどんと奥様を突き放し、襲ってくるはずの嵐を待ち受けました。ところが驚いたことに、奥様は神妙な恥じいった顔でこちらを向いたのです。

「わかったわ、ローズ。いっしょに行くわ」その瞬間には、このしょぼくれた人物がつい数時間前までわたしの英雄で、数日後にはふたたびそうなる女性だとは信じられませんでした。

ロックで過ごした六週間で、わたしは旦那様という方をそれまでよりよく知るようになりました。いまにして思えば、あれこれと世話を焼き、甘やかすことのできる男性がいるという状況は、なかなか楽しいものでした。精いっぱいお世話したつもりですが、クリスチャン・サイエンスの信者を看護するのは、ひと筋縄では行かない仕事です。医者の指示を受けられないからです。ひとまず熱が下がり、奥様とのいさかいの後遺症がなくなってからも、そのまま休養を続けていただこうとしましたが、これも容易なことではありませんでした。最初の二度の大空襲がもたらした被害を目の当たりにしたあと、アスター卿ご夫妻は「われわれはこの町を再建する」という声明を出しています。声明を聞いた者は、〝われわれ〟はすべての市民を意味すると受けとったでしょうし、実際そのとおりだったはずです。けれども猛烈な勢いで仕事を再開された旦那様のご様子は、まるでそれをご自分個人の責務と受けとめ、ロックでの静養期間を再建計画にとりかかるのにうってつけの余暇と見なしているかのようでした。政府はほかに対処すべき問題をいくつも抱えていたため、旦那様は政府の支援なしで作業を進められました。新しいプリマスの土台が作られ、のちに建築家のアバークロンビー教授が都市計画顧問として実行に移した大々的な再開発事業の構想が生まれたのは、この時期のことだったのです。アスター卿ご夫妻が無傷だったころのプリマスを愛していたとすれば、プリマスが満身創痍になったいま、この都市に対するお二人の愛情はいっそう強いものになっていました。お二人の遺言書に、空襲で死亡した場合はほかの犠牲者たちとともに共同墓地に葬ってほしいという追加条項が加えられたのも、この時期のことです。

そんなしだいで、わたしの仕事も電話の応対、伝言の授受、電報の送信など、いわば秘書兼スポークスマンとしての雑務全般がかなりの部分を占めるようになりました。ある日、伝言を読みあげるのにもたついていると、旦那様がおっしゃいました。「どれ、貸してごらん」

「いいえ、だめです。旦那様がごらんになるべきものじゃありません」

旦那様は大笑いなさいました。「この年で子供扱いすることはないだろう」

「そういう意味じゃありません。自己流の速記で書いてあるんです」これは旦那様をますます面白がらせたようでしたが、プリマスに戻れる程度まで回復されたときは、旦那様もこのやり方が役に立ったことを認めないわけにいきませんでした。

プリマスを襲った最初の二度のすさまじい空襲からほぼきっかり四週間後に、ドイツ軍がふたたび牙をむきました。四月二十一、二十二、二十三、二十八、そして二十九日の夜の空襲は、前の二回に劣らず猛烈なものでした。このとき最大の攻撃目標になったのは、港湾地区であるデヴォンポート一帯でした。四月末には、プリマスはイギリス全土のどこよりも激しい空爆を受けた都市になっていました。ほとんどすべての建物が、なんらかの被害を受けたのです。ありがたいことに旦那様とわたしはロックにいて無事でしたが、奥様はこのときの空襲を何度も現地で経験されていました。

旦那様のお供をしてのロック滞在は、わたしにとっては画期的な出来事とともに幕を閉じました。旦那様が心づけをくださったのです。わたしが心づけというものをいただいたのは、お屋敷奉公を始めて以来、それがはじめてでした。もちろん奥様やほかの方々からもプレゼントはいただいていましたが、それはいわば自分の本来の仕事の延長線上にあるものだったからです。ロックを離れるとき、旦那様はお金の入った封筒をさしだされ、わたしは前にほかの使用人たちがしていたように金一封を受けとって、ささやかな特別奉仕に対する心づけと解釈しました。実にうれしくも胸躍る体験でした。

その後リー氏にその話をしたところ、チップ談義になったことを覚えています。「心づけといえば、一部の人々は、われわれが上質な奉仕を心がけるのは金銭的な見返りを期待してのことだという間違った考えを抱いていて、ことに男の使用人についてその種の誤解が多い。見当違いもいいところだ。記憶にあるかぎり、お屋敷勤めを始めてこのかた、ご褒美を目当てに何かをしたことは一度もない。むろん下男時代にご滞在のお客様の従僕役を務めたときは、ねぎらいの意味でなにがしかのものをいただくのは当然だと思っていたが、心づけの額によってお世話した方への評価が変わることは、いっさいなかったよ。それに、たいていの紳士は相場の額をくださるものだ。きみや私がポーターやタクシーの運転手などに渡すチップと同じように。もっとも、いざ出発となるとむやみと忙しがって、ソヴリン金貨を節約するためにわれわれが目に入らないかのようにふるまう人間は好きにはなれなかったし、部下もみなそう言っていた。ところがどういうものか、そういうまねをするのは、うなるほど金を持っていることがわかっている人間ばかりとくる」

それからというもの、奥様とわたしはバドミントンの羽根のようにロンドンとプリマスを往復しました。わたしたちはロックに家を二軒借りました。まずブレイ・ハウス、ついでトレベセリックを。おかげでご夫妻のどちらかがプリマスでの仕事を終えたあと、そこそこまともな一夜の眠りを確保できるようになったのです。それができない人々がいるなかで戦場を離れたことで、お二人を批判する人もいるかもしれません。けれども将来も万全の体調で作戦の指揮をとりつづけようと思えば、指揮官はそうすべきなのです。そしてわたしは当時、お二人を将軍と見なしていました。五月以降は、ダートムアにあるビッカムという家を借りました。そちらのほうがプリマスと行き来がしやすく、時間も短くてすんだからです。だれかがヒトラーにわたしたちの転居を知らせでもしたのか、移ったとたんに、またしても周囲に爆弾が落ちはじめました。

もちろんこのころにはもう、わたしたちの仕事には職種による区分などなくなり、だれもがなんであれ必要な仕事をしていました。わたしは掃除が本業のようになっていました。クリヴデンからビッカムへの移動はかなりあわただしいものだったため、ろくに私物を持ちだせなかったわたしは、しかたなくそのとき着ていたワンピースを仕事着にしていました。最初から少し傷んでいたのか、さもなければ掃除に精を出しすぎて無理がかかったのでしょう。とうとう服は破れ、腋の下に大きな穴が空いてしまいました。ちょうどアーサー・ブッシェルが奥様のお供でプリマスに行くことになっていたので、わたしはぼろ隠しのために上っ張りを手に入れてくれるよう頼みました。ところがアーサーが持ち帰った包みに入っていたのは、なんとマタニティ・ドレスでした。わたしが包みを開けたとき、アーサーはひどく恐縮してみせたので、わざとやったのかどうか判断がつきませんでしたが、とにかくぼろ隠しにはなるので、わたしはそのマタニティを身につけました。

その晩、着つけのためにお部屋にうかがうと、奥様はわたしをひと目見るなりすっとんきょうな声でおっしゃいました。「まあ、ローズ。そんなはめになっているとは知らなかったわ」ご説明しようとしても、奥様は「空襲のせいにしようとしても無駄ですからね」とにべもありません。

わたしは業を煮やしてマタニティをまくりあげました。「わたしが隠そうとしてるのはただの穴ですってば」そしてとうとう、二人ともけたたましく笑いだしました。旦那様がドアの外から顔をのぞかせて、おっしゃいました。「なんだ、きみたちか。空襲警報かと思った」何があったかを説明されると、旦那様もおなかが痛くなるほど大笑いしました。アーサーがわざとマタニティを持ってきたのかどうかは、結局わからずじまいです。わざとだとすると、あれはアーサーがやってのけた悪ふざけのなかでも屈指の傑作でした。

田舎の爆弾のほうが都会の爆弾よりましだとは言わないまでも、両者のあいだに違いがあることは事実です。まず第一に、爆弾の群れが落ちてくる音を聞いて、どうか命中しませんようにと祈っても、田舎では災いを隣人に押しつけることにはなりません。翌朝になって、爆弾が羊や牛を直撃し牧草地を穴だらけにしているのを見ても、ほっとするだけで気の咎めは感じずにすむのです。とはいえ、実際に爆弾が投下されている最中には、田舎には田舎ならではの危険があります。どうやらわたしたちには焼夷弾を引き寄せる性質があったらしく、ラフバラでも空襲時の火の見番を続けていたアーサーとわたしは大忙しでした。なにしろあたり一面に籠に何杯分もの焼夷弾が落ちてくるのです。屋根や舗道に落ちた焼夷弾ひとつを処理するのとわけが違って、二人とも砂や水を入れたバケツやホース、手押しポンプを抱えて、敷地内や牧草地をひっきりなしに駆けまわらなくてはなりません。

　さて、普通の状況では、わたしは薔薇が好きですが、薔薇の茂みは夜ともなれば危険な代物です。そして周囲にひとつでも薔薇の茂みがあると、焼夷弾を処理しようとして駆けまわるたびに、わたしは必ずその茂みにぶつかってしまうようでした。二度と同じ失敗を繰り返さないよう昼間のうちにちゃんと庭を観察しておいても、どういうわけか暗闇のなかでは方向感覚がまったくなくなってしまうのです。またアーサーもわたしも牧草地まで遠征することが多く、もともと牛や羊にはあまり同情していなかったわたしは、彼らの落とし物で何度も足をすべらせるうちに、ますます同情する気をなくしました。

　やがてアーサーとわたしは取り決めをしました。近くの焼夷弾はわたしが処理し、遠くに落ちたものはアーサーがやっつけるのです。〝いちばん速いのはひとり旅〟という言葉がありますが、ある晩、焼夷弾を処理するために走っていったアーサーがまさしくそれでした。夜空を背景に、一瞬シルエットが浮かびあがったと思ったら、次の瞬間にはもう姿が消えていたのです。そちらのほうから悲鳴が聞こえた気がしたものの、確信はなかったので、ひとまず近くに落ちた焼夷弾にせっせと土をかぶせました。火が消えてから、アーサーが走っていった方角に向かって呼びかけると、くぐもった声で返事がありました。わたしは慎重に道を拾って探しに行きました。用心して正解でした。しばらく行くと足元に小さな砂掘り場が口を開けていて、下のほうから響いてくる物音と声は、つい数分前にアーサーがここに落ちたことを告げていたのです。わたしはどうにか穴の向こう側にまわりこみ、アーサーを救出しました。アーサーは怪我ひとつしていませんでしたが、砂と泥にまみれていました。「ぼろ隠しにわたしの上っ張りを貸してあげようか？」いっしょに家に向かいながら、わたしは言ったものです。

爆弾はまた、ときとして人間に奇妙な影響を与えることがあるようです。ある晩アーサーと家の外に立っていると、焼夷弾がわたしたちの上に雨あられと降り注いでくるように感じました。焼夷弾を処理するのはともかく、直撃を受けてはたまりません。そこで、わたしたちは家に向かいました。玄関ホールに奥様と旦那様が立っていて、なんだかびっくりした顔をなさっていました。「いまのはどこに落ちたの？」奥様がおっしゃり、アーサーもわたしも答えようとしました。それはさぞかし滑稽な光景だったに違いありません。口はちゃんと動いているのに、音が出てこないのです。二人とも声を出せなくなっていました。わたしたちはのちに、家の反対側のちょっと離れたところに爆弾が三つ落ちたことを教えられました。焼夷弾だと思ったのは、爆発でえぐられた地面から舞いあがった土や石で、理屈はよくわかりませんが、そのときの爆風がわたしたちから声を奪ったのだそうです。「少し支給してほしいものだわね」わたしたちがしゃべれるようになると、奥様はしれっとした口調でおっしゃいました。「そうすれば、わたしにも口をはさむ隙ができるだろうから」

この時期に見られた痛ましい光景のひとつは、夜になると徒歩でプリマスを離れ、まだしも危険の少ない田舎に向かう人々の姿でした。みんな生け垣や納屋、荒野など、どこであれ爆弾が落ちてくる心配がないと思う場所で眠るのです。プリマスから戻ってこられる旦那様や奥様の車には、そんな夜だけの避難民がいつもぎっしり詰めこまれていました。それに奥様はときどきお友達に泊まりに来るよう声をかけたので、わたしたちはいつでもそういう方々をお泊めできるように準備し、配給制のもとではこちらのほうが大変でしたが、食事をお出しできるようにしておかなくてはなりませんでした。ある晩、奥様が若い水夫を三人、連れてきました。「何か食べさせて、よく休ませてあげてちょうだい」奥様はおっしゃり、三人をサーヴァンツ・ホールにいたわたしの手にゆだねました。わたしたちは彼らに自分たちの分のベーコンエッグを食べさせ、ベッドを用意しました。そこにサイレンが鳴り響き、いくらもしないうちに静けさは吹っ飛びました。その晩の攻撃はかなり派手なもので、水夫たちは消火活動をしたり助っ人として村に駆けつけたりと大忙し。朝の四時ごろになってようやく平穏が戻り、さあ寝ようと思ったら、水夫たちは六時までに船に戻らなくてはならず、おまけにまた腹ぺこになったというのです。そこでわたしたちは三人のためにふたたびベーコンエッグを作り――今回使ったのは奥様の分の食材でしたが、ご本人は知らずじまいでした――途中まで送っていき、最終的には通りかかったトラックをヒッチハイクしてあげました。一週間ほどして、三人から奥様宛に手紙が届きました。奥様がすてきな便りと評したその手紙には、何から何までお世話になったことに対する奥様への感謝の言葉が記されていました。「わたしたち、あの子たちに楽しい思いをさせてあげたみたいね、ローズ」

ダートムアで暮らしていたとき、デイヴィッド様が休暇中にしばらく滞在されたことがありました。デイヴィッド様は海兵隊の将校で、軍服姿がそれはご立派でした。ご滞在中にも何度か空襲があり、ある晩にはいっしょに芝生に立っていると爆弾が空を切って落ちてくる音がして、わたしは地面に身を伏せました。デイヴィッド様はその場に立ったままで、わたしが起きあがると、どこか見くだした口調で「爆弾の破片が飛んできただけだよ、ローズ」とおっしゃいました。不発だっただけで、いまのは間違いなく爆弾だったと思いましたが、現役の将校に落ちつきはらった口調で自信たっぷりにそう言われては、反論できるものではありません。

その翌朝、明らかに時限爆弾のものでしかあり得ない爆発音が響きました。わたしはそのとき居間にいて、レディ・アスターとデイヴィッド様もごいっしょでした。「あれは何?」と奥様。「あれは」わたしは申しあげました。「デイヴィッド様の爆弾の破片が爆発した音です」うれしいことに、デイヴィッド様はばつの悪い顔をなさるだけのたしなみを持ちあわせておいででした。

一九四一年はプリマスにとって最悪の年であるとともに、おそらく奥様にとっては最高の年でした。といっても、奥様が変わられたわけではありません——奥様はただ、真価を示す機会を与えられたのです。わたしも報いられました。おかげで奥様のもとで過ごした年月が、それまでよりはるかに価値あるものになったのですから。奉仕はなんの見返りも期待せずにするものとはいえ、見返りがあったらあったで、やはり張り合いが出てくるものです。

年末までに空襲は下火になっていました。一九四二年に入ってからは、問題になるような規模の空爆はひとつも記録に残っていません。新たにアメリカが参戦したため、アスター卿ご夫妻はほかの職務に加えて、いまや同盟者になったわれらが友人たちを相手に、非公式の大使役を務めるようになりました。お二人がその役目にうってつけだったことは言うまでもありませんが、その理由はお二人がアメリカ生まれだということだけではありません。奥様はこの役目を大いに楽しまれ、しじゅうアメリカ南部のお国訛りが顔を出したので、ほとんど二か国語で話しているようでした。わたしたちはすでにエリオット・テラスに戻り、隣家の一部が作業室としてこちらに組みこまれていました。お屋敷ではおもてなしが再開されてお客様が泊まっていかれるようになり、その多くはアメリカの陸海空軍の将校でした。その一方で、奥様はＧＩその他の階級の低い兵士への気配りも忘れず、ご自分で指揮をとって彼らのための食堂やクラブを開かせています。とりわけ記憶に残っているのは、リー将軍が一泊されたときのことです。将軍がお発ちになったあと、ベッドを整えるために客室に行ったわたしは、腰が抜けるほど驚きました。まるで検査に備えたかのように、整然とベッドが整えられていたのです。完璧なベッドメークでした。これはぜひお見せしなければと、大急ぎで奥様を呼びに行きました。奥様はわたしに劣らず大喜びなさり、部屋を出しなに向き直って、ベッドに向かってアメリカ式に敬礼しました。「ありがとう、将軍」南部訛りのひとことでした。

　この年は平穏ながらも多忙な一年で、奥様をいたく悲しませた出来事もひとつ起きました。ケント公爵のご逝去です。戦前はマリーナ妃ともどもクリヴデンの常連客だった公爵は、プリマスのお屋敷にはそれ以上に頻繁にお見えになりました。あの地区にある空軍基地を視察なさるときは、いつもアスター家に滞在されたからです。公爵が搭乗された飛行艇がスコットランド沖に墜落したのは一九四二年八月。パイロットのファーガソン少佐と従卒のジョン・ホールとともに当家に宿泊されてから、わずか一日か二日後のことでした。ジョンは戦前は公爵の従僕をしていました。チャールズ・ディーンはこのジョンとは大の親友で、公爵ともすっかり顔なじみになっていました。当時チャールズが執事としてお仕えしていたブヴァリー夫人は、公爵の田舎の邸宅コッピンズの常連客で、アスコット・ウィークは毎年そこで過ごされていましたが、逆に公爵ご夫妻がブヴァリー夫人のお屋敷に滞在されたときは、いつもチャールズが公爵のお世話をしていたのです。ジョン・ホールは気心の知れた親友をとことん信頼していて、公爵のご滞在先にチャールズがいるとわかればさっさと休暇をとり、公爵にもチャールズなら代役として申し分ないと申しあげていました。公爵も同じお気持ちだったに違いありません。チャールズが何よりも大切にしている宝物は公爵にいただいたシガレットケースで、そこには〝ジョージとマリーナより〟と刻まれているのですから。いくら王家の方でも、そんな品をおいそれと人に与えることはありません。

ブヴァリー夫人といえば、つい先日のチャールズ・ディーンとの会話が思いだされます。彼に、ブヴァリー夫人はなぜそんなに王家の方々と親しかったのかと質問したのです。なんでも母親のウィリー・ジェイムズ夫人は、エドワード七世の愛人のなかで最も令名だか悪名だかが高い女性だったらしいのですが、そんなものがバッキンガム宮殿に自由に出入りするのを許される理由になるとは思えません。するとチャールズは、血は水より濃いとかなんとかつぶやき、わたしが説明を求めると、エドワード七世の御代には、子供はしばしば母親が〝最も心を捧げた〟男性に似ていたのだと答えました。いまの人々が飼っている犬や猫に似てくるのと同じで、要するにただの思いこみだよ、と。そのチャールズがお仕えしたブヴァリー夫人も、お母上同様、情熱的なご婦人だったに違いありません。なにしろ三回も結婚されているのですから。

戦争が始まると、これ幸いと身なりを構わなくなった女性もいましたが、奥様はむしろそれまで以上に服装に気を使われるようになりました。労働者階級に親しみを感じさせるために彼らと同じような格好をするというのは、奥様のやり方ではありませんでした。上等な服を粋に着こなしたところを見せれば人々の士気は高まるし、どんな状況になろうとヒトラーには奥様の意気をくじく力も生き方を変える力もないことを見せつけてやれると信じていたのです。そしてご自身でも、美しく装うことで心を奮いたたせていたのだと思います。衣料切符による配給が実施されていた時期だけに、これはわたしにとっては骨の折れる仕事でした。幸い奥様は衣装持ちでしたので、お手持ちの服を裁断して仕立て直したのですが、わたしの作品を身につけた奥様をごらんになれば、皆さんも「とても戦争中だったとは思えない」と言ってくださったかもしれません。多くの人がしていたように、奥様も何度か不正な手段で衣料切符を手に入れています。わたしはその証拠になる手紙を何通か、奥様から受けとっていますし、わたし自身もなくても間に合う分はもちろん奥様にさしあげていました。アメリカのお友達からも、奥様はいろいろと送ってもらっていました。ふとどき千万とおっしゃる向きもおありでしょうが、とても人間的で女らしいことでもあります。そして奥様は一度、そのせいで面倒なことになっています。一九四三年の夏に赤十字にいるヤンダル氏という友人に手紙を書き、次にイギリスに来るときにご自分のためにストッキングと服を持ってきてくれるよう頼んだところ、その手紙が検閲にひっかかり、起訴されてボウ街の中央警察裁判所に出頭を命じられたのです。一部の新聞は聖人ぶって奥様を非難しましたが、奥様はどこ吹く風でした。出頭すべき日の朝、下院で一席ぶった奥様が、退席すべき時間になったところで議員たちに「じゃあね、ちょいとボウ街に行ってくるわ」というようなことをおっしゃると、拍手喝采が湧き起こらんばかりでした。それに引き換え、この国の法の執行者は、法律を作る人々ほど陽気ではないようです。奥様にうかがったところによると、警察判事はいたくご立腹で、手に負えない女学生か何かのように奥様を叱りつけ、五〇ポンドの罰金を課したとやら。そんなものは奥様には痛くもかゆくもなく、おまけに罰としては完全に逆効果でした。その顛末を知ったアメリカのご友人方から、ストッキングが山のように送られてきたからです。

戦況がこちらに有利になってから終戦までの数年間も、決して平穏無事だったわけではなく、はらはらすることも少なくありませんでしたが、使用人の立場から記録しておくべきことはほとんどありません。昔の秩序はすでに変わっていました。リー氏とハウスキーパーは最低限のスタッフ、それも多くは通いの、家庭を持った年配の女性スタッフとともに、びっくりするほど円滑にクリヴデンを切り盛りしていました。厨房ではシェフがほとんど人手を借りずに仕事をこなしていましたが、それは食料がろくに手に入らず、宴会も以前と比べればないも同然だったからできたことかもしれません。庭園と温室はかろうじて維持されている状態でした。

タウン・ハウスやカントリー・ハウスが活気を失っていたこの時期は、それまで見過ごされてきた部分に光が当たった時期でもありました。長年にわたって地下の厨房や使用人部屋にろくすっぽ注意を払ってこなかった多くのお屋敷で、いまや奥様方がそのつけを払わされていたのです。お屋敷の主婦がみずから家事をするはめになったのに加えて、空襲のせいで、地下空間は突如として家のなかで最も重要で、最もよく使われる場所になりました。ところが多くのお屋敷では、地下の部屋はじめじめしていて暗く、暖房も不十分で、調理や清掃のための設備も時代遅れだったのです。けれどもアスター家のスタッフ、とりわけ、いまやわたしもそのひとりになっていた古顔の使用人を何よりも驚かせたのは、人間関係の変化でした。もはや使用人と雇い主の区別はありませんでした。わたしたちはひとつの家族だったのです。わたしたちはともに戦い、死とまともに向かいあい、多くの友人を亡くしました。あんな状況でなければ見る機会がなかったはずのいくつもの美点を目にし、ほかのときならあらわにされるはずのなかったさまざまな感情を分かちあいました。わたしたちは自分たちが見たものを好ましく思い、それはいまや階級や生まれに負けない絆となっていたのです。あれほどの一体感をふたたび味わうことのできる人間は、皆無ではないまでも、ほとんどいないでしょう。そして、その絆はわたしの生活に張り合いを与えてくれました。

ヨーロッパでの勝利が確実になった一九四四年末までに、わたしたちの生活の形を変えることになる二つの決断がなされました。旦那様は健康問題とプリマスでの政治的圧力から、市長選への再出馬を断念されました。旦那様にとっては無念な決断だったはずです。プリマス再建のためにあれほど力を尽くしてこられたのに、これからというときになって、そのほとんどをほかの人々の手にゆだねなくてはならなかったのですから。

奥様も、次の総選挙でプリマスのサットン選挙区から立候補しないことを決断されました。この〝奥様が決断された〟という言い方は、事実をねじ曲げるものです。奥様の不出馬は、旦那様がお子様方の支持を得てお決めになったことだったのですから。奥様はその方針に反対で、ついには圧力に屈したものの、その後何年間もその恨みを忘れず、ご自分に引退を迫った方々に対して怒りを示しつづけました。なかでも露骨だったのが旦那様への態度で、これからはご夫婦がもっと寄り添って暮らしていけると思われた時期、旦那様が病気のつらさをやわらげてくれる愛情とやさしさを必要とされていた時期に、旦那様が愛妻から与えられたのは、喧嘩腰な物言いと不信のまなざしだけでした。おまけに奥様は、旦那様のご判断が正しかったこと、この国が変化と新しい顔ぶれを求めていることを示す選挙結果が出たにもかかわらず、ご自分がほぼ確実に議席を失っていたはずだということに気づきませんでした。

そんなわけで、奥様にこのうえなく輝かしい功績をあげる機会を与えた戦争は、いわば奥様の敗北で幕を閉じました。ある意味では、チャーチル首相にとってもそうだったかもしれません。多くの点で正反対でありながら、奥様とチャーチル氏には性格的に似たところがありました。奥様がこうおっしゃったのを覚えています。「わたしとチャーチル首相だけは戦争を楽しんでいるわ。ただし、そうと認めているのは、わたしだけだけど」

9　叶えられた念願

働きはじめたとき、わたしにはひとつの念願がありました。旅行をすることです。その念願は、幼いころに夢見たよりもはるかに豪勢な形で叶えられました。〝お金はないけど見聞は広い〟という言葉は、わたしのためにあるのではないかと思うほどです。その点については、奥様に感謝すべきでしょう。奥様は、旅行に同行させて、あとはほったらかしということはなさらなかったからです。わたしが大の観光好きだと知ると――そして、わたしは最初からそれを隠そうとしませんでした――奥様はご自分でわたしをあちこち連れまわるか、バスツアーを手配して料金を払ってくださいました。いまでも覚えているのは、奥様のお供ではじめてヨーロッパ大陸を訪れたときのことです。奥様はわたしが絵葉書を買っているのを見て、お尋ねになりました。「そんなものを買ってどうするの?」

「ああ、これですか、奥様。知り合いに大陸に行ったなんて言っても、目に見える証拠がないとだれも信じてくれませんから。これがその証拠というわけです」

それ以来、奥様はいつもわたしに絵葉書を買ってくださいました。その一部はいまも手元に残っています。スライドを見ながら旅の土産話をしたら、一日や二日では終わらないでしょう。訪れた場所についての本を書くこともできそうですが、そのつもりはありません。とはいえ、奥様のお供で旅行したときの経験のなかには、使用人が旅先でぶつかる可能性のあるさまざまな事態を示すもの、奥様のお人柄や行動様式を物語るものなど、ご紹介する価値がありそうなエピソードがいくつかあることは事実です。

すでにイギリスに四つも家《ホーム》をお持ちだった方についてこんな言い方をするのはおかしい気もしますが、アメリカ合衆国は言うまでもなく、奥様の第二の故郷《ホーム》でした。アメリカには奥様のお供で二十回以上行きましたが、ありがたいことにそのほとんどは船旅でした。豪華客船での贅沢な旅はとても快適で、睡眠不足を解消するいい機会でもあったのです。現地での滞在先も、世界屈指の高級ホテルや、いずれ劣らぬ大邸宅ばかり。けれどもどんなにすばらしい豪邸でも、思わぬ事態が待ち受けていないとは限りません。たとえば一九三二年に、銀行家として有名なJ・P・モルガンのトーマス・ラモント氏のお屋敷に滞在したときのことです。わたしはすてきな部屋をあてがわれ、快適な一夜を過ごしたつもりでいました。そして翌朝、奥様のお世話をしていると、奥様がおっしゃったのです。「その腕はどうしたの、ローズ？」わたしの腕は虫刺されの跡だらけになっていました。

「どうやら蚊に食われたみたいです、奥様」

奥様はじっとわたしの腕のぼちぼちをごらんになり、次の瞬間、まるでわたしがペスト患者であるかのようにあとずさりました。「それは蚊じゃないわ。トコジラミにやられたのよ。いますぐハウスキーパーに会いに行きなさい。きっとベッドにトコジラミがいるんだわ」

そこでさっそくハウスキーパーに会いに行きましたが、相手の態度はなんとも不愉快なものでした。「きっとあんたが船から持ちこんだんでしょうよ」と言うのです。そんな言い分を受けいれるわけにはいきません。

「レディ・アスターはトコジラミのいる船になどお乗りになりませんよ。お宅のベッドがトコジラミだらけなのに決まってます。行って確かめようじゃありませんか」

二人で行って調べてみると、奥様のおっしゃったとおりでした。マットレスにはトコジラミがうようよしていたのです。わたしは戻ってご報告しました。「先方は部屋を変えると言っていますが、お差し支えなければアーサー・ブッシェルのいるウェストベリー・ホテルに移らせていただきたいんです。ほら、古いことわざがあるじゃありませんか、〝一度嚙まれりゃ二度目は用心〟って」

すると奥様は笑いだし、希望どおりにさせてくださいました。この一件はとんでもない大騒ぎになりました。わたしはラモント夫人からじきじきにお詫びの言葉をいただき、ハウスメイドは馘になったのです。ホテルに移ったその晩は、すべての衣類をバルコニーに出しておきました。凍てつく寒さが、服のなかにひそんでいるかもしれない害虫を退治してくれるだろうと思ったのです。トコジラミにお目にかかったのはこのときがはじめてで、ありがたいことに、それきり二度と目にしていません。トコジラミの厄介なところは、この害虫の名を聞いただけで体がかゆくなる人が少なくないことです。ラモント家での残りの滞在期間中、わたしは奥様が体を掻いているところを何度も目にしました。ラモント邸をあとにしたときは、奥様も旦那様もほっとされたに違いありません。

アメリカ旅行のいただけない点のひとつは、どこに行っても奥様が公の場での演説を求められることでした。ときには演説するのが旅行の目的ということもあったのでしょう。困ったことに、奥様はこれっぽっちも歯に衣を着せようとせず、ここぞとばかりに政府や一部の国民、たとえばアイルランド人やカトリック教徒を批判しました。もちろん、強いお酒が必ず槍玉に挙がったことは言うまでもありません。言論の自由は大いに結構ですが、書く自由というのもあるわけで、新聞各紙はそれを最大限に活用しました。それに加えて、演説の翌日には悪口雑言を書き連ねた手紙が奥様宛にどっさり届くのです。その種の手紙を普通の郵便物と別にして目を通し、なかでもとくにひどいものの一部を奥様に読んで聞かせるのは、わたしの仕事でした。そんな恐ろしいことを書く人間がいると思うと動揺せずにいられませんでしたが、奥様はただ笑うだけでした。「わたしよりおまえのほうが気に病んでいるようね」

ウィシー様も坊ちゃま方もお小さいときから旅行をされていて、最初のころの行き先はおもにヨーロッパでした。ご一家は毎年スイスでウィンター・スポーツを楽しむほか、南フランスとイタリアにも毎年滞在されていたのです。ジェイキー様の大陸旅行初体験はわたしがはじめて奥様のお供をしたときと重なったため、二人でいっしょに過ごすことが多かったのですが、ジェイキー様はそれは面白い坊ちゃんでした。お小さいころから愉快で頭の回転が速く、それでいて、こまっしゃくれてはいないのです。そしてジェイキー様は、お母様と一戦交えるのがお好きでした。いつだったかイタリアのブリオーニで、ジェイキー様と二人でレンタサイクルで観光してまわったことがあります。わたしは地元の人間になりすまそうと、ベレー帽を買いました。わたしがその帽子をかぶっているのをごらんになると、奥様は金切り声でおっしゃいました。「さっさと脱ぎなさい。そんなものを頭に載せているメイドに用はないわよ」わたしはいささか恥じいって、帽子を脱ぎました。「いいからかぶりなよ、ローズ。ぼくはその帽子、好きだもん」ジェイキー様がおっしゃいました。「いっしょに出かけるのはぼくなんだから、大事なのはぼくの意見のはずだよ。あとでその帽子をかぶってるところを写真にとって、焼き増しをあげるよ。母さんにもね」

いつものことながら、奥様はだれかが勇敢にご自分に立ち向かってきたことに気をよくされました。そこで大声で笑い、わたしたち二人だけでなくベレー帽にも祝福の言葉をかけて、送りだしてくださったのです。

一九三〇年代にした旅行のなかに、一生忘れられそうにないものがひとつあります。それは奥様がイスタンブールで開かれる女性たちの国際会議に参加するための旅で、作家のデイム〔男性のサーに相当する女性の敬称〕・イーディス・リトルトンが同行されることになっていました。さて、わたしは奥様を忘れっぽい方だと思っていましたが、いわゆるインテリ女性の忘れっぽさは、どうやらそれ以上のようです。わたしたちはヴィクトリア駅で列車に乗りこみました。目的地までは三泊二日の行程で、わたしは平穏で興味深いひとときを過ごせるのを楽しみにしていました。しばらくはすべてが順調でした。ところがドーヴァーに到着してお二人を迎えに行くと、車室は大騒ぎになっていました。デイム・イーディスの荷物がすべて開けられ、持ち物がいたるところに散らばっています。パスポートをなくしたというのです。

一応わたしも探すのを手伝いましたが、見つかりっこないのはわかっていました。パスポートはなくしたのではなく、単に持ってくるのを忘れたのに決まっています。わたしたちはついにあきらめて荷物をまとめ、奥様が少しばかりコネにものを言わせ、何枚かの一ポンド札を上手に使った結果、パリのイギリス大使館で仮のパスポートを発行してもらうよう指示されて、三人とも乗船を許可されました。パリの北駅に着くと、奥様とデイム・イーディスは手続きのために大使館に向かい、そのあいだにわたしはリヨン駅に荷物を運びました。お二人が戻られたときには、発車時刻まであまり時間がなくなっていました。改札口に着くと、奥様がおっしゃいました。「切符はあなたがお持ちだったわよね、イーディス？」

「ああ、そうだったわ」デイム・イーディスが答え、ハンドバッグのなかをかきまわしました。〝だめだ、こりゃ〟わたしは思い、気が滅入るのを感じました。いやな予感は的中しました。

「いったいなんだってあの方に切符を渡したんです？」わたしは憤然とささやきました。

「おだまり、ローズ」というのが奥様の自己弁護でした。

わたしたちは途方に暮れました。すでに発車時刻は目前に迫り、何か手を打とうにも時間がありません。すると突然、だれかが大声で「レディ・アスター、レディ・アスター」と叫びながら駆け寄ってきました。それは大使館の使いの人で、手には切符を持っていました。デイム・イーディスが受けとろうとしましたが、わたしが一歩先んじました。「いいえ。今後はこれはわたしが管理させていただきます」わたしは言い、奥様も賛成されました。

イスタンブールに着いたときには三人とも疲れはて、デイム・イーディスはほとんど一文なしになっていました。国境を通過するたびに仮のパスポートが問題になったうえ、ビザをとるのにお金がどっさりかかったのです。奥様がどんどん不機嫌になっていくのを、わたしは意地の悪い喜びとともに見守っていました。たいていのことはわたしに任せておけばよかったいままでの旅で、ご自分がいかに楽をしていたか、これでおわかりになるだろうと思ったのです。

イスタンブールのホテルはそこそこ快適そうでしたが、案内された奥様のお部屋では恐ろしい衝撃が待ち受けていました。いつものように緊急避難路を確認しておこうと窓に近づいて外をのぞくと、下にはごみの山があり、猫がうじゃうじゃ集まっていたのです。これが奥様の目に触れたらひと騒動起きることは確実で、それは勘弁してほしい気分でした。わたしはカーテンを閉めました。

「どうしてカーテンを閉めるの、ローズ?」

「すぐにお風呂になさりたいだろうと思いまして」わたしは言い、浴槽にお湯を満たしはじめました。入浴と着替えでいくらか時間を稼げましたが、単に問題を先送りしているだけではないかという不安は消えません。奥様が窓の下のありさまをごらんになったら最後、すぐさま荷造りをして別のホテルを探すはめになるのは目に見えています。奥様を廊下に誘導し、昼食に送りだすと、わたしは急いで部屋にとって返し、ひょいと窓の外をのぞきました。するとどうでしょう、猫もごみも跡形もなく消えているではありませんか。

奥様とデイム・イーディスは連日会議に出席し、話をしたり聞いたりするのにお忙しく、わたしは昼間はほとんど毎日自由に過ごすことができました。そのうちの一日を過ごしたスルタンの宮殿で見た宝物の数々は、幼いころ空想したアラジンの洞窟を思いださせました。ほかにも金角湾に行って対岸をながめたり、トルコ風のコーヒーを飲んだり、あちこちのモスクを訪れたり。モスクに入るときは靴を脱ぎ、入り口で渡される小さなつっかけに履き替えるのです。そんな土産話の数々が、デイム・イーディスを刺激したに違いありません。帰国の途につくはずの日の前夜、デイム・イーディスは忽然と姿を消したのです。わたしたちがそれに気づいたのは、夜の十時半のことでした。

「あの人は暗くなってからひとりで外出したことは一度もないのよ」奥様はおっしゃいました。けれどもポーターに確かめると、デイム・イーディスは間違いなく夜になってから外出されていました。「いっしょに探しに行かないと」

考えただけでげっそりしましたが、そうするしかありません。わたしたちは足どりも重く出発しました。夜の街路はなぜか昼間とは様子が違って見え、男たちの顔に浮かぶ表情も悪漢めいたものに感じられます。

「ひょっとしたら、どこかのハーレムに売るためにさらわれたのかも」そんな言い方で、思いきって胸のなかの不安を声に出してみました。

そのひとことは大いに奥様を喜ばせ、それから捜索が終わるまで、奥様はずっと笑いどおしでした。奇跡的にも、わたしたちは家々を見あげながら横丁をうろついていたデイム・イーディスを発見しました。デイム・イーディスは、わたしたちに迷惑をかけたことなど気にするふうもありません。「このあたりの住環境ときたらひどいものよ、ナンシー。おかげで勇気づけられるわ。イギリスのスラムはわたしたちが考えているよりずっとましだと思えてくるもの」

奥様とわたしはデイム・イーディスを急きたててホテルに戻り、翌日、列車に乗せて送りだすと、ほっと安堵の吐息を漏らしました。わたしたちは滞在期間を二日延ばしたのです。観光したいというのが表向きの理由でしたが、列車が駅から出ていったときに奥様がおっしゃったとおり、「帰りもいっしょだなんて、たまったものじゃないわ。もうたくさん」だったのです。

一九三六年には、奥様とわたしがアメリカから帰国してじきに、マリー王妃のご招待でアスター卿ご夫妻がユーゴスラヴィアを訪問されることになり、アーサー・ブッシェルとわたしがお供をしました。大陸に渡る船にはケント公ご夫妻もお乗りになっていて、わたしたちは妃殿下のお付きメイドや随行の刑事と親しくなりました。両殿下の行き先も同じユーゴスラヴィアですが、そこまでのルートは違っていました。こちらはまたもや延々と列車に揺られていくのです。わたしはもう列車での長旅にすっかり慣れ、少しばかりうんざりするようになってきていました。

ベオグラードでは何人かの外交官と何台もの車、そして大勢の兵士に出迎えられました。アーサーとわたしは奥様たちとは別のリムジンをあてがわれ、前の座席には運転手と警護の将校が乗っていました。芝居っ気を出したアーサーは、まるで王族のようにふるまいだしました。

「のうローズ、わが王妃よ。この車はあのやくざな牛乳配達車よりも上等じゃな」わたしがけたたましい笑い声をあげると、それでぎょっとしたらしく、警護の将校は、アーサーがわたしを始末する気ではないかと疑っているような目を向けてきました。車はベオグラード郊外の宮殿に到着し、アーサーとわたしはそれぞれコテージ内の一室をあてがわれました。宮殿の周囲に広がる庭園は、どれもそれまで見たなかでも屈指の美しさながら、庭師たちが兵士の監視下で作業をしているのがちょっと異様に感じられました。暗くなるとすぐ、わたしたちは宿舎から出ることを禁じられました。日が落ちてから敷地内に出た者はだれであろうと射殺される。そう告げられてふるえあがったわたしは、窓に近寄りさえしませんでした。宮殿に行くときに使う地下の通路にも、曲がり角ごとに銃剣を持った兵士が立っていて、その不気味なことといったらありません。

使用人は男女別々に食事をとり、それ以外のときも男女がいっしょになることはほとんどなかったようです。ここにはふた晩滞在しましたが、どちらの晩にも英語の映画の上映会がありました。使用人は一階席をあてがわれ、全員が黒い服と白手袋の着用を義務づけられました。王族方、名士の方々の席は二階です。わたしたちが訪問したときは、ずいぶん大勢のお偉方が集まっていました。ルーマニアのマリー皇太后、ユーゴスラヴィア王妃、ドイツのお姫様、ケント公ご夫妻、パヴレ王子とオルガ妃、ギリシアのニコラオス王子、そしてもちろん、わがアスター卿ご夫妻。お歴々が入ってくると、わたしたちは起立を命じられ、まわれ右して深々とお辞儀をしました。頭を上げながらちらりと見ると、奥様は顔の筋ひとつ動かさずに派手なウインクを投げてよこしました。上映作品はハロルド・ロイド主演の喜劇映画『ロイドの牛乳屋』で、こんな堅苦しいやり方で鑑賞するにはなんて不似合いな映画だろうと思ったのを覚えています。その翌日、アーサーとわたしは宮殿のハウスキーパーにベオグラード観光に連れだされました。警護役の軍人が同行したことは言うまでもありません。夜になると前夜とまったく同じ手順が繰り返され、あげくにまたしても映画鑑賞。いくら贅沢な暮らしでも、あれではさぞかし退屈したことでしょう。

ベオグラードからブダペストに行き、マリア・テレジアの宮殿の向かい側にあるドナウ河畔のホテルに投宿しました。これは美しいホテルで、何週間でも滞在したいところでしたが、まだほかにも訪問すべき王族方がいらっしゃいました。ウィーン近郊にあるシュロス・ゾンネベルクにお住まいの、ルーマニアのイレアナ王女とハプスブルク家のアントン大公のご夫婦です。お城はそれなりに快適で、やはり美しい敷地と庭園に囲まれていましたが、アーサーとわたしにとっては、旦那様と奥様のお部屋の掃除をしなくてはならないのがちょっぴり不満でした。不思議なことに、わたしたち自身の部屋はちゃんと掃除してもらえるのです。たぶん儀礼上のしきたりか何かの関係だったのでしょう。大公は飛行機がご趣味で、技術者としての能力で選んだのではないかと思われる従僕と二人で、日中はほとんどずっと敷地内にある飛行場で飛行機いじりをされていたようです。この皇子様と奥様のあいだで会話がはずんだとは思えません。最後にウィーンのホテル・ブリストルで楽しい数日間を過ごして、旅は終了しました。

この年の奥様はひとつところにじっとしていられないご気分だったらしく、帰国後ほとんど間を置かずに、わたしたちはフランス南西部の保養地ビアリッツに向かいました。七月にはパリに移動して、オテル・ジョルジュ・サンクに投宿。奥様はカナダ政府の招待で、エドワード八世によるヴィミー・リッジ〔フランス北部、アラスの北にある第一次世界大戦の激戦地〕の戦没者記念碑の除幕式に出席されたのです。パリ滞在はほんの数日間の予定ながら、わたしがすべき仕事の量は半端なものではありませんでした。ありとあらゆる種類のパーティーに対応できるように大量の衣装を用意し、もちろん高価な宝石類もどっさり持っていかなくてはならなかったからです。わたし自身はずっとホテルで待機するものと思っていたので、自分の服のことはまったく考えていませんでした。

式典の朝になり、お支度がすんだところで、奥様がおっしゃいました。「さあ、おまえも着替えておいで、ローズ」

「なんのためにですか、奥様？」わたしは尋ねました。

「いっしょに式典に出るために決まっているじゃないの」

決まっていると言われても、わたしにとっては、これは完全に予想外の展開です。わたしはそう申しあげました。「それに、どのみち着るものがありませんし」

「帽子をかぶってコートを着なさい。どうせそれ以外は何も見えやしないわ」奥様はおっしゃり、わたしたちは出発しました。

さて、奥様はどういうわけかホテルの金庫に不信感をお持ちで、宝石類を預けることは絶対に許してくださいませんでした。「おまえが持っていたほうが安全だわ」つねづねそうおっしゃっていて、このときも宝石類はわたしが持って出かけました。「わたしのダイヤはどこにあるの、なんて質問なさらないでくださいよ、奥様。わたしのハンドバッグのなかにあるんですから」アラスに向かう列車のなかで、わたしはそう釘を刺しました。人込みのなかでバッグをひったくられる光景が何度となく脳裏をよぎりましたが、それは無用の心配でした。奥様はわたしも桟敷に連れてあがってくださったのです。桟敷からは式典の様子が手にとるように見え、居心地も満点でした。ホテルに戻ってレディ・ビングのメイドに除幕式の様子を話したところ、相手はかんかんになりました。彼女は桟敷どころか、あの人込みのなかにさえいなかったのです。なんでもビング卿はヴィミー・リッジで部隊を率いていらしたとかで、式典出席の優先順位は自分のほうが上だというのです。たぶんそのとおりなのでしょうが、そのとき本人にも言ってやったように、レディ・ビングが彼女をお連れにならなかったのは、わたしのせいではありません。

奥様の気前のよさとお心遣いは、ある意味では報われたといっていいでしょう。奥様が晩年を迎えられてから、わたしたちはかつてともに経験した興味深い出来事、幸せな出来事、笑える出来事の数々について語りあうことができたのですから。もちろん当時の奥様が、そこまで考えていらしたはずはありません。人間はみな、自分が年老いたときのことなど本気で考えたりはしないものですし、とくに奥様は、間違ってもそんなことをする方ではなかったからです。

九月にはまたアメリカに行きました。わたしがウォルドーフ・アストリア・ホテルに泊まったのは、このときが最初で最後です。アスター卿ご夫妻がこのホテルのかつての持ち主で、ここに泊まれば料金をいっさい払わずにすむことを思えば、これはいささか奇妙に思えるかもしれません。けれども本当のお金持ちにとっては、ときとしてお金はどうでもいいものになるのです。自分たちの幸福と快適さのためならもちろん、奥様のように気前のいい方は、すぐ身近にいる人間のための出費も惜しみませんでした。わたしが旅行にお供した場合、奥様がわたしのためにお使いになるお金は、たぶん一週間分でわたしの年給の倍ほどの金額になったのではないかと思います。それでいて、わたしがほんの何ポンドかの昇給をお願いしようものなら、とたんに疑り深いけちん坊になるのですから、わけがわかりません。わたしは早々に理解しようとするのをあきらめました。前にも言いましたが、奥様は現金はほとんど持ち歩きませんでした。その必要がなかったのです。

アーサー・ブッシェルとわたしは、ウォルドーフ滞在を大いに楽しみました。二人とも旦那様や奥様と同じＶＩＰ待遇を受けていたのです。けれどもホテルを離れるのを残念には思いませんでした。西インド諸島のバミューダへのはじめての旅を楽しみにしていたからです。クイーン・オブ・バミューダ号は快適で頑丈そうな船で、わたしたちは船上で催される感謝祭パーティーをとりわけ楽しみにしていました。アーサーは感謝祭特別サービスでわたしの船室に朝のお茶を届けると約束してくれました。ところが朝になっても、アーサーはいっこうに姿を見せません。その理由はすぐに明らかになりました。起きあがろうとしたとたんに船室じゅうを転げまわるはめになったのです。やっとのことでたどりついたアーサーの船室では、部屋の主が荒れた海よりもひどいありさまで洗面器の上にかがみこみ、せっせと胃袋の中身をぶちまけていました。

わたしはよろめきながら奥様の船室に向かい、奥様と旦那様にコーヒーをお持ちしようとしましたが、どうにもなりませんでした。アメリカに最初に入植した清教徒たちのように、だれもがひたすら無事に陸地にたどりつけることを祈って一日を過ごしました。ただしアーサーだけは違います。のちに本人が語ったところによると、いますぐ楽に死なせてほしいと祈っていたというのですから！　嵐は夜のうちにやみ、わたしたちは翌日に七面鳥にありつきましたが、一日遅れの感謝祭ではあまり気分が出ませんでした。

一九三六年のバミューダはまさに楽園でした。当時はまだあまり開発が進んでいなかったのです。わたしたちはヴィンセント・アスター氏のお屋敷に滞在し、最高に楽しい田舎での休暇としか表現しようのないひとときを過ごしました。アーサーとわたしは仕事がないときは自転車であちこちを見てまわったうえ、プールとテニスコートも使っていいことになっていたのです。堅苦しいことはすべて抜き。いえ、この言い方は正確ではありません。アーサーはここで、旦那様の身のまわりのお世話をするのに加えて、執事役も務めることになっていたのですから。最初の晩、燕尾服に糊の効いたシャツ、正装用のカラーを身につけたアーサーが、仕上がりを見せに来ました。「なあ、どうしたらいいと思う、ローズ?」そう言ったアーサーは、見るも哀れでした。まるっきりプールに落ちたとしか思えないその姿。シャツの胸の部分は形がくずれ、カラーは水でふやけた紙のよう。全身汗でぐしょ濡れです。

笑ったりしてはいけなかったのでしょうが、わたしは思わず「ノエル・カワードの歌そのものじゃない。狂犬とイギリス人は炎天の暑さもなんのその」と叫びました。その声を聞きつけた奥様が駆けこんできて、こちらもたちまち笑いくずれました。かわいそうなアーサー! わたしだけならともかく、奥様がいらしては、わたしをとっちめることもできず、やり場のない怒りで顔がどんどん赤くなっていきました。アーサーはその夜は上着なしで給仕を務めるよう指示され、翌日からは薄手のタキシードと糊づけしていないシャツを身につけることになりました。ほかにも何度かあったことですが、この旅は突然打ち切られました。ブランド夫人のご子息で奥様の甥に当たるウィンキー様が、ニューヨークのホテルの窓から転落死されたのです。

その年の十二月にエドワード八世が退位されたときも、わたしたちはアメリカにいました。奥様はもちろん、当時はスキャンダルと見なされていた王様の恋については最初からご存じで、皇太子時代からシンプソン夫人との結婚を思いとどまらせようとしていました。奥様のそんな態度は、わたしにはある意味で理解しがたいものでした。奥様はショー氏と離婚し、再婚してイギリス貴族の仲間入りをされた方です。それでいてシンプソン夫人という、ご自分と同じ離婚経験のあるアメリカ人女性が王妃になることに、猛反対されていたのですから。退位のニュースをお知らせすると、奥様はひどく動揺されました。わたしは新聞の売り子が通りでそう叫んでいるのを聞いたのです。奥様は涙にくれましたが、やがてほとぼりが冷めてからは、王族のなかでとくに親しくされていたヨーク公ご夫妻が王位を継承されたことに、多少なりとも心を慰められたに違いありません。

一九三六年ほどせっせと旅行をしまくった年はたぶんほかにはないと思いますが、翌年から開戦までの二年半も、旅行のパターンはほとんど変わっていません。つまりサンモリッツと南フランス、ビアリッツは定期的に訪れ、ときどき思いだしたようにアメリカへ。フロリダ州の保養地パームビーチでは、富豪たちの楽園と呼ばれるブレーカーズ・ホテルに滞在しましたが、それはひと晩だけのことでした。到着した翌朝、奥様が水着の上にショールをはおっただけの姿でホテル内を歩いていていて、ホテルの人に注意されたからです。わたしたちはすぐさま荷物をまとめてデルレイ・ビーチ・ホテルに移るはめになりました。このホテルの客室のドアは、馬の運搬車を思わせました。上にも下にも隙間があるのです。アーサーはパームビーチを頭からばかにしていましたし、わたしもあそこは好きになれませんでした。さんざん砂蝿に刺され、痛みが引くまでかなり長いあいだ、お湯とエプソム塩を満たした浴槽に足を浸しているはめになったからです。おまけに歯が痛くなり、治療で猛烈に痛い思いをさせられて、もう少しで歯医者をのしてしまうところでした。パームビーチを離れたときは、だれもが喜んだのではないでしょうか。

これはまた別の旅行のときの話ですが――このころにはアメリカ国内の移動には飛行機を使うよ

うになっていました——乗った飛行機の針路が変更になり、ジョージア州のサヴァンナに立ち寄ったことがあります。待ち時間がかなりあったので、奥様は車を雇い、わたしたちは町のなかを見てまわりました。通りにごみがあふれているのを見てうんざりした奥様は、どうやってか新聞記者を捕まえました。そしてその記者に、サヴァンナは〝汚れた顔の美女〟だとおっしゃったのです。どうやらその発言は翌日の新聞の見出しを飾ったらしく、二十四時間後には町はすっかりきれいになっていました。ときにはこんなふうに、レディ・アスターの歯に衣着せない発言の真意が正しく受けとられることもあったのです。

この旅行から帰国してじきに、わたしは奥様のお供でフリートのマイルドメイ卿のお宅に滞在しました。奥様以外の滞在客は、メアリー皇太后、レディ・シンシア・コルヴィル、レディ・ランズダウン、レディ・フォーテスキュー、プランケット＝アーンリ＝アール＝ドラックス提督ご夫妻、サー・レジナルド・シーモア、サー・レイモンド・グリーン、マウント・エッジカム卿などなど。従僕のひとりが、「悪くない顔ぶれだな。サラブレッドがかなり大勢混じってる」と言っていたのを覚えています。メアリー皇太后がいかにすばらしい方かにわたしが気づいたのは、この訪問のときでした。皇太后が晩餐のために階段をおりてこられたときのことです。示しあわせたわけではないのですが、スタッフはみな皇太后のお姿をひと目見ようと集まっていました。皇太后はそれに気づかれたらしく、ぴたりと足を止めると、わたしたち全員をご自分の視界に迎えいれるかのように、お体をほんの少し左右に動かされたのです。そのお姿からはお人柄のあたたかさが直接伝わってくるようにさえ感じられ、口元に浮かべられた笑みは、その後長いあいだ記憶に残っていました。それでいて、すべては無意識になさったことらしく、芝居がかったところはみじんもないのです。わたしが間近に接したことのある貴婦人のなかで、あれほど圧倒的な存在感と、威厳に満ちたオーラを感じさせたのは、メアリー皇太后ただおひとりです。

奥様がしじゅう予想外のことをする方だったことにはすでに触れましたが、旦那様も一度、奥様のお株を奪う思いがけない行動をとられたことがあります。例の女性会議が今度はコペンハーゲンであり、奥様は飛行機で現地に向かわれることになっていました。ご出発の朝、奥様の荷物を詰めおわったとき、アーサー・ブッシェルがわたしの部屋に入ってきて言いました。「旦那様がきみによろしくってさ。奥様のお供でコペンハーゲンに行ってほしいとの仰せだ」

どうせまたいつものおふざけだろうと思ったわたしは、選びぬいた言葉でぴしりとそう言ってやりました。するとアーサーは飛行機のチケットを渡してよこしたではありませんか。準備時間はたったの三十分。とにかくひどく急な話で、あわただしく旅じたくを整えながらも、わたしはずっと頭の片隅で、あることをしなくてはならないと考えていました。クロイドン空港に着くと、わたしは時間を見つけて用件をすませました。このときの旅は楽しく、お察しのとおり問題は何ひとつ起きませんでした。帰国した翌日か翌々日になって、何かの書類に目を通していた奥様が、いきなりおっしゃいました。「ちょっとローズ、おまえの保険料として二四シリング払ったことになっているわ。これはいったいどういうことなの？」

「それは奥様」わたしは申しあげました。「ちゃんとした理由があってしたことです。いまやわたしも責任のある身ですから」

この発言は奥様を驚かせました。「責任って、おまえにいったいどんな責任があるっていうの？」

そうおっしゃると、奥様は笑いだしました。

「笑い事じゃありません。わたしはいまや資産家なんです。奥様と同じように」わたしは言い、母が妹たちの近くで余生を過ごせるよう、ウォルトン・オン・テムズに平屋の家を買ったばかりだということ、まだローンが残っているので、わたしの身に何かあってもローンを完済できるようにしておきたかったことをご説明しました。話しているうちに奥様のご様子が変わりました。その家を買ったのが奥様のためだったとしても、あれほどお喜びにはならなかったでしょう。奥様はわたしの体に腕をまわし、わたしの身に万一のことがあったら母の面倒は見ると約束してくださいました。おかげでそれ以降は、保険のことはいっさい心配せずにすみました。

戦争が始まると、旅行どころではなくなりました。それを残念に思っていらしたとしても、奥様はわたしには何もおっしゃいませんでした。故郷アメリカが恋しかったとしても、大勢の同国人がこちらに来ていること、ご自分が彼らの役に立てることに慰めを見いだしていらしたのではないかと思います。けれども平和が戻ると、奥様はさっそくアメリカに行きたがりました。とにかく一刻も早くということで、バナナ運搬船に乗っていくことになったほどです。これは冗談でも言葉の綾でもありません。問題の船はファイフ社のバナナ運搬船で、船名はエロス号。もっとも、わたしには愛《エロス》とバナナにどんな関係があるのかわからず、乗船した際にその疑問を口にしています。

ティルベリーを出航して七日後にニューヨークに到着する予定が、実際には十四日かかりました。沈没以外のありとあらゆる災難に見舞われたにもかかわらず、わたしたち一行のだれにとっても、あれほど幸せな船旅はなかったと思います。出だしは順調とはいえませんでした。奥様は卵を三ダース持っていくべきだと言い張り、わたしはそれをシェフに届けに行かされました。シェフはちっともありがたそうな顔をしませんでした。「卵なら冷蔵庫に三千個入ってる。間に合ってるから、だれだか知らんが、そいつを持たせてよこした人間のところに持って帰るんだな」

わたしは卵を持たせてよこしたのはレディ・アスターだと説明しました。その名前を聞くなり、シェフの顔に険悪な表情が浮かびましたが、彼はそれについては何も言いませんでした。「いいから持って帰んな」

「だったら卵は家に戻したほうがいいわね」船室に戻ってご報告すると、奥様はおっしゃいました。「あちらでは卵が必要だもの」

海峡の真ん中で、これはまたなんとばかげた言い草でしょう。

「どうしろとおっしゃるんです、お屋敷まで放り投げろとでも?」

「おだまり、ローズ。もう一度シェフのところに持っていきなさい。何かしら使い道があるはずよ」そこで、わたしはまた調理場におりていきました。

「おや、またあんたか。今度はなんだ?」シェフはしぶしぶ卵を受けとりました。「こいつをお宅のレディ・アスターに投げつけてやりたいね。なんたって戦争中におれたちのラムの配給を停止させようとした張本人だ」

「そうなの?」

「ああ、そうとも」

「でも、わたしには関係ないことだから」わたしは答えました。「奥様にお話しして、ここまで申し開きをしに来ていただくわ」

「そんなことをしたら、おれは何をするかわからんぞ」

気持ちはわかりました。シェフは大酒飲みと相場が決まっています。そうでもしないと正気を保てないのでしょう。

シェフの言葉をお伝えすると、奥様は「それはぜひ会いに行かないと」とおっしゃり、実際にそうなさいました。

そこでどんなやりとりがあったのか知りませんが、その晩、わたしが調理場に湯たんぽを満たしに行くと、シェフは言いました。「いやはや、大したご婦人だな、お宅のレディ・アスターは。あれほどのご婦人はめったにいない」そして航海中、シェフはずっと奥様を褒めそやしつづけました。船長以下の乗組員一同も同じです。それに実際、これ以上ないほどの悪天候のなか、旦那様と奥様はご立派にふるまわれました。何人かの乗客と対照的に、お二人とも褒め言葉は口にしても、苦情はいっさいおっしゃらなかったのですから。

ようやくニューヨークに入港すると、わたしたちは真っ先に下船しました。アスター卿ご夫妻は税関の検査を免除されたからです。タラップをおりる段になってふりむくと、最上甲板に正装に身を包んだ乗組員がずらりと並んでいて、「彼女はとってもいいやつだから……」と歌いだしました。陸に着き、向き直って彼らに手をふった奥様は、目を真っ赤に泣きはらしていました。奥様にとって、それはすばらしい瞬間でした。故国の土を踏むのは六年ぶりでしたから、なおさらです。

宿泊先はリッツ・カールトン。アスター卿ご夫妻のホテルです。わたしたちはみな、すべてにおいて最高のものを与えられました。わたしがあんなすばらしい部屋に泊まったのは、あとにも先にもこのときだけです。奥様のスイートルームはまるで花屋のようでした。お友達全員から花が届けられたに違いありません。果物も届いていて、そのなかに見事なバナナがひと房ありました。わたしにとっては五年ぶりに目にするバナナでした。エロス号はバナナ運搬船とはいえ、アメリカに来たのはバナナを積みこむためで、届けるためではなかったからです。一本つまみ食いしていたら奥様に見つかって、お詫びしようとすると、奥様は「それは房ごと全部おまえにあげるわ」とおっしゃいました。それくらい舞いあがっていらしたのです。

まさに千客万来で、奥様も旦那様も大忙しでしたが、それでもエロス号の乗組員のことは忘れませんでした。それから二日後、旦那様はホテル・アスターで乗組員のための昼食会を催されたのです。だれもが出席しました。わたしの隣にすわったのは、わたしたちを担当したスチュワードのジョンと例のシェフ。二人とも大いに楽しんでいました。どうやらシェフは少しばかりわたしがお気に召したらしく、翌晩デートしようと誘われました。そのときは別に問題はないだろうと思って承知したのですが、翌日になって気が変わりました。ところが奥様がそれを知って、なんとしても行くべきだと言い張られたのです。結果的には、わたしたちは楽しいひとときを過ごしました。もっとも、それも真夜中のナイトクラブでふとわれに返るまでのこと。目の前では、明日にでもレディ・アスターの禁酒令が出ると思っているかのような勢いで、シェフがラム酒のコカコーラ割りをがぶ飲みしています。これ以上はつきあいきれないと思ったわたしは、口実を作って正気の世界に戻りました。

それから二週間ほどして、わたしたちはフロリダに行きました。アスター卿ご夫妻の友人で銀行家のクラレンス・ディロン氏に、自家用ヨットでのクルージングに招待されたのです。わたしはあまり気乗りがしませんでした。小さい船は苦手だったからです。小さい船！　問題のヨットはクイーン・メリー号そこのけでした。贅沢三昧をしながらマイアミからフロリダ半島の東海岸を北上し、川をさかのぼって内陸のオキーチョビー湖に到達すると、そのまま西海岸に出て南岸沖のキーウェストまで南下し、ふたたび北上して出発地のマイアミへ。贅沢なクルーズは、戦争中のイギリスでの窮乏生活を十二分に埋めあわせてくれました。フロリダを離れたわたしたちが、まだ贅沢をし足りないかのように向かった先は、これまた富豪の楽園のひとつに数えられるサウス・カロライナ。滞在したのはトーマス・ラモント氏のお屋敷で、ここには大きな椿の茂みに囲まれた私有のゴルフ場があり、腕のいいノルウェー人シェフがひと味違った料理を提供してくれました。レディ・

アスターの姪のお嬢さんに当たる、ミス・エリザベス・ウィンもわたしたちと合流し、このとき育まれた彼女との友情は、いまでも続いています。わたしたちはよく一八マイルほど離れたチャールストンに行き、ずっとご馳走続きなのでたまには目先を変えようと、お昼はいつもウールワースで簡単にすませたのですが、それがまたとてもおいしく感じられました。

サウス・カロライナの次は、ワシントンにあるウィリアム・ブリット氏のお屋敷へ。ここのスタッフはみな、ブリット氏が大使としてパリに赴任中に採用されたフランス人でした。ここでもスタッフを含めたすべての人間に豪勢な食事とふんだんなワインがふるまわれました。ブリット氏は奥様のアルコール嫌いをご存じで、そのことでしじゅう奥様をからかっていました。ある晩、奥様のお部屋を訪ねてこられたブリット氏は、わたしがいるのを見ておっしゃいました。「ああ、ローズ、喜んでくれ。いつものように枕元にウイスキーのボトルを置いておいたよ」わたしは膝を折ってお辞儀をしてから丁重にお礼を申しあげ、奥様はふんと鼻を鳴らされました。

ワシントンからニューヨークのリッツ・カールトンに戻り、クイーン・メリー号で帰国。戦争中は軍の輸送船として使われていたクイーン・メリー号は、まだ完全には改装されていなかったものの十分に快適でした。アーサー・ブッシェルとわたしがホテルを出る前になって、支配人が会いたいと言ってきました。しきりに礼の言葉を述べる相手に、わたしたちはその理由を尋ねました。「お二人のおかげでご滞在中なんの苦情もなく、ただひとことの批判のお言葉もありませんでした。感謝の印に船室にささやかな品を届けさせましたので、ご笑納ください」

わたしたちは自分の務めを果たしただけで、すべては支配人のお手柄だと言っても、相手はそんなことはないと言って聞きません。そんなわけで、何はともあれめでたいことだと互いに健闘を称えあい、わたしたちは船に向かいました。支配人の言葉に嘘はありませんでした。果物籠と食料品の大きな包みが、それぞれの船室でわたしたちを待っていたのです。舷側にたたずんでニューヨークに別れの手をふりながら、アーサーがぽつりと言いました。「まったくつまらない仕事だよな、お屋敷奉公なんてものはさ。なあ、ローズ?」

一九四七年には、わたしたちはふたたび大陸を訪れ、戦争中の苦しみや迫害について、いくつもの痛ましい話に耳を傾けました。また、この年の終わりに、旦那様はトーマス・ハーディーという人からアリゾナ州のトゥーソンにある家を借り、わたしたちはそこで本格的に人種問題に悩まされることになりました。この家は黒人料理人のバーディー込みで貸しだされたのですが、このバーディーが、旦那様と奥様の食事を作るのはともかく、アーサーとわたしのために料理をするのはいやだと言ったのです。そこでわたしたちは、家の向かいにあるアリゾナ・インという宿屋で食事をすることになりました。おまけにアーサーには寝る場所さえありませんでした。黒人用の使用人部屋を使わせてもらえず、宿屋の二階に部屋をとるはめになったのです。なんともややこしい話で、わたしはこのとき、人種問題は主人よりも使用人にとってのほうが厄介だと感想を述べたことを覚えています。それはともかく、わたしはじきに、このまま三度三度外食をしていたら身がもたないと思うようになりました。なにしろ食事に行くたびに服を着替え、戻ってくるとまた着替えなくてはならないのです。アーサーも同じように感じていました。それに厨房でバーディーを手伝っても問題はないと思ったので、わたしたちはいつしかバーディーといっしょにお昼を食べるようになりました。いっしょといっても最初はテーブルは別々でしたが、そんなやり方はばかげています。そこで二回ほど別々のテーブルで食事をしたあと、テーブルに三人分の席を作ると、バーディーはいっしょに食卓についてくれました。そして最終的には、わたしたちは家を離れることなく三度の食事にありつけるようになりました。わたしたちだけでなく、バーディーも人種差別を憎んでいました。奥様はこのなりゆきがお気に召さず、口に出してそうおっしゃいました。

「奥様」わたしは答えました。「そんなふうにお考えになるのは、奥様がわたしとは違う育てられ方をしたからです。わたしは神の前では人間はみな平等だと教えられましたし、神様が満足されていることに、けちをつけるつもりはありません。これからも教えられたとおりに生きていくだけです」

神様を持ちだすと、奥様は必ず口をつぐみました。わたしが奥様の神を尊重していたように、奥様もわたしの神を尊重してくださっていたからです。このときも、奥様はそれ以上は何もおっしゃいませんでした。そして小型車を持っていたバーディーは、ついにはアーサーとわたしを自分の車に乗せて、あたり一帯の観光に連れだしてくれるまでになりました。わたしたちはすっかり仲よくなり、その後もしばらく文通をしていました。

アリゾナでは、一度トゥーソンにロデオ見物に行きました。うだるような暑さのなか、照りつける日ざしを浴びてちりちりに焼けた座席で、お尻が焦げそうになったのを覚えています。野生の裸馬が暴れまわる様子にはわくわくしましたが、カウボーイが投げ縄を使って牛を捕まえはじめ、窒息寸前になった牛が苦しむのを見ると、席を立ちたくなりました。奥様も同じお気持ちだったらしく、わたしたちは全員揃って帰宅しました。跳ねまわる野生馬の姿は、奥様によほど強い印象を与えたに違いありません。なぜならその翌日、曲芸をする馬を連れた男が訪ねてきたからです。男がありとあらゆる芸を披露したあとで、奥様はご自分も馬に乗ってみると言いだしました。男がやってみせた芸をひととおりなぞり、後ろ足で立ちあがった馬の背に懸命にしがみついている奥様を見て、わたしは心臓が口から飛びだしそうになりました。旦那様を見やると、奥様の身を案じて、お顔が土気色です。奥様は当時すでに七十歳間近。それでいて、若いころのお転婆ナンシーのようなまねをされたのです。度胸と勇気を、奥様は最後の最後まで持ちつづけられました。

アメリカ旅行には気候の急変がつきもので、まるで奥様のご気性のように、暑さと寒さがころころと入れ替わりました。陽光あふれるアリゾナを離れたわたしたちが次に向かったのはアイオワ州都デモイン。奥様はデモインで開かれる農場経営者の晩餐会に招待されていて、マーシャル将軍と奥様のスピーチが晩餐会の目玉になっていました。出発して四十八時間もしないうちに、あまりの寒さにわたしの耳はもげそうになっていました。これがあるから荷造りはひと筋縄ではいかないのです。春夏秋冬すべてに合う服を揃えておかなくてはならないのですから。この晩餐会は、主催者にとっては悪夢だったに違いありません。というのは、わたしたちの列車が雪だまりのなかで立ち往生して掘りだされるはめになる一方で、マーシャル将軍はテネシー州で洪水に足止めされ、スピーチをするはずの大物が、どちらも晩餐会に間に合わなかったのです。この大失敗のあと、あわただしくあちこちをまわり、ようやくニューヨークに戻って帰国しようとしたところに、奥様の妹でかねてから重病だったフリン夫人が危篤だという知らせ。トランクはすでに船に積みこまれていたため、おろさなくてなりません。わたしが神経衰弱でまいってしまい、丸一日寝こむはめになったのは、このときが最初で最後です。二週間後に、今度こそ本当に帰国の途についたときは、心の底からほっとしました。

それから一、二年ほどは、旅行のパターンはほとんど変わりませんでした。一九五二年九月の旦那様の死は、突然のことではなかったとはいえ、奥様にとっては大きな衝撃でした。爵位を継いだビリー様がクリヴデンの主人になられたことで生じた生活の変化も、お子様方の最大限の配慮にもかかわらず、奥様には受けいれがたいものだったようです。やがて奥様は、旅行が気分転換になることに気づかれ、翌年二月、わたしたちはまたしてもアメリカを訪れました。タフト上院議員が開いたパーティーの席で、奥様が赤狩りで有名なマッカーシー上院議員に対する人身攻撃をしたのは、このときのことです。奥様はこの席でマッカーシー議員に紹介されました。奥様はその瞬間を待っていらしたに違いありません。「何を飲んでいらっしゃるの？」と奥様。

「ウイスキーですよ」とマッカーシー。

「毒ならよかったのに」奥様は高らかに言い放ちました。周囲の人々全員の耳に届くように。

そして、だれもがその言葉を聞きました。翌日、わたしはまたしても郵便物の仕分けに追われていました。今回は、奥様はなんと共産主義者だと非難されたのです！　これでもう、奥様は政治用語辞典に載っているありとあらゆる主義者呼ばわりされたことになるのではないかと思ったほどです。一部の新聞は、奥様を国外退去処分にすべきだと主張しました。一連の騒ぎを、奥様は大いに楽しんでいました。

このときも、わたしたちはありとあらゆる場所を訪れました。それだけのエネルギーを奥様がどこから得ているのか、不思議でなりませんでした。ついでに言えば、自分自身にそれだけのエネルギーがあることにも、いささか驚かされました。わたしだって、もう若くはなかったのですから。五月になり、ワシントン駅から次の目的地に向かおうとした矢先に、構内放送で奥様に呼び出しがかかりました。やがて戻ってくると、奥様は手にした電報をふりながらおっしゃいました。「急いで荷物をおろしてちょうだい。帰国するわよ」

とりたててうろたえた記憶はありません。よくあることだと、あきらめの境地に達していたのです。荷物をおろしているあいだに、奥様が事情を説明してくださいました。皇太后のご招待で、ウェストミンスター寺院でのエリザベス女王の戴冠式に出席されることになったというのです。以前に聞いた話では、座席が不十分なため貴族未亡人は招待されず、奥様は出席できないということだったのですが。もうあまり準備期間がない状況で、わたしたちはこの一大行事のために帰国しました。

わたしは戴冠式のあとでゆっくり骨休めをするつもりでした。奥様は南ローデシア〔旧イギリス植民地。現在のジンバブエ共和国〕で開催されるセシル・ローズの生誕百年祭に招かれていて、ついでにアフリカ各地を旅してまわられるはずだったからです。奥様はわたしなしでも大丈夫だと判断されましたが、わたしは少しも気を悪くしたり残念に思ったりはしませんでした。そして家族との休暇の予定を立て、健康状態がひどく悪化していた母としばらくいっしょに過ごす手筈を整えたのです。

ところが、そうは問屋が卸しませんでした。奥様のご出発予定日、つまり戴冠式の翌日まであと数日というときになって、ウィシー様から電話がかかってきました。家族会議の結果、お子様方はわたしが奥様にお供するべきだと判断し、わたしの分の飛行機のチケットを買ったというのです。何がなんでも行けということではなく、どうするか決めるのはわたしだと言ってくださいましたが、そこまで頼りにされてしまっては、ちょっとお断りできるものではありません。〝おだては何も生まない〟という格言の作者は、わたしのような人間がいることを知らなかったに違いありません！　ローデシアには、奥様と同じ便で行くことはできませんでした。空席がなかったのです。わたしは奥様より一日早く、コメット機〔一九五二年にイギリスで就航した世界初のジェット機〕で出発しました。ちょうど、コメット機は危ないという話が少しばかり世間を騒がせていた時期で、何人かの人にかけられたありがた迷惑な慰めの言葉が耳にこびりついたまま、わたしは生け贄《にえ》の羊のような気分で飛行機に乗りこみました。どんなに高くても、搭乗したらすぐにブランデーを飲もうと心を決めて。結果的には、ブランデーは無料で、そのあとで飲んだシャンパンもただでした。

フライトは申し分なく快適でした。奥様が飲酒の害についていて何をおっしゃろうと、それはこのときのわたしには当てはまらなかったようです。セシル・ローズの墓があるブラワヨに向かう前に、わたしたちはしばらくヴィクトリア滝の近くにあるリヴィングストン・ホテルに滞在することになっていました。わたしは自由に使える最初の一日を利用して滝を訪れ、翌日には奥様を滝にお連れして、知ったかぶりでガイド役を務めました。式典を主催されるサー・ジョンとレディ・ケネディーのお屋敷に到着すると、わたしは敷地内にある小さな家をあてがわれました。これはアフリカ特有の草葺きの円形住居で、この催しのためにわざわざ作られ、お供のメイドや従僕全員に宿舎として与えられたのです。イギリス式に大勢のスタッフが揃っていて、わたしたちも食事は彼らといっしょにお屋敷内でとりました。主賓はエリザベス皇太后とマーガレット王女で、わたしはもちろん式典を特等席で見ることができました。レディ・ケネディーはわたしにはとくによくしてくださいました。ウィシー様のお友達だった縁で、わたしは少女時代のレディ・ケネディーを存じあげていたからです。レディ・ケネディーのお心遣いで、わたしはすべてのカクテルパーティーに招かれました。いまでも覚えているのは、シェリーのグラスを手にしているところを奥様に見つかったときのことです。「それを飲む気じゃないでしょうね、ローズ？　飲んだくれのメイドなどそばに置いておくつもりはないわよ」わたしはすでに、かれこれ二十五年は奥様にお仕えしていたはずです。ところが奥様はそんなわたしを相手にやかまし屋を演じ、鍼をちらつかせて脅すふりをなさったのです。そんな茶目っ気も、奥様の愛すべきところでした。

その後、ソールズベリー〔ジンバブエの首都ハラレの旧称〕に移り、サー・ロバートとレディ・トレッドゴールドのお屋敷に滞在。サー・ロバートはローデシアの主席裁判官をされていました。ここでもアリゾナで経験したのと同じ人種問題に直面し、わたしはホテルの部屋をあてがわれました。わたしにとって好都合とはいえませんでしたが、このときは我慢するしかありませんでした。おかげで食事のたびに、いちいちタクシーでホテルとのあいだを往復しなくてはならず、奥様はわたしがそれをいやがっていることを見てとられたのでしょう。滞在二日目の昼食の時間になると、ベランダに小さなテーブルを置かせ、ご自分で料理を一品ずつ運んできてくださいました。その後もこのお宅に滞在中は、食事のたびに同じことが繰り返されました。〝ねえ、ローズ〟わたしは心のなかで言ったものです。〝子爵夫人にお給仕していただくと、同じ料理でもずっとおいしく感じられるよね〟

ある午後、わたしは奥様とレディ・トレッドゴールドの買い物のお供をしました。お目当てはもちろん帽子です。お二人は帽子をひとつずつお求めになりましたが、これは奥様がいかに自制心を発揮されたかを示しています。帰宅する段になって、奥様がおっしゃいました。「それにしても残念だわ、ローズ。レディ・トレッドゴールドのお帽子に合うシフォンのスカーフがないのよ」それを聞いて、まさに打ってつけの布を一枚持ってきていたことを思いだしました。その晩、正方形の布の縁をよりぐけで始末して、レディ・トレッドゴールドにさしあげました。たとえ月をプレゼントしたとしても、あれほど喜んではいただけなかったでしょう。わたしたちはそれがきっかけで親しくなり、レディ・トレッドゴールドが亡くなられるまで定期的に手紙をやりとりしていました し、御年九十歳のサー・ロバートは、いまだに毎年クリスマスカードを送ってくださっています。この飛行機は見るからにやわな代物で、乗客は最大四人まで。不時着した場合に備えて銃と弾薬、食料が積まれているのも、あまり安心感をそそる光景ではありませんでした。訪問先のなかでとくに記憶に残っているのは人里離れた場所にあるお屋敷で、持ち主はサー・スチュアート・ゴア＝ブラウン。ハリウッドの大邸宅をお手本にして作らせたその石造りの豪邸に滞在中、サー・スチュアートはわたしの世話係として、土地の族長の年若い息子をつけてくださいました。この少年はわたしのためにありとあらゆる雑用をしてくれ、行く先々についてきました。きっと、わたしが危険な目に遭わないよう気をつけるよう命じられていたのでしょう。彼は立派にその役目を果たし、意思の疎通が難しかったにもかかわらず、わたしたちは仲よしになりました。

サー・スチュアートはイギリスにもお屋敷をお持ちで、場所はウェイブリッジ。当時わたしの家族が住んでいたウォルトン・オン・テムズのお隣です。つまり、わたしたちには多少は共通点があったのです。わたしたちがローデシアのお宅にお邪魔してからじきに、サー・スチュアートがレディ・アスターを訪ねてこられ、ヒル街に一泊されました。お発ちになるとき、あの若い族長の息子への贈り物として、色鮮やかなフェアアイルのセーターを託しました。少年からは英語で書かれたすてきな手紙が届き、その手紙はいまでもとってあります。

それからの数年間は、ひっきりなしに移動していた気がします。アメリカや大陸に行っては戻り、行っては戻りの繰り返し。なかでも、わたしがとくに楽しみにしていたのは、ヘルシングボリにスウェーデン国王ご夫妻をお訪ねする旅でした。飛行機でデンマークのコペンハーゲンまで行き、空港からは紋章入りの旗を立てた王室専用車でフェリー乗り場へ。いたるところで優先権を与えられ、わたしは王族になった気分を楽しみました。奥様もそうだったに違いありません。もっとも、わたしがご機嫌でいられたのは、フェリーの上でデッキに靴の踵をとられ、足首の骨を折りかけるまでのこと。おかげで滞在中はずっと動きがとれず、古いことわざを思いだしました。〝おごれる者は久しからず〟

一九五六年には、レディ・アスターの姉上デイナ・ギブソン夫人の健康状態が思わしくないという急報を受けて、わたしたちはヴァージニアを訪れました。それは悲しい再会でした。かつては美しく才気煥発だった女性が、いまや老いにむしばまれ、知力を失いかけていたのですから。奥様にもお姉様にしてさしあげられることはほとんどなく、一か月後に、わたしたちはバハマの首都ナッソーに飛びました。奥様の学校時代のお友達、ホブソン夫人も現地で合流されました。ホブソン夫人が帰国されるときが来ると、わたしもいっしょにマイアミに飛び、そこで一泊して市内を観光し、翌日に戻ってきてはどうかという話になりました。わたしも楽しみにしていましたが、例によって気がかりだったのは、奥様の宝石類をどうするかです。わたしたちはちょっとしたひと財産を抱えて旅行していたのです。「光り物はどうしましょう?」わたしはお伺いを立てました。「宝石の管理はわたしの仕事じゃないわ」と奥様。「おまえが持っていくしかないわね」

マイアミに到着すると、ホブソン夫人は税関でスーツケースを開けるよう言われてびっくりされました。「わたしはアメリカ国民ですよ。荷物を調べられたことなんて、いままで一度もなかったのに」

「特別検査ですよ、奥さん。麻薬と宝石がないかどうか調べているんです」

とたんに気分がどん底まで落ちこみました。わたしは無言でスーツケースを開け、逮捕されるのを待ちました。税関職員はかなり念入りに中身をいじっていましたが、調べたのは宝石類が入っていない側だけでした。係員はスーツケースを閉めるとチョークで小さく印をつけ、わたしは無事に税関を通過しました。スーツケースのかわりに、係員がちらりとでもわたしの顔を見ていたら、わたしは正真正銘、厄介なことになっていたに違いありません!

この旅は呪われていました。わたしが泊まる部屋を探してタクシーでホテルめぐりをすること三時間。お金もどっさり使ったに違いありません。ホテルはどこも満室で、わたしはついに空港に引き返しました。もはやナッソーに戻るしかありません。幸いなことに、麻薬だろうと宝石だろうと、わたしがナッソーに持っていく分にはだれも気にしないようでした。わたしは心乱れ、へとへとになってナッソーに帰りついたあげく、この災難を面白がった奥様とお友達の方々に大笑いされるのに耐えなくてはなりませんでした。

翌一九五七年、わたしたちはふたたびナッソーを訪れました。コロニア号での船旅です。サー・ハンフリーとレディ・デ・トラフォード、それに、かつてはダドリー・ウォード夫人だったスペインの侯爵夫人マルケッサ・デ・カーサ・マウリがごいっしょでした。この船旅は、あのバナナ運搬船エロス号での航海以上にひどいものになりました。海神ネプチューンはわたしたちをこっぴどく罰したのです。ある朝、レディ・デ・トラフォードづきのメイドと二人でサンデッキにすわって悪天候に気づかないふりをしていると、波が襲いかかってきて、まるで紙でできているかのようにあっさりと窓を粉砕しました。ずぶ濡れになって下におりれば、ダドリー・ウォード夫人（いまだに頭のなかではそうお呼びしてしまいます）の船室では、強風で舷窓がはずれてしまい、室内が水浸しになっています。総員ポンプにかかれ、というほどの緊急事態ではないまでも、かなりそれに近い状態でした。

状況をお知らせしに行くと、奥様は何事もなかったかのようにベッドに横たわり、そのお姿はナイル川に浮かんだ御座船の上で寝そべるクレオパトラを思わせました。ウォード夫人の災難についてお聞きになった奥様は、パーサーに電話をし、影響力にものを言わせて、わたしたちの部屋のすぐ近くの船室をウォード夫人のために確保しました。その後、乗客のうち歩ける者だけが船内の映画館に集められ、船長から状況を説明されました。船はもっか船長がこれまでに経験したなかでも最悪級の嵐のなかを航行中だと言われても、あまり安心する気にはなりませんでしたが、それでも船乗りの冷静で自信に満ちた態度には、どこか最悪の状況でさえ耐えられる気分にさせてくれるところがあるのは事実です。

その翌年もまたナッソーへ。このころにはもう、わたしはイギリスの冬がどんなだか忘れてしまっていました。このときの滞在先は、奥様の姪に当たるウィン夫人のお屋敷で、その年に購入されたばかりの邸宅の売り主はレディ・ケムズリー。新聞社主で富豪のケムズリー子爵の奥方です。お屋敷はそれは美しく、見事なパティオがついていていました。そう思ったのは、わたしたちだけではありませんでした。滞在初日の夜、近所の犬が一匹残らずパティオに集まってきて、わたしたちにセレナーデを捧げたのです。奥様は発狂の一歩手前まで行きました。問題の犬たちは、わずか数時間のあいだに、わたしの一生分よりもたくさんの〝おだまり〟を浴びせられたのです。

わたしは起きてガウンをはおり、おりていって犬を追い払おうとしました。さて、犬には生まれつき、犬好きな人間とそうでない人間を見分ける力が備わっていると言われていますが、あれはでたらめです。あの夜、わたしは問題の犬たちに憎しみを抱いていたのに、犬のほうは、しっしと手をふって追い払おうとするわたしに駆け寄ってきて、しっぽをふったり、飛びついて手や顔をなめたりしたのですから。「お戻り、ローズ」奥様が金切り声でおっしゃいました。「かえって逆効果だわ」結局ウィン氏が警察に電話をされ、犬は何台かのバンで運び去られたきり戻ってきませんでした。また姿を見せてくれるとよかったのですが。わたしは警察は犬をどうしたのだろうと考えて、悪夢にさいなまれました。

その翌年にナッソーを訪れたときは、船でフランスに戻り、リッツに何日か滞在しました。そこでウィシー様が合流され、わたしたちはモロッコのオアシス都市マラケシュに行くために、経由地のカサブランカに飛びました。奥様にはときどきわたしの手をとる癖がおありでした。機内でその癖が出たとき、わたしは指輪の石が横にまわっているのに気づいて、正しい位置に戻してさしあげました。ふと目を上げると、ウィシー様のお顔が真っ青です。わたしが心配しているのに気づいたウィシー様は、黙ってというふうに唇に指を当てました。わたしたちは早々に二人きりで話をする機会を作りました。「ローズ、わたしったらリッツの自分の部屋に宝石をそっくり置いてきてしまったわ。どういう結果になろうと、お母様には知られないようにしないと」ウィシー様のお気持ちは、わたしにも察しがつきました。アンカスター家の宝石は、その当時はまだ奥様のものほど高価ではなかったにしても、ウィシー様も美しいコレクションをお持ちだったからです。

カサブランカに到着すると、わたしが奥様の注意を引きつけているあいだに、ウィシー様はパリに電話されました。宝石は無事でした。客室係のメイドが事務室に届けていたのです。宝石は帰路に回収しました。またひとつ、使用人がいかに正直かを示す実例が増えたわね。わたしは思いました。

長いドライブの末に、わたしたちはマラケシュに到着しました。さて、マラケシュを訪れた人の多くが、あそこをとても魅力的な場所だと思ったに違いありません。わたしはそうは思いませんでした。あの町はわたしをぞっとさせ、いやなにおいが胸をむかつかせました。敷物や絨毯《じゅうたん》作りも、見ていて面白いのは十分くらいで、だれかひとりが作業するのを見てしまえば、あとはいくら見ても同じです。ロバとラクダがいっしょに鋤《すき》を引いている光景には目をみはりましたが、それもいったん見慣れてしまえば、どうということはありません。あげくにある朝、靴を履こうとすると、片方の靴から大きな茶色い生き物が飛びだしてきたではありませんか。わたしは半狂乱になってウィシー様のところに飛んでいきました。なるほどウィシー様は、それはイナゴで何も悪さはしないとおっしゃいましたが、わたしはてっきり何かの毒虫に嚙まれて死んでしまうかと思ったのです。

ようやく出発となったときにはほっとしました。ところがあの国は、わたしたちを手放すのをいやがっているようでした。タクシーで空港に向かう途中、目の前でタイヤのひとつがパンクし、車輪のハブが吹っ飛びました。ついでウィシー様が空港で受けとるはずの荷物がどこにあるのか、だれに聞いてもわからずにすったもんだし、最後のとどめに、出入国管理官を猛烈な勢いで責めたてる奥様の声が耳に飛びこんできました。相手は奥様のパスポートに不審を抱いたか、あの状況では無理もないことながら、奥様ご本人にうさん臭さを感じるかしたらしく、わざと審査を長引かせていたのです。ようやく団子になって飛行機に乗りこんだときには、離陸が目前に迫っていました。いまでも旅行案内のパンフレットでマラケシュが目に入ると、わたしはいつもさっさとページをめくってしまいます。

同じ一九五九年の六月には、わたしは奥様のお供でしたなかでも有数の愉快な旅をしています。奥様は姪のナンシー・ランカスター夫人をお誘いして、ごいっしょにスウェーデンの国王ご夫妻のもとに滞在し、デンマークのイングリッド王妃と三人の王女にお会いすることになっていました。

ランカスター夫人は出発に先立ってイートン・スクエアにお越しになり、二日間滞在されたのですが、見れば二か月は滞在なさるつもりとしか思えない大荷物をお持ちです。どうやら高貴な方々にお目にかかるというので、のぼせてしまわれたらしく、一日に四、五回も着替えをするものと思いこみ、ドレスに合わせる帽子、宝石、コート、毛皮までそっくりお持ちになっていたのです。なんとか目を覚ましていただこうとしましたが、あまり効果はありませんでした。おまけにその症状には伝染性があったらしく、もっと分別があっていいはずの奥様まで、姪御さんにスカンジナビアの王家の方々の飾らない生活スタイルを説明してくださるどころか、張りあおうとなさる始末。抗議もむなしく、わたしは山のような大荷物を抱えこむはめになり、空港では重量超過で目の玉が飛びでそうな大金を払わされました。

フライトは申し分なく快適でした。そして、いまやおなじみの紋章つきの旗を立てた王室さしまわしのキャデラックで宮殿へ。この旅行の全行程のうち、フォーマルだったのはこの部分だけでした。グスタフ国王は開襟シャツにフランネルのズボン、二人の王妃様はどちらもあっさりした夏物のワンピースという軽装でわたしたちを迎えてくださり、デンマークの王女様たちはわんぱく小僧のように走りまわっていました。荷物をほどいて二人のご婦人の服を出しながら、わたしはきまりが悪くてなりませんでした。そこでパグス・パーラーでお茶を飲んだとき、晩餐の席でのお二人の服装について、それとなく探りを入れてみたのです。ところが聞いてびっくり！　晩餐は七時、ヨークシャーではハイ・ティー〔お茶と夕食を兼ねた軽めの食事〕をとるような時間に出されるというではありませんか。わたしはよほど驚いた顔をしたらしく、ハウスキーパーが事情を説明してくれました。いまのスウェーデンには、一定の時間までに使用人を帰宅させなくてはならないという規則があり、ほとんどの人は六時に夕食をとっているところを、宮殿では給料を余分に払うことで、かろうじて一時間だけ使用人の帰宅を遅らせているというのです。

奥様方は、宮殿でのそんな生活がお気に召さないようでした。とくにランカスター夫人の失望ぶりは大変なもので、ついには声高に不満をぶちまけはじめました。やがて奥様もいっしょになって女学生のようにくすくす笑いだし、翌朝にはお二人ともヒステリックな笑い声をあげていました。予定の滞在期間が終わるまでここにとどまるのは無理だということになり、わたしたちはどうやって逃げだし、どこに行くかを相談しました。行き先はパリに決まりました。汚れ仕事はわたしがやるしかありません。そこでヘルシングボリに行って奥様の秘書のミス・ジョーンズに電報を打ち、翌日に帰国を求める電報を打ってくれるよう頼んだのです。さらにパリ行きの飛行機の座席を予約し、現地のホテルに部屋をとりました。

宮殿に戻ると、お二人はほかの方々といっしょにデッキチェアに寝そべり、退屈しきった様子をされていました。ありがたいことに、何もかも計画どおりに進みました。もっとも王家の方々のほうも、わたしたちがいなくなって喜んでいらしたかもしれません。というのは出発の前夜、正確には出発当日の明け方に喉の渇きで目を覚ましたランカスター夫人が、ひねるべき蛇口を間違えて、部屋を洪水にしかけたのです。あわてて奥様に助けを求めたものの、お二人ともパニックに陥って、目に入った呼び鈴を手当たり次第に鳴らしたところ、やってきたのは国王陛下と侍従武官でした。そして四人の方々は、床に這いつくばってタオルで水を拭きとるはめになったのです。

嘘のような話に聞こえるでしょうが、わたしの手元には、そのときイートン・スクエアのハウスキーパーのホーキンズ夫人に書いた手紙があって、いまご紹介したエピソードはその手紙から書き写したものです。手紙のなかで、わたしはこのスウェーデン訪問を〝おめかししたけど行くところなし〟の旅と呼んでいます。

当時はわたしも奥様も知りませんでしたが、わたしたちはすでに最後のアメリカ旅行をしてしまっていました。大陸にはその後もちょくちょく行きましたが、これといった事件は起きていません。旅行は相変わらず楽しく、奥様はますますわたしを頼りにされるようになっていました。これは自慢して言っているのではありません。あれだけ長いあいだお仕えしていれば、そうならないほうがおかしいのです。ある意味では、それは喜ばしいことでした。知り合いの使用人の多くが、使い物にならなくなって引退せざるを得なかったのに対して、わたしは最後まで奥様のお役に立てたのですから。

というわけで、この章ではわたしの夢の実現について書いてみました。書けなかったこともたくさんありますが、ヨークシャーの貧しい小娘が抱いた夢が、予想をはるかに越える形で叶えられたことは、どなたも認めてくださると思います。あの旅この旅をふり返るうちに、奥様づきになってまだ何年かしか経たないころ、ボビー・ショー氏にされた質問を思いだしました。ボビー様はあれこれとかまをかけて、わたしに奥様の前で何か不用意なことを言わせようとしていたのです。「この世で一番の望みはなんだい、ローズ?」

わたしは一瞬ためらってから答えました。「もう一度、同じ人生を生きることです」いま同じ質問をされても、わたしはなんのためらいもなくそう答えるでしょう。

10　宗教と政治

使用人にとって、宗教はときとして危険なものでした。わたしがお屋敷奉公をしていたころでさえ、大きなお屋敷のなかには、まだ一家揃っての礼拝が義務づけられているお宅が少なくありませんでした。そういうお屋敷では、使用人は日曜日には朝晩二度にわたって引率されて教会に通い、小作農や農場労働者、借家人も礼拝の出席状況を調べられ、欠席者は仕事や住む場所を失いかねなかったのです。それはまた、使用人を雇いいれる際、一部のお屋敷ではいまと違って、受けた教育や実務経験、仕事の能力よりも、司祭の推薦状にある〝信心深い両親のあいだに生まれた〟という言葉のほうがものを言った時代、雇い主が使用人の肉体よりも魂の健康管理を重んじた時代でもありました。そんな雇い主がみな一様に例外扱いしていたのが、厨房スタッフです。きっとシェフまたは料理人とその配下の使用人一同は、神のお計らいで礼拝への出席を免除されていたか、いまさらお勤めに励んでも救われる見込みがないほど堕落しきった魂の持ち主と見なされていたのでしょう。なにしろ伝統にのっとった日曜の昼食は、神聖不可侵なものだったのですから。もっとも、そういう雇い主がいるという話は人から聞いて知っているだけで、実際にお目にかかったことはありません。

わたしの信仰の土台になっているのは、子供のころに受けた宗教教育です。わたしにとって宗教はあくまでも個人的な問題で、人前でひけらかしたり論じたりするものではありません。とはいえ、それがレディ・アスターとの関係に影響を与えている以上、ここで自分がどんなふうに宗教と向きあっているかを明らかにしておくべきでしょう。わたしにとっては日々の生活そのものが信仰心を表現する場です。つまり立ち居ふるまいや仕事への取り組み方、周囲の人々との関係を通して魂の美しさを示そうと心がけるとともに、善であり、善をなし、善を思うように努めているのです。もちろんうまく行かないこともありますが、これは信条としてはわかりやすく、疑問を感じたり、教義に反するのではないかと悩んだりせずに守ることができます。また、わたしは祈りの効用も信じていて、これまでに何度か、祈ることでわたし自身やほかの人々に神がおりてくるのを感じています。ただし、念のためにお断りしておきますが、自分の信仰について人にとやかく言われたくないのといっしょで、ほかの人々が自分と同じように考えるべきだとは思っていません。

タフトン家で働きはじめたとき、わたしは教会に通わせていただくと留守中にお屋敷の運営に支障が出かねないことを知りました。クランボーン家では、差し障りはさらに大きなものになったでしょう。そこで日曜日にお休みをいただけたときに、たまに教会に行くだけで満足するしかありませんでした。そうすることでウェストミンスター寺院の美しい晩禱と出会い、ガーズ・チャペルでの礼拝も楽しんだとはいえ、定期的に教会に通うことはできず、やむなく子供のころに通った村の教会での礼拝の様子を思いだして心を慰めました。人生の大半を、わたしはずっとそうしてきました。アスター家で働きはじめてからは、教会通いはほとんど不可能になったからです。それについては、一、二度奥様に不平を言ったことがあります。「どうしても行きたければ、何かしら方法が見つかるはずよ」奥様はおっしゃいました。

「そして、もしもわたしが行く方法を見つけたら、奥様は何かしらわたしを困らせる方法を見つけられるはずですよ」わたしは言い返しました。そんなわけで、わたしはお屋敷奉公をするなかで、自分自身の祈りにすがることを学んだのです。そして、祈りはただの一度もわたしの期待を裏切りませんでした。

仕事がうまく行かず、わたしの仕事ぶりとわたし自身に対する奥様の態度のせいで人生が耐えがたいものになっていたとき、祈ることで苦境に耐えてそこから抜けだす力を得たときのことは、すでにお話ししました。似たような出来事はほかにもあり、そのうち二つは、いまでもたやすく思いだして語ることができます。それ以外はどれも、あまりにも個人的な事柄ばかりで、ここに書くわけにはいきません。ひとつめの出来事が起きたのは先の大戦前で、そのときわたしはドイツのガルミッシュ近郊にいました。お友達の億万長者のご招待を受けた奥様のお供で、広大な山荘に滞在していたのです。その前はミュンヘンにいて、コンチネンタル・ホテルに二、三日宿泊していました。山荘での最初の日、奥様はたまっていた手紙書きを片づけることにされたのですが、書きおえたときには、地元の郵便局に出してもその日の便には間に合わない時間になっていました。何通かは急ぎの手紙だったため、わたしが列車でまだ便のあるガルミッシュに行くことになりました。車で駅まで送ってもらい、切符売り場で言葉が通じずに難儀した末に、わたしはどうにかガルミッシュへの片道切符を手に入れました。そしてそこで郵便局を見つけ、手紙を出したのです。

ガルミッシュ駅に戻ったわたしは、どこまでの切符を買えばいいのか思いだせませんでした。滞在中の山荘の名前も、山荘の持ち主の名前もです。手がかりを求めてバッグのなかを調べても、何も見つかりません。わたしはパニックを起こしました。そのときはたと、駅の名前がなんとかグリナウだったことを思いだしました。ところが、該当する駅名が二つあるのです。ウンターグリナウ、そしてオーバーグリナウ。迷った末に、わたしはあとのほうを選びました。駅に着いてみると、どうもぴんと来るものがありません。いっしょにおりた乗客に尋ねようにも言葉がまったく通じず、やがてわたしはひとりぽつんと駅前に取り残されました。オーストリア・チロルの山々に見おろされて立っていると、自分がひどく小さく孤独な存在に感じられました。ひとりぽっちで道に迷ったわたし。まるで幼い子供のよう。なつかしいヨークシャーの村で、母に世話を焼かれていたころに戻りたい。そんな思いに駆られて、わたしは救いを求めました。救いは訪れました。ふいに体の奥があたたかくなり、すっと気が楽になったのです。わたしはもう孤独ではありません。心身に新たな力が流れこみ、霊気が触れてくるのを感じました。わたしは不思議な感覚が身を包むに任せました。その感覚が薄れたときには、頭がすっきりしていました。なすべきことがわかったのです。わたしは駅の電話ボックスを見つけ、こちらに来る前に泊まっていたミュンヘンのコンチネンタル・ホテルに電話しました。英語を話せる人を出してもらい、レディ・アスターの現在の滞在先を知っているか尋ねたのです。先方は知ってはいたものの、教えようとはしませんでした。そこで、わたしは相手に自分がだれかを説明し、レディ・アスターに電話してわたしの居場所を知らせ、「ローズが迷子になっている」と伝えてほしいと頼みました。相手は頼んだとおりにしてくれたようです。ものの数分後には迎えの車が到着し、車内には奥様のお姿もあったのですから。とたんに、わたしはまた幼い女の子に逆戻りしました。奥様の腕のなかに飛びこんで、「お願いですから叱らないでください」と訴えたのです。それからお祈りの部分は省略して、ことの次第をお話ししました。「だけど、いったい何がきっかけでミュンヘンのホテルに電話する気になったの？」奥様はおっしゃいました。そこで、わたしは祈りの一件についてご説明しました。奥様はわたしの手のなかにそっと手をすべりこませました。何もおっしゃらなくても、わたしを理解し、いとしいと思ってくださっているのが伝わってきました。「ばかばかしい！　気のせいに決まってる」そんな声が聞こえてきそうですが、わたしには何が起きたのかわかっていますし、奥様もわかってくださいました。似たような経験をした人なら、だれでもわかってくれるでしょう。

ここでご紹介できるもうひとつの出来事が起きたのは、わたしをどんな戦時業務に従事させるかを決めるために、裁定委員会の面々の前に呼びだされたときのことです。表面だけを見れば、お付きメイドをしているわたしには、徴用を免除される見込みはありませんでした。奥様が口添えの手紙を書こうかとおっしゃいましたが、お断りしました。ありがたいとは思いましたが、わたしのなかの何かが、そんなやり方は間違っているとささやいたのです。出頭を命じられた先は、バッキンガムシャーのスラウ。現地に向かう列車のなかで、わたしは委員会で何を言うかについてはいっさい考えないようにしました。考えたのは奥様のこと、奥様とともに過ごした歳月、そして、自分が奥様と祖国のためにしている仕事のことだけ。奥様のご指示で秘書のひとりが駅でわたしを出迎え、会場まで付き添ってくれました。「奥様はあなたをひとりきりで試練に立ち向かわせたくないんですよ」試練ってなんの？　わたしは胸のなかでつぶやきました。やがて順番が来て、わたしは軍服を着た五人のご婦人の前に案内されました。

「あなたのいまのお仕事は？」ご婦人のひとりが質問しました。

「お付きメイドです」わたしは答えました。質問者やほかのご婦人たちの顔つきから、これなら楽勝だと思っているのがわかりました。

「どのような形で戦争に協力するかについて、何かご希望はありますか？」

「わたしの希望は、いまの仕事を続けることです」

「それはなぜですか？」

そこで、わたしは説明しました。あれはわたしがこれまでにしたなかで最高の演説だったと思います。わたしは下院議員兼プリマス市長夫人としての奥様のお仕事について語りました。奥様が万全の体調でお仕事に取り組める環境を整えるのが自分の仕事だと説明し、言葉を飾らずありのままに、わたしがどんな形で奥様と旦那様のお役に立ってきたかを話しました。〝これだけの言葉がいったいどこから出てきているんだろう？〟話しつづけながら、わたしは自問しました。まるで自分ではないだれかが話しているようでした。

そんな具合に、五分ほども話しつづけたのではないでしょうか。委員長は目を白黒させていました。そして、ほかの委員たちに相談もせず、「ありがとう、ミス・ハリソン。あなたの貢献は求めないことにします。いまなさっている有益なお仕事を続けてください」と言ったのです。ほかの委員たちも同意の言葉をつぶやきました。外に出て朗報を伝えると、秘書はレディ・アスターに電話をするためにすっ飛んでいきました。このときも、わたしは自分が神がかりになっていたことを確信しました。奥様もそう思われたようです。「わたしも祈っていたのよ、ローズ」そうおっしゃいましたが、わたしが祈っていたことをなぜ奥様がご存じだったのかは、いまも謎のままです。

レディ・アスターが熱心なクリスチャン・サイエンス信者だったことは、すでにお話ししました。さっき、ほかの人々の信仰についてとやかく言う気はないと書きましたが、それは奥様の信仰についても同じだったことを付け加えておきます。奥様がクリスチャン・サイエンスの教えに従って指示されたことは、すべて忠実に実行しました。どんな形であれ奥様を感化しようなどという考えは、頭に浮かびさえしませんでした。医者を呼んだこともありません。それでもひとつだけ、わたしがつけた条件があって、それは奥様が重病だと判断した場合、ウィシー様か坊ちゃま方に連絡をとり、責任を引き継いでいただくというものでした。そんな条件をつけたのは、もちろん旦那様が亡くなられてからですが、旦那様もクリスチャン・サイエンス信者である以上、ご存命中でもその必要があると思えば、頭越しにお子様方に事情をお知らせしていたと思います。

ロンドンにいらっしゃるときは、奥様は毎週日曜日と水曜日に教会に通われていました。教団の本と聖書は毎朝毎晩お読みになり、旦那様もそうされていました。お二人は最初からクリスチャン・サイエンス信者だったわけではありません。先に改宗されたのは奥様で、ちょうど第一次世界大戦が始まったころに、プロテスタントから転向されたのです。当時の奥様の大親友で終生の友になったのが、のちにロジアン卿になられるフィリップ・カー氏でした。第二次世界大戦の開戦後まもなくイギリス大使としてアメリカに赴任されることになるロジアン卿は、カトリックとして生まれながら奥様に勧められて読んだ教団の経典『科学と健康』に感銘を受け、ほどなくカトリックの信仰を捨てました。その後まもなく、旦那様もお二人のあとを追うようにして改宗されたのです。

お三方が信仰から救いと慰めを得ていたことは間違いないでしょうし、わたし自身も、クリスチャン・サイエンスを信じる何人もの善良な男女に会っています。なかでも信仰療法士の生き方は、この宗教のあるべき姿を示す生きたお手本でした。それでもわたしは、クリスチャン・サイエンスを間近に見てきた経験から、この宗教は信者本人だけでなく、その周囲の人間にも有害だと思っています。わたしがここで問題にしているのは、信者の医者や薬に対する態度だけではありません。クリスチャン・サイエンスの教えに従うと、信者は自分自身のこと、自分の体と魂のことばかり考えすぎるようになります。そして自分が健康なうちは、病人に対して思いやりのない邪険な態度をとります。病気になるのは本人が悪いというわけです。霊的に健全な状態にあれば、病気になどなるはずはないのですから。クリスチャン・サイエンスの伝道団が病気や栄養失調、貧困で苦しんでいる人々に救いの手をさしのべたという話は、ついぞ聞いたことがありません。あの宗教には、わたしがすべての信仰の土台と見なしているもの、つまり慈悲心が欠けていて、それは多かれ少なかれ信者の行動にも反映されているのです。

けれども読者の皆さんは、それはわたしが描いてきたレディ・アスターの肖像と、多くの点で矛盾しているとおっしゃるかもしれません。そうとも言えますし、そうでないとも言えます。奥様は本能の申し子で、ご自分の本能のままに行動されているかぎりは問題はなかったと思います。ところが信仰の導きに身をゆだねると、とたんに調子が狂ってしまうのです。せっせとお勤めに励んでいらしたとはいえ、わたしには奥様が心からクリスチャン・サイエンスに満足されていたとは思えませんし、奥様ご自身も、晩年にはそれに気づいていらしたようです。いつだったか、リー氏が言っていました。「レディ・アスターは信心深いご婦人ではないね。いつだって永遠に見つかるはずのない導きの光を探している」と。とはいえ、クリスチャン・サイエンスは奥様のような方には好都合な宗教でした。絶対的な教義がなく、ご自分の欠点や行動を正当化するために、勝手に教えをねじ曲げることができたからです。それは奥様を思いあがらせ、ときとして独りよがりにさせました。まるで主なる神をパーティーにお招きしたところ、主が招待に応じてくださり、奥様の右手に座を占められたとでもいうように。それに力を得て、奥様はある種の人々を憎むようになりました。ローマ・カトリック教徒――奥様は彼らを〝赤いさくらんぼ《レッド・チェリー》〟と呼んでいらっしゃいました――アイルランド人、反禁酒法論者。それでいて奥様の大の親友のなかには、がちがちのカトリックでユダヤ人嫌いの詩人ヒレア・ベロックや、ともにアイルランド出身で神の存在を認めない二人の社会主義者、ショーン・オケーシーとバーナード・ショーがいたのです。なかでもバーナード・ショーはロジアン卿と並んで、間違いなく奥様の最大の親友と呼んでいいでしょう。そしてクリスチャン・サイエンスは、金持ちまたは中産階級の人間以外には縁のないものです。国民健康保険では信仰療法士の治療は受けられませんし、貧民街にはクリスチャン・サイエンスの教会は見当たりません。教団の信者たちは、お金で罪の許しを買うのです。アスター卿ご夫妻はそのためにずいぶんお金を使われました。

アスター家のお子様方はクリスチャン・サイエンス信者として育てられましたが、教えを実践する以前に、理解すらなさっていなかったのではないかと思います。あの宗教のことは、たぶんちょっとした冗談と見なしていらしたのではないでしょうか。そうでもしなければ耐えられなかったでしょうから。まだわたしがお仕えしていなかったころの話ですが、アスター家には、イートン校時代に学校代表チームの舵手《コックス》としてヘンリー・レガッタ〔毎年、ヘンリー・オン・テムズで開催される国際ボートレース大会〕に出場されたビリー様について、こんな逸話が残っています。チームは一次予選は通過したものの、二次予選で敗退し、ビリー様は奥様にこっぴどく叱られました。奥様がおっしゃるには、一次予選を突破したのはビリー様がその日はちゃんとクリスチャン・サイエンスの日課をすませたからで、次の予選でビリー様とビリー様が舵をとるボートに乗っていた八人の選手が負けたのは、翌日の日課をさぼったからだというのです。そんな解釈を聞かされたら、若い男性はばかにするか笑い飛ばすかするしかないでしょう。

健康が信仰の証しだとしたら、奥様は聖人でした。亡くなられる直前に体調をくずされたのを除けば、本当にどこかを悪くされたのは、たったの二回だけ。クリスチャン・サイエンス信者にとって、ただの風邪やたまの流感は病気のうちに入らないのです。最初の問題は、腋の下のひどいおできでした。激しい痛みに苦しむ奥様を見かねて、わたしはついに「お許しいただければ、とってさしあげられると思いますが」と申しでました。奥様はそれはクリスチャン・サイエンスの教えに背くことではないと判断し、承知されました。「痛いですよ」わたしは申しあげました。痛くなかったはずはありませんが、奥様はぐっと歯を食いしばり、声ひとつたてませんでした。わたしは無事におできを取り除き、奥様は喜んでくださいました。このときの奥様はとても勇敢でした。

二度目の問題はもっと深刻でした。喉に化膿性扁桃腺炎ができたのです。もっともその時点では、なんの病気かははっきりしていませんでしたが。とにかく奥様は寝こまれ、何も召しあがれないまま、どんどん痩せ細っていきました。ついに腫れ物が破裂したとき、わたしはもはや自分の一存で対処するのは無理だと判断しました。そこでデイヴィッド様にお電話すると、デイヴィッド様は医者を連れて駆けつけてこられました。すでに八十歳間近だったにもかかわらず、奥様はすみやかに回復されました。人生最後の三十五年間に遭遇する健康トラブルが、ここでご紹介した二つだけですむと思えば、たいていの人間は満足するのではないでしょうか。

奥様は医療関係者がありふれた病気を大袈裟に扱うことを非難なさる一方で、クリヴデンの陸軍病院やプリマス市内の各病院の医師や看護婦に対しては、どんなときでも敬意を忘れず、礼儀正しく親切でした。慰問にも足しげく通い、人を元気にさせる奥様の能力は、歓迎すべき薬と見なされていました。

けれどもコインに表と裏があるように、これにも正の面があれば負の面もあります。わたしがはじめて負のほうの実例にぶつかったのは、ウィシー様づきから奥様づきになってまだ日が浅い一九二九年十二月のことでした。ウィシー様がパイチリー・ハント〔イギリスの有名な狩猟クラブ〕の一員としてノーサンプトンシャーでの狩猟に参加中、落馬して大怪我をされたのです。ウィシー様は戸板に乗せられて、滞在先のケルマーシュ・ホールに運びこまれました。狩猟隊のリーダーを務めるロナルド・トリー氏と、その奥方でウィシー様のいとこに当たるナンシー夫人のお屋敷です。何人かの医者が呼ばれ、奥様にも来てほしいとの連絡がありました。幸運だったのは、だれかがレントゲン技師も呼んでくれ、その技師が携帯用の装置を持ってきたことです。医師たちは深刻な損傷はないと診断しましたが、レントゲン技師は違いました。ウィシー様は脊椎をひどく痛めていたのです。レントゲン技師は、クリスチャン・サイエンスの信仰療法士とともに到着されたアスター卿ご夫妻にそれを告げました。さんざんためらった末に、奥様はようやく、前にウィシー様の手術をしたことのある医師を呼ぶことに同意されました。ところがいざ来てみると、それは畑違いの専門医でした。脊椎のことは何も知らなかったのです。必要な知識を持つ医者が到着したのはだいぶ経ってからで、やっと来たかと思うと、奥様はこの医師がウィシー様を治療することに反対されました。最終的には奥様は折れましたし、あとあとまで後遺症が残ったわけでもありませんが、最初から医者に任せておけば、ウィシー様はあれほど苦しまずにすんだはずです。実際には治療の遅れが響いて、回復には長い時間がかかりました。腹立たしくてならないのは、その後レディ・アスターが、ウィシー様は医療の世話にはいっさいならなかったと偽り、回復したのはクリスチャン・サイエンスのおかげだと主張されたことです。ご自分の信仰の正しさを証明するために嘘までつかなくてはならないとは、開いた口がふさがらないとはこのことです！

また、わたしは以前から、一般的な治療を受けていれば、旦那様もあんなに苦しまずにすみ、もっと長生きされたのではないかと思っています。さまざまな状況のもとで旦那様のご看病を仰せつかりましたが、医師の助言のもとで看護に当たることができていたらどんなによかったかと思わずにはいられません。なにしろ闇のなかを手探りで進んでいるような感じだったのですから。けれども旦那様は信念の強い方で、最後までご自分の考えを貫かれました。

それからもうひとり、わたしがあの宗教のせいで死期が早まったと思っているのは、ロジアン卿です。ロジアン卿はクリヴデンのスタッフにはとても受けがよく、ご家族の一員と見なされていました。奥様とはたいそう親しくされていましたが、お二人のあいだに友情と精神的な交流以外のものがあったと疑う余地はまったくありません。もっともロジアン卿は生涯独身を通されたので、わたしはときたま、もしやあの方の側にはもっと深い想いがおありだったのだろうかと想像をたくましくしたものですが。ロジアン卿は奥様とこまめに手紙をやりとりされ、お屋敷にもほかのどなたよりも足しげく訪ねてこられていたようです。リー氏もアーサー・ブッシェルもロジアン卿に好意を持っていましたが、アーサーはロジアン卿が朝のご入浴中にいつも歌を歌っているとこぼしていました。お声がどうこうという問題ではなく、早朝からそんなに陽気なのは男子のたしなみに反すると考えていたのです。ロジアン卿はイギリス大使として赴任していたアメリカで、一九四〇年の末に他界されました。死因はストレスと過労とされましたが、そんなもののせいで死んだ人がいるとは思えません。ストレスや過労は病気を悪化させることはあっても、それ自体が死因になることはないのです。奥様にとって、ロジアン卿の死は大変な衝撃でした。本来ならもっと打ちのめされていたでしょうが、当時の奥様はすさまじくご多忙でした。そういう時期には、どれほど身近で大切な人の死も、ほかのときよりはすんなりと受けいれられるものです。

奥様が最晩年の何年間かは、クリスチャン・サイエンスの教えをそれほど杓子定規に守らなくなっていたことにはすでに触れました。お酒に関しても、同じことが起きていたと言っていいと思います。ただし、奥様ご自身はご存じない形で。どうやら奥様がヘイズリー・コートに滞在されたとき、ランカスター夫人がアルコールは入っていないと偽って、デュボネ〔フランス産の甘口の赤ワイン〕を少し飲ませたらしいのです。そして奥様はチャールズ・ディーンとわたしに、デュボネを飲むと元気が出る気がするとおっしゃいました。奥様は毎日午前十一時と午後四時にライビーナ

〔イギリスの黒すぐり飲料〕を飲んでいらしたので、それからというもの、チャールズは奥様に元気がないと感じると、グラスにごく少量のデュボネを加えるようになりました。どちらも同じ色なので、奥様は気づきませんでした。チャールズはほんのちょっぴりのデュボネが奥様を元気づけたと信じていましたが、それがチャールズの願望が生んだ錯覚ではないと言い切る自信はありません。

わたし自身は昔もいまもお酒はあまり飲みませんが、それでも奥様のお酒に対する態度には、ずいぶん腹立たしい思いをさせられました。男であれ女であれ、労働者にとってはお酒がときとして慰めになることをわかっていただこうとしても、聞く耳をお持ちでなかったのです。それが奥様の困ったところでした。つねに物事の片面しかごらんにならない。奥様にとって、すべては黒か白かでした。奥様が国会で飲酒の害についてしゃべりまくると、必ず新聞に大きくとりあげられました。「おわかりになりませんか」わたしは申しあげました。「これでは世間の人々に伝わるのは、奥様がお酒を目の敵にされていることだけです。こういうことをなさらなければ、ほかにもいろいろ立派なお仕事をされていることを知ってもらえるかもしれないのに」いくら言っても効き目はなし。まるで煉瓦の壁に向かって話しているようでした。

最終的にはクリヴデンの庭師頭になり、領内のコテージに住んでいたフランク・コプカットは、コテージの近くにあった〈フェザーズ〉について、皮肉なひねりが効いた愉快な話をしてくれました。〈フェザーズ〉はドロップモアの領内にある独立酒場でした。つまりどこかの醸造所が持っているわけでも借りているわけでもなく、店の経営者が直接、地主から借りていたのです。店子が死亡すると、地主は店を売ることにしました。酒類販売免許つきの物件は高く売れるからです。まず個人には買えないので、その種の物件を買うのはたいてい地元のビール醸造所です。問題の店舗が売りに出されると、醸造業者らはさっそく値段をつけました。アスター卿ご夫妻が実際にこの物件の購入を持ちかけられたかどうかは、フランクもはっきりとは知らないそうですが、売却を委託された不動産業者は醸造業者らにそう信じこませ、この物件がアスター家の手に渡れば店がなくなるのは確実とあって、醸造業者らは相場をはるかに上回る金額まで買値を上げたとやら。禁酒主義という逆風は、そんな形でだれかにささやかな恩恵をもたらしたこともあったのです。

奥様はいつも、お酒を飲まないスタッフを雇おうとしました。ハウスキーパーもリー氏もそうするよう命じられていましたが、それについてリー氏はこう言っています。「面接のときに自分はアル中だと認める人間はまずいない。これは私だけでなく、私が話を聞いたことのある執事の多くも経験していることだが、面接の席で酒はまったく飲まないと断言した人間に限って、実際には筋金入りの飲んだくれだった」

リー氏はまた、カトリック教徒は絶対に採用するなとも指示されていました。「どんな宗教を信じているかなどと質問するのは、気持ちのいいことではなかったよ、ミス・ハリソン。だが、するしかなかった。いつだったか『レディ・アスターはいったい何をお探しなんです？　下男ですか、それとも教区司祭ですか？』と応じた男がいて、あれには大いに感心させられたものだ」奥様は一度、下男をクリスチャン・サイエンスに改宗させたことがあります。その下男はあまり長続きしませんでした。使用人としては、という意味です。あるとき奥様がゴードン・グリメットをその下男と見間違え、聖書講読は進んでいるかと質問されました。ゴードンはぎょっとして奥様を見返しました。「あら」奥様はおっしゃいました。「あなただったの、ゴードン。あなたにいまのような質問をする気はないわ。とうてい救われる見込みはないもの」

奥様の秘書の何人かはクリスチャン・サイエンス信者でしたが、クリスチャン・サイエンスを信じている家事使用人を雇うのは不可能でした。くどいようですが、あれは労働者階級のための宗教ではないのです。

選挙のときに支持政党を示すために胸につける薔薇飾りを作るのを別にすれば、わたしは政治にはかかわらないようにしていました。奥様はよくそのことで文句をおっしゃいましたが、わたしは頑として引きずりこまれるのを拒みました。前にも説明したとおり、奥様が関心をお持ちになったのは、たいていの場合、特定の個人や集団にかかわる政策でした。女性の権利拡張にも大賛成でしたが、婦人参政論者だったことは一度もありません。婦人参政論者のレッテルを貼られることで、ご自分が実現させたいことが実現されにくくなるのを恐れていらしたのだと思います。

一時期、わたしだけでなくスタッフの多くが政治に関心を持ったことがありました。ある政治グループが、アスター家のお屋敷にちなんで〝クリヴデン・セット〟と名づけられたときのことです。このグループについては、いろいろと難しい定義づけがなされているはずですが、わたしが理解しているかぎりでは、クリヴデン・セットはヒトラーがドイツでしていることを正しいと信じ、彼が何をしようと友好関係を保つことを望み、英独同盟を結ぼうと企んでいる政治家の集まりで、アスター卿ご夫妻もその一員とされていました。この問題については歴史家が書いたものがどっさり出回っていて、わたしも理解を深めようといくつかに目を通してみました。結果からいえば、そんな手間をかけることはなかったのです。それでわたしの判断が変わることはなく、むしろ、すべてはたわごとだという確信が強まっただけだったのですから。

仕事柄、わたしは私人としての旦那様と奥様をよく存じあげていました。政治家として、知識人としての側面についてはあまり多くを知らなかったにしても、ご気性から見て、お二人に何ができて何ができないかは承知していたつもりです。物事を単純に考えすぎだと非難されそうですが、わたしが奥様について書いてきたことを読んで、これがどこか外国の勢力と陰謀を企てられるような女性、そして、どこかの外国勢力がいっしょに陰謀を企もうと考えるような女性だと感じる方がいたら、わたしは奥様のお姿を正しく伝えられていないことになります。とにかく奥様はそんなことのできる方ではないのです。あまりに開けっぴろげでしたし、物事であれ人間であれ、陰険なのはお嫌いでした。そんな奥様が、ご自身の所属政党をだますはずがありません。党の方針に従わないことはちょくちょくありましたが、その理由はいつも相手方に伝えていました。

それにドイツのいったいどこに、奥様とつるんで陰謀を企てようとする正気の人間がいたでしょう？　ドイツはおめでたい人間の集まりではなく、抜け目がなく侮りがたい国家でした。奥様の人となりについて、まったく調査しなかったはずはありません。そして奥様は、秘密を守れるような方ではありませんでした。あまりに気まぐれで、感情の起伏が激しすぎました。あまりにも個人でありすぎました。狡猾にふるまえる方ではなかったと言うつもりはありません。狡猾にふるまえない女がどこにいるでしょう？　けれども奥様が狡猾さを発揮するのはあくまでも一個人としてであって、チームの一員としてではありませんでした。

それに旦那様がいらっしゃいました。坑道の支柱のようにまっすぐで、生粋のイギリス人以上に英国的。あくまでもしきたりを重んじ、物事はしかるべき手順に沿って進めるべきだと、いつも奥様を説得しようとされていました。抜け目のない人々が、クリヴデンに関する作り話を大袈裟に書きたてて小金を稼ごうとしたところで、お二人のどちらかを実際に知っていた者ならだれでも、そんなたわごとは鼻であしらうしかありません。

アーサー・ブッシェルも報道を笑い飛ばしましたが、そこに含まれたほのめかしには憤慨していました。「嘘八百だよ、ローズ。こんな話をでっちあげたやつは、ここで一週間、ハウスメイドをしてみればいいんだ。クリヴデンのベッドの下でナチスが見つかってたまるか」

リー氏も同じ意見でした。「まるでヘル・リッベントロップ〔ドイツの外交官でナチス政府の外相、ニュルンベルク裁判で死刑。一八九三〜一九四六〕がアスター卿ご夫妻と昵懇《じっこん》の仲だったような書き方だが、彼はセントジェイムズ・スクエアの昼食会に一度来ただけで、クリヴデンには一度も招かれていない。ほかの駐英大使のほとんどが、かなりの冷遇と見なすはずの扱いだよ」

リー氏はのちに、こうも語っています。「私が思うに、使用人はだれでもお屋敷内の空気には敏感になるものだ。いわば使用人の宿命だね。だから報道されたようなことが本当に起きていたのなら、配下の者たちや私がまったく気づかずにいたとは思えないし、きみも気づいたはずだ。また、仮にあれが事実で、われわれが気づかなかっただけだとしても、報道でことが明るみに出たときには、なんらかの深刻な反応を察知したはずだ。だが感じとれたのは、笑いだけだった。何もかもたわごとだよ、ミス・ハリソン！」

それでもまだ、すべては作り話だと確信できずにいたとしたら、最後の決め手になったのは、騒動の当時やもっとあとになってから、わたしがその話を持ちだしたときの奥様の反応です。のらりくらりとつかみどころがなく、肯定も否定もなさろうとしないあの態度。奥様は悪名と戯れるのがお好きでした。そうするのが楽しくてならなかったのです。前にも言ったように、奥様はどこまでも女だったのです！

クリヴデンをめぐる中傷とは別に、その当時もそれ以後もささやかれていた噂に、アスター卿ご夫妻がヒトラーと親しくされているというものがありました。これまたお笑い草です。旦那様か奥様が単にヒトラーと同じ部屋にいたことがあっただけでも、奥様はずっとその話ばかりしていたはずです。悪魔をまともに見た経験があるというのは、別に悪いことではありません。もしもメフィストフェレスに会ったら、奥様はそれを吹聴してまわっていたでしょう。

わたしが政治にかかわったことは、ほかには一度あるだけで、こちらはもっと個人的で愉快な出来事でした。それは奥様がすでに議員を引退されたあとのことで、奥様はプリマスのウェスト・ホーで、かつてのご自分の選挙区から保守党の候補者として立候補するグランド大佐の応援演説をされることになっていました。エリオット・テラスのハウスキーパー、フロリー・マニングの提案で、わたしたちはその集会に奥様の演説を聞きに行くことになったのです。集会は野外で行なわれ、聴衆の後ろの土手の上に陣どったわたしたちからは、演壇がとてもよく見えました。万事順調のようで、奥様はいつもわたしに対してなさるように、すべての論点を大きな声ではっきりと示されました。ついで奥様は、ご自分がいかにプリマスを愛しているか、大空襲の際の市民たちのふるまいをどれほど誇りに思っているかを語りはじめました。するとわたしの後ろで、何人かの女性が聞こえよがしに奥様の悪口を言いはじめたのです。「大空襲のときのわたしらのふるまいについて、あの人が何を知ってるっていうんだろうね？　ここにいもしなかったくせにさ」

怒りがこみあげてきましたが、わたしはぐっと自分を抑えました。ついでプリマスの男性市民たちが戦時に果たした役割に話が及ぶと、また悪口が始まりました。「戦う男たちだってさ。あの人のご亭主は苦労なんてひとつもしちゃいないよ。息子たちもね。そうに決まってる」

あまりの暴言に耐えかねて、わたしはそちらに向き直りました。「そういうことを言うのは、事実をきちんと把握してからにしてほしいですね」言ってやりました。「わたしは戦時中にレディ・アスターにお仕えしていたんです。奥様があんたたちみたいな人のためにどんなことをなさったか、少しばかり教えてあげますよ。坊ちゃま方についてもね」

わたしは猛然とまくしたて、ほどなく周囲にかなりの人だかりができました。彼らはわたしをけしかけました。途中でフロリーも参戦し、敵はわたしたちの反撃に耐えきれずに退散しました。それでひとまず騒ぎは治まりましたが、まだ腹の虫が収まらなかったわたしたちは、どこかの男が戦争に勝ったのはロシアのおかげだとかなんとか叫びはじめると、今度はその男に嚙みつきました。「ロシアがそんなにいいところなら、なんであっちに行かないんです？　ちゃっかり自由の恩恵を受けておきながら自分の国をけなすあんたみたいな人には用はありませんよ」

今度の相手はさっきの二人より手ごわく、事態は少しばかり険悪になりました。「この資本主義者の雌牛どもが」男はどなりましたが、結果的にはそれでよかったのかもしれません。警官がやってきて、いまのは侮辱的な発言だと告げ、男を連れ去ったからです。それ以降はこれといった波乱もなく、やがて集会は幕を閉じました。

その夜、晩餐前の着つけの最中に、奥様が藪から棒におっしゃいました。「わたしは長年のあいだ、おまえの才能を無駄にしてきたようね、ローズ」

「なんのことでしょう、奥様？」

「今日の午後、フロリーと二人で野次を飛ばした連中をとっちめているのを見たわ。これからは、どの集会にも出席してもらわないと」

「たとえ中国のお茶をそっくりくれると言われても、絶対にお断りです」わたしは申しあげました。「今日は運よく怪我ひとつせずにすみましたけど、あんな命知らずなまねは、もう二度とする気はありません」

わたしはその言葉を守りました。奥様宛の嫌がらせの手紙を開封するだけで、もうたくさんだったのです。

信頼すべき筋から聞いたところでは、政治と宗教はほかの何よりももめごとの原因になりやすい話題で、パブの主人はお客たちに、その二つの話題は避けるように忠告するとやら。どちらもなるべく手短にすませるよう努めましたが、二つともレディ・アスターの人生においてはとりわけ重要な事柄だけに、完全に素通りするわけにはいきませんでした。一部の方が気を悪くされただろうことは承知していますし、その点についてはお詫びしますが、わたしはヨークシャーでの子供時代に〝自分が感じたままを話す〟べきだと学んだ人間で、ここでもそれを実行しただけなのです。

この話題について、最後にもうひとつだけ。お仕えしたのがクリスチャン・サイエンス信者のご婦人だったことには、それなりに利点もありました。荷造りの際、薬のたぐいについてはただの一度も頭を悩ませずにすんだのです。

11 最後の数年間

戦争の二年ほど前に、レディ・アスターがおっしゃいました。「絶対に辞めないと約束してちょうだい、ローズ」

「ばかなことをおっしゃらないでください、奥様」わたしは申しあげました。「この先どうなるかなんて、わかりっこないじゃありませんか。いまのところお暇をいただくつもりはありませんから、それでいいことにしておいてください」

それは奥様が例によって発作的に感情をほとばしらせたときのことでした。だれかに期待を裏切られたと感じると、ときたまそういうことがあり、奥様は慰めを求めてわたしの忠誠心を確かめようとされたのです。終戦後に同じ質問をされていたら、たぶん約束するとお答えできたでしょう。わたしたちの人生は、もはや分かちがたく結びついているように感じられたからです。

イギリス人の奇妙なところのひとつは、戦争のような大災害と、それにともなう社会の変化を経験したあとでさえ、またふりだしに戻って以前と同じところからやり直せると考えるところです。

わたし自身がそうでしたし、奥様もたぶんそうだったと思います。奥様はその必要がないのに議員を引退させられたと感じ、そのことに不満を抱く一方で、以前のようにセントジェイムズ・スクエアで盛大な宴会を催すことで、昔の栄光を多少なりとも取り戻せると思っていらしたようです。けれども、奥様はそれすら許されませんでした。空爆で被害を受けたセントジェイムズ・スクエアのお屋敷を、旦那様は政府に売ることにされたのです。かわりにヒル街三五番地のお屋敷が購入されましたが、これは豪華だった前のタウン・ハウスとは比べ物にならないほどこぢんまりしたものでした。スタッフの規模を見ればわかります。執事の下に下男がひとり、ハウスキーパーの下にハウスメイドがひとり、シェフの下に厨房メイドがひとり、運転手、雑用係のウィリアム、そして、このわたし。労働時間は大幅に短縮され、人手不足を補うために通いの使用人が雇われましたが、かつてお屋敷内にあった一体感は失われ、二度と戻ってきませんでした。

クリヴデンでは何人かの使用人が復帰したのに加えて、屋内と庭園の両方で、新しいスタッフが補充されました。形の上では戦前にさほど見劣りしない陣容が整ったわけですが、リー氏は配下のスタッフのことでしじゅうため息をつき、わたしと二人で古きよき時代となつかしい同僚たちを思いだしては、せつない気分に浸っていました。「どこを見ても、あるのは変化と衰退ばかり」だと。相棒のいない仕事をしていた分だけ、わたしは幸運でした。もっとも、悲観しているように見えたわりには、リー氏はほどなく有能な作業チームを抱えるようになりましたが。

すでに書いたとおり、このころには奥様とわたしはかなりの時間を旅行に費やすようになっていました。国内にいるときはレスト・ハローで過ごすことが多く、奥様はいつも小さなゴルフボールに鬱憤をぶつけていました。どうしても新しい境遇になじめないらしく、政界を引退させられたことで、まだ旦那様を恨んでいらしたのです。旦那様もわたしも、奥様が社会福祉関係のお仕事に打ちこめるようになればいいと思っていました。奥様は戦時中、その種の企画にすばらしい手腕を発揮されていたからです。けれども政治権力という後ろ盾がない仕事は、奥様にとってはなんの慰めにもなりませんでした。クリヴデンにいらっしゃるときは、奥様は旦那様といっしょに過ごすのを避けていらしたようです。幸いなことに、旦那様には趣味がおありでした。馬と庭園です。庭師頭のフランク・コプカットという気の合うお相手役もいて、当時はまだプリマスの復興計画にもかかわっておいででした。その後の数年間で旦那様の健康状態は悪化し、車椅子での生活を余儀なくされました。そのころには奥様のお心もやわらいでいて、旦那様にかなりの慰めを与えてさしあげられたのは幸いでした。一九五二年の旦那様の死は、予期されていたこととはいえ、奥様を動揺させました。奥様はご自分でも思いがけないほど大きな喪失感を味わわれたのです。奥様にとって旦那様はゆるぎないよりどころでした。奥様はいわば回転軸を失ったのです。離れて暮らすことの多いご夫婦でしたが、奥様の心のなかにはつねに旦那様の面影がありました。奥様はほかの人々に慰めを求めましたが、心の隙間は最後まで埋まらなかったのではないかと思います。奥様はまた、老いたバーナード・ショー氏の世話を焼くことで、かつて旦那様を顧みようとしなかった埋め合わせができると思われたようですが、ショー氏はやがて奥様のお節介をうるさがるようになり、もう少しで長年の友情がこわれるところでした〔ショーはウォルドーフ・アスターより二年早い一九五〇年に死去。著者の記憶違いか〕。

旦那様の死によって、子爵の称号とクリヴデンはビリー様のものになりました。ビリー様は奥様にとことんまで思いやりを示されました。旦那様が言い残された「お母さんを頼んだぞ」というひとことを肝に銘じていらしたのです。セントジェイムズ・スクエアのお屋敷を失った母親が、その六年後にクリヴデンまで奪われるのはあまりに酷だと考えたビリー様は、気がすむまでずっとクリヴデンの切り盛りをしてくれていいと奥様に告げました。奥様はしばらくやってみましたが、ご自分の手に余る仕事だと気づくのに時間はかかりませんでした。それからは、わたしたちが本当の意味で家と呼べるのは、ヒル街のお屋敷とレスト・ハローだけになりました。

けれども勝手に奥様の胸のうちを推し量って、湿っぽくなるのはやめておきましょう。奥様はまだまだ気力も遊び心も十分な、お仕えする側から見るとひと筋縄ではいかないご婦人だったのですから。わたしたちの闘いはなおも続き、奥様は最後までわたしをへこませようとするのをあきらめませんでした。わたしの手元には、奥様が亡くなられるわずか三年前に書いた手紙があります。そのなかで、奥様は少しばかりわたしを持ちあげ、休暇を早めに切りあげて戻ってくるよう促したあとで、こう続けています。「でもね、これだけは言わせてちょうだい、ローズ。わたしが話している途中で、横から口をはさむのはやめてほしいの。おまえの悪い癖よ」三十二年間ずっとそうさせておいて、いまさら何をおっしゃるのやら！

公人としての生活に別れを告げたとはいえ、奥様はその後もいくつかの記念すべき行事に参加されています。戦後になって最初の大きな行事は、おそらくエリザベス王女とフィリップ殿下のご婚礼でしょう。奥様はご長男で次期子爵のビリー様とともに出席されました。王室のご婚礼の際には、お付きメイドは最大限の努力を要求されます。少しでもまずいことがあれば、ただではすみません。いわば大きなレースに向けて競走馬のコンディションを整えるようなもので、考えるべきことがどっさりあるのです。まずはどんな装いをするか。それは当のご婦人が仕立て屋（レディ・アスターの場合、ビーチャム・プレースのマダム・レモン）と相談して決めることですが、お付きメイドが意見を求められる場合もあります。そんなときは、たとえ波風を立てる結果になっても、率直な意見を述べなくてはなりません。なかには宣伝効果を狙って派手な服を作りたがり、顧客に何が似合うかを必ずしも十分に考えない仕立て屋もいるからです。もっとも、奥様の場合はわたしが口出しする必要はまずありませんでした。ご自分の希望を心得ていて、それをはっきり相手に伝えたからです。それに、わたしたちの好みはいつも一致していた気がします。例外はときたま登場するとっぴな帽子で、そのうちいくつかは、奥様が単にわたしへの嫌がらせとして買われたものではないかとにらんでいます。

奥様の装いはあっさりしていて品がよく、洗練されていて、たいそう効果的でした。黒いベルベットのスーツに勲章をつけ、セーブルのストールと黒のエナメル靴、ピンクの駝鳥の羽根がついた黒い帽子を合わせ、そしてもちろん、お手持ちの宝石類のうちとびきり上等なものをいくつか。

着つけには苦労はしませんでした。前日に予行演習をしていたので、ボタンがとれたりファスナーが上がらなくなったりして、土壇場であわてふためく心配もありません。それに一部のご婦人方と違って、奥様はつねに最高のコンディションで本番を迎えられました。前日か前々日からゆとりのあるスケジュールを組み、早寝をして、お肌を最高の状態に持っていくのです。おかげでわたしは一部のお付きメイドと違って、お仕えしているご婦人に「このしわはいったいどこから来たの？」と癇癪を起こされ、正直に「ジンの飲みすぎと夜遊びのなさりすぎのせいですよ、奥様」と答えるわけにもいかずにぐっとこらえる、などという経験は一度もしていません。そんなわけで、いつも外見も気分も上々で本番に臨まれた奥様は、その種の行事を楽しんだうえに、その場に華やぎを添えることができたのです。多くの人が、レディ・アスターのようなご婦人は結婚式やレセプションのたびに服を買い、その後はもう二度と袖を通さないと思っているようです。わたしの知るかぎり、そんなことはありません。このときのベルベットのスーツも、その後も何度となく身につけられ、わたしはついに、これはもうお召しになれる状態ではありませんと宣言しなくてはなりませんでした。奥様の衣類のほとんどは、同じ運命をたどっています。

奥様が催された最後の大規模なパーティーのひとつは、ヒル街のお屋敷を会場にしたものでした。これはエリザベス皇太后の姪でのちにステア伯爵と結婚されたミス・ダヴィーナ・ボーズ゠ライアンのためのパーティーで、七百人ほどの人が招かれました。もちろんお屋敷自体はそれだけの人数を収容するには小さすぎたので、リー氏の提案で庭に大天幕がしつらえられ、舞踏室とつなげられました。入念な準備は文句なしの成功をもたらし、夕食会も舞踏会もにぎやかに楽しく過ぎていきました。もっとも、気の毒なリー氏にとっては、すべて順調とは行きませんでした。パーティーがなかばまで進み、リー氏がお客様方にソフトドリンクをお出ししていたとき（飲み物はソフトドリンクだけというのが、奥様がパーティーの開催を提案したときに出した条件でした）、女王と談笑する人々の輪に加わっていたボーズ＝ライアン氏がリー氏に向き直り、たっぷりのウイスキーソーダを所望されたのです。「申しわけございません」リー氏は答えました。「ご要望どおりにいたしますと、奥様のお指図に反することになります。奥様のご許可を得ていただけましたら、喜んでお持ちいたしますが」

「ばかなことを言うなよ、リー。奥様の許可など必要ない。さっさと持ってきてくれ」

「申しわけございませんが、当家の一使用人の身では、奥様以外の方のお指図に従うわけにはまいりません。お断りさせていただきます」そして、リー氏はその場を離れました。

ボーズ＝ライアン氏の表情を見て、奥様は何かまずいことがあったとぴんと来ました。お尋ねを受けて、リー氏は何があったかを説明しました。「外に飲みに行けと言ってやればよかったのよ」奥様は腹立たしげにおっしゃいました。「まあいいわ、わたしから言ってやるから」そして、実際にそうなさったのです。

「ところが話はそこで終わらなかった」とリー氏。「パーティーがお開きになると、ボーズ＝ライアン夫人が使用人にと五ポンドくださった。私は当然、男の使用人の分だと思って、しかるべく分配した。パーティーのために費やした時間と労力を思えば、どう考えても大した額ではなかった。ひとり当たり一ポンドくらいだからね。ところがハウスキーパーのホーキンズ夫人が、何やらご祝儀が出たらしいと聞きつけて、女の使用人が何ももらえなかったことに腹を立てた。そこでレディ・アスターに不満を訴え、奥様はそれを受けて、私に説明を求められた。私がことの次第をお話しし、いただいた金額を口にすると、奥様は癇癪玉を破裂させかけた。私はあらためて全員で分配し直そうと提案したが、奥様はそうさせてくださらなかった。『この件はわたしに任せてちょうだい、リー』とおっしゃって、大股で歩み去ったんだ。しょせんすべてはコップのなかの嵐だがね、ミス・ハリソン、この一件は嘆かわしい結果を招いたよ。どうやら奥様はボーズ＝ライアンご夫妻に何かおっしゃったらしく、それ以来、あのご夫婦はどちらも、私の前では気詰まりな様子をされるようになったんだ」

戴冠式のためにアメリカからあわただしく戻ってきたことについては、すでに書きました。急な帰国も皇太后のご招待も、わたしにとっては青天の霹靂で、短時間にやるべきことがどっさりありました。奥様の礼服は戦前からずっとブリキのトランクに入ったままで、かなりの手入れが必要でした。クリーニングしてデザインを変え、寸法を合わせなくてはなりません。たしかに、貴族の奥方のなかにもそこまでこだわらない方はいて、そういう方々は、礼服は礼服なのだから防虫剤のにおいさえ飛ばせばそれでいいとお考えです。レディ・アスターは違いました。あくまでも完璧な仕上がりを求められたのです。それでよかったと思っています。そうでなければ、わたしは自分の仕事に誇りを持てなかったでしょうから。

その次は装身具を選び、アスター家のティアラをクリーニングに出さなくてはなりません。完全に正装された奥様のお姿は、文句なしに絵になっていました。正装した際の立ち居ふるまいを心得ていらしたのです。芝居っ気のある方でしたし、ぶっつけ本番ではなく、ちゃんと練習もなさっていました。それにつけても呆れるのは、曲がりなりにも正装が似合う貴族がほとんど見当たらないことです。正装は行事に重々しい雰囲気を添えるはずなのに、多くの場合、逆の効果をもたらしてしまっています。とくに男性は、正装すると滑稽に見えると思いこんでいるのか、立ち居ふるまいがぎこちなくなり、その結果、実際に間が抜けて見えてしまうのです。お仕着せ姿の下男があんなふるまいをしたら、二分とせずにリー氏に馘を言い渡されていたでしょう。

戴冠式の十日前になって、行かずにすむとばかり思っていたローデシアに、奥様のお供で行くはめになったことがわかりました。しかも、出発するのは戴冠式当日の午後。あの大変だった一日のことは、いまでもよく覚えています。わたしは五時に起きて奥様の着つけをし、遅刻しないように送りだし――奥様は八時半までにウェストミンスター寺院に到着し、着席していなくてはなりませんでした――奥様の荷物に三か月間の旅行に必要なものがすべて入っていることを確認してから、自分のささやかな荷物をまとめました。ようやく噂のコメット機に乗りこんだとき、たっぷりのブランデーを飲まずにはいられなかったのも不思議はありません。

わたしはかねてから、長い使用人人生のなかでただの一度もイギリス国内の王宮に滞在した経験がないことを残念に思っていました。イギリスの王宮で使用人がどんな待遇を受けているかを、ぜひとも肌で確かめたかったのです。クリヴデンの代々のハウスキーパーのなかには、アスター家を辞めてバッキンガム宮殿に移った人がいましたが、その女性が宮殿にいたのはわたしがアスター家に勤めはじめる前のことで、リー氏がずっとその女性と親しくしていて、何度か宮殿を訪れていたとはいえ、宮殿の様子についてのリー氏の言葉をそのまま鵜呑みにするのは気が進まなかったのです。ですから一九五七年の五月に、奥様が女王陛下のスコットランドでの居城ホーリールードハウス宮殿に招待されたときは、大喜びしました。奥様のお部屋は文句なしのすばらしさでしたが、わたしの部屋はがっかりするような代物でした。宮殿の最上階にあるちっぽけな部屋で、室内にあるのは鉄製のベッドと、冷水を入れた安っぽい茶色の水さしが載った古ぼけた洗面台、そして座面が藺草《いぐさ》でできた、すわったらこわれそうな椅子。リノリウム張りの床には、すりきれたマットが敷かれていました。

サーヴァンツ・ホールも似たようなものでしたし、パグス・パーラーがあったとしても、わたしはそこには招きいれられませんでした。歓迎してくれる人もなく、食事は軍の屋外炊事場の戸口で配られるたぐいのもので、受けとり方も〝エサだぞ、とりに来い〟の屋外炊事場方式。きわめつけはひとり一個ずつ配られた平べったい小さな四角いマーガリンの塊で、それを分厚く切ったパン一枚に塗るのです。〝これがおとぎ話のお城のなかの生活なら、わたしはまっぴらごめんだわ〟皿を押しやりながら思いました。奥様の着つけをしたとき、わたしはすべてを微に入り細にわたってお話ししました。宮殿での饗宴に出席されるため、お支度は本式のものでした。光り物をはじめ、省略はいっさいなし。わたしはお支度を進めながら、あれこれと不快な思いをしたことを説明し、女王様は使用人がそんな待遇を受けていることをご存じだと思うかと質問しました。「ご存じないでしょうね」奥様は何かの話題にうんざりしているときに使う、あきらめたような口調でおっしゃいました。

「だったら、わたしが手紙を書いて教えてさしあげます」わたしは言いました。「いいかげんでだれかがご注進しないと。陛下だってお喜びになるに決まってますよ。間違いを正せるんですから」とたんに奥様はのほほんとした態度をかなぐり捨てました。「そんなまねをしたら承知しないわよ、ローズ」憤然とそう決めつけたのです。それからの十五分間は、まさに大激論でした！

饗宴の場におりていかれる直前の奥様は、いつもにましてお美しく見えました。淡いラベンダー色のタフタのすばらしいドレスに、ダイヤのティアラとイヤリングが星を思わせるきらめきを添えています。まるで繊細な陶器のようなそのお姿を見ているうちに、感傷的な気分になり、目の奥が涙でつんとするのを感じました。そのときはじめて、わたしは奥様がお年を召されたことに気づきました。奥様の老いは、ついにわたしにもそれとわかるほどになったのです。その後、宮殿の外から響いてきたバグパイプの物悲しい調べは、そのときの気分にぴったりでした。〝きっと、居心地の悪い場所としてだけではなく、この宮殿を思いだすことになるだろう〟わたしは思いました。

帰宅したわたしから宮殿のお寒い実態を聞かされても、リー氏は驚きませんでした。「王家の宮殿に仕える使用人の仕事は、規模が大きすぎるせいで顔の見えないものになりがちだ。いわば工場で働いているようなもので、各自が細分化された仕事を割り当てられ、担当外の仕事をすることはめったにない。つまり生活の幅が狭いんだ。一度、宮殿から転職してきた下男がいたが、すぐに辞めてもらったよ。決まりきった職務だけをこなすのに慣れすぎていて、担当外と見なす仕事をするのをいやがったのでね。自発的に何かをすることは決してなく、自分の仕事がなんのためにあるかにも、ろくに関心を持っていなかった」

一九五八年になると、ヒル街のお屋敷はすでに無用の長物だということがはっきりしました。もう大規模な宴会は開かれなくなっていたうえに、ヒル街で過ごすのは年にわずか数か月だけだったからです。お屋敷は売却され、わたしたちはウェストミンスター公爵がお持ちのイートン・スクエア一〇〇番地のフラットを借りました。二階にあるフラットは十分に広く、横幅は改装した家四軒分でした。スタッフには昔かたぎの優秀な顔ぶれが揃っていました。かつてクリヴデンで下男と従僕と副執事を経験し、ここでは執事を務めることになったチャールズ・ディーンを筆頭に、ハウスキーパーのホーキンズ夫人、信用できる古顔の雑用係ウィリアム、アレンデール卿のお屋敷から転職してきて厨房の魔術師ぶりを発揮したオーストリア人シェフのオットー・ダンゲル、そして、このわたし。もちろん下級使用人も各部門に二人ずついて、あとはロールスロイスともどもベルグレーヴ・ミューズに住んでいる運転手と、熟練を必要としない仕事をする通いの使用人たち。

そんなわけで、奥様には何不自由なくお暮らしいただくようにとの新子爵ビリー様のお指図で、わたしたちは快適で幸せな日々を送りました。長年のご奉公の末に、わたしたちはついにご褒美を手にしたのです。何よりも大きなご褒美は、アスター家のお子様方が示してくださった完全な信頼でした。わたしたちにはその資格があると言ってしまえばそれまでですが、同じような状況に置かれていて、十分にその資格がありながら、お仕えしてきたご家族の方々からそこまでの信頼を示してもらえなかった使用人も大勢いるのです。わたしたちのような例はきわめてまれでしたし、わたしは息を引きとるその日まで、そのことを忘れないでしょう。どのお子様も同じようにわたしたちを信頼してくださり、奥様の最初のご結婚で生まれ、ほかのお子様方とまったく同じ〝部族の気風〟をお持ちなわけではないボビー様でさえ、例外ではありませんでした。

ホーリールードハウス宮殿ではじめて気づいたはかなげな感じのほかにも、いまや奥様にはさまざまな老いの兆候が現われてきていました。あれほどご自慢だった記憶力の衰えが目につきはじめ、そのせいで奥様は怒りっぽくなりました。気づいてみると、わたし自身の奥様に対する態度も変わっていました。だだをこねる赤ん坊をあしらう母親のように、〝よしよし〟とでもいうような、以前より辛抱強い、保護者ぶった態度で接するようになっていたのです。もちろん、いつもそうだったわけではなく、そのときのご気分によっては奥様がそんな態度に憤慨されることもありましたが、それでも老いがじわじわと忍び寄ってきているのは感じられました。たとえば奥様は、わたしがおそばを離れるのをひどくいやがるようになっていました。母はすでに他界し、母のために買った平屋が自分のものになったいま、わたしはときどきそこに通い、あちこちいじって少しずつ

晩年のレディ・アスター。

自分好みの家に変えるのを楽しんでいました。奥様はそれがお気に召さなかったのです。お屋敷に戻ると、わたしはどこで何をしていたのかと根掘り葉掘り問いただされ、奥様をほったらかしにしたと責められました。

ほかの使用人たちも、奥様の質問攻めに悩まされていました。「ローズはどこ？ 何時に戻ってくるの？ どうしてわたしを置き去りにしたの？」

こんなふうに書くと、わたしがうぬぼれて、自分自身をなくてはならない存在だと思いこんでいたように見えるかもしれません。でも、そうではないのです。そうこうするうちに、わたしはせっかくの休日を楽しめなくなりました。奥様が何かしでかして、ほかの使用人たちをてこずらせているのではないかと思うと、それどころではなかったのです。わたしはついに、関係者全員の心の平和のために、自宅を訪れるのは毎週水曜日の午後一時十五分から九時までのあいだだけにしようと心を決めました。なにも自己犠牲の精神を発揮したわけではありません。そうすることで、わたし自身を含めたすべての人間の苦労が減り、だれもがそれまでより幸せになったのです。

そのころには、奥様を寝かしつけるのもわたしの仕事になっていました。奥様は寝じたくはちゃんとおひとりでできましたが、寝間着に着替える途中で何か別のことをしたくなり、ガウンをはおるか、また服を着るかして、フラットのなかをせかせかと動きまわる癖がついていたのです。奥様が動きまわられているあいだは、わたしも寝るわけにはいきません。そこで奥様がベッドに入るまでおそばについていて、夜具でくるみこみ、明かりを消すようになったのです。これまた子供の世話を焼く母親のように。困ったことに、奥様が寝室に戻る気になってくださるのは、いつも真夜中を過ぎてからで、おかげでわたしたちはみんな宵っ張りになりました。チャールズもオットーも、わたしより先に寝床に入ろうとはしなかったからです。奥様を無事に寝かしつけると、わたしたちはあたたかいものを飲みながら雑談を楽しみました。わたしたちが安心してくつろげたのは、一日のなかで、このひとときだけだったかもしれません。

奥様との旅行は、まだ打ち止めになってはいませんでした。それどころか、週末ごとにどこかに出かけていた気がします。荷造りをするために奥様の衣類を収納場所から出すたびに、わたしは彼らに言ってやりたくなりました。「さあ、みんなもう、どこに入れればいいかはわかっているはずだよ。さっさと自分の場所にお入り」と。奥様の老いを示すもうひとつの兆候は、お金に対する態度ががらりと変わったことでした。ご自分は貧乏だという妄想にとりつかれてしまわれたのです。

「しっかり倹約しないとね、ローズ」奥様はよくおっしゃいました。「年にたったの四千ポンドで暮らしていかないといけないんだから」

もちろん、そんなばかな話があるわけはなく、実際には四万ポンド近くの年収がおありでしたが、奥様は完全にそう思いこんでしまわれました。そのくせ他人に対する無分別な気前のよさは相変わらずで、ここでまたひとつ、わたしの仕事が増えました。奥様のお財布の管理です。どうやらイートン・スクエアにたむろするたかり屋の一部が、奥様がいまだにいいカモだと気づいたらしく、お金がたっぷり入った財布を持って外出された奥様が、何も買った様子がないのに財布をからにして戻られる、ということが頻繁に起きるようになったのです。お金がどこに消えているかは明白でした。わたしが財布の紐を握るようになった時点では、奥様の外出時のお小遣いは五ポンドでしたが、わたしはのちに、それを二ポンドに減額しました。また、たかり屋は下々の人間ばかりではないことがはっきりした時点で、奥様は小切手帳もとりあげられました。

最晩年の奥様をたいそう喜ばせた大々的なイベントが二つありました。ひとつは八十歳のお誕生パーティーで、もうひとつは奥様にプリマス名誉市民権が授与されたことです。なぜもっと早く奥様を名誉市民にしなかったのかと、わたしたちはみな首をひねりましたが、わたしの経験から言うと、市会議員というのは身勝手でうぬぼれの強い変人の集まりです。彼らを見ていると、ひょっとしてわたしは上流崇拝主義者なのだろうかという気がしてくるほどです。多くの議員はいまひとつお育ちがよろしくなく、おまけに、それをわざと見せつけようとしているのですから。一部の議員は、式典への出席を拒否するという形で、民主主義をどう思っているかを示しました。それはいまや社会全体に広まっている病気の初期症状のひとつでした。けれども奥様は一部議員のボイコットなどものともせず、実にご立派にふるまわれました。そんなとき、奥様はいつも臨機応変に対処して、かつての気力と気迫の片鱗をのぞかせたのです。それに加えて、奥様はプリマス市にすばらしい贈り物をなさいました。未来の市長夫人の胸元を飾るようにと、ご愛用のダイヤモンドとサファイアのネックレスを寄贈されたのです。せめて奥様の半分でもあのネックレスにふさわしい市長夫人が、何人かは誕生しているといいのですが。

案の定というべきか、わたしたちのプリマス訪問は事件なしでは終わりませんでした。問題のネックレスをつけてご自分を主賓とする晩餐会に向かう途中で、奥様はネックレスの一部を紛失されたのです。なくなったのは洋梨型をしたダイヤのペンダントで、小粒ダイヤで三つ葉をかたどったものが二つあしらわれ、評価額はその当時で五百ポンド。奥様は寄贈品の一部が欠けていることを謝罪するはめになりましたが、保険をかけてあったため、いずれは完全な状態に戻すと約束することができました。奥様はさらに、ペンダントを見つけた者には時価の一〇パーセント分の謝礼を進呈すると表明されました。

式典から戻られた奥様から、わたしはペンダントがなくなったことを聞かされました。そこでありとあらゆるところを探しまわり、ついにエリオット・テラス三番地の外の側溝でペンダントを発見したのです。この手柄は大いに褒めそやされましたが、いただけるはずの謝礼のことを申しあげても、奥様が耳を貸そうとなさらなかったことは言うまでもありません。

奥様の八十歳の誕生パーティーは、お子様方が企画されました。それは予想できるかぎり最高の形で催された部族の集いでした。一族の方々がこぞって奥様に敬意を表されたのです。ご家族全員に加えて、奥様の親しい友人や親戚の方々も出席され、わたしを含めて、お仕えしてきた使用人一同もお招きにあずかりました。奥様はお子様方からひと粒ダイヤの指輪を贈られました。それはとても美しい指輪で、奥様は大喜びでした。プレゼントにダイヤの指輪が選ばれたことに、わたしは少しばかり責任を感じました。もう何年も前から、ウィシー様や坊ちゃま方はクリスマスや誕生日にお母様に何を贈るかを決める際に、わたしの意見を尋ねるのを習慣にされていて、わたしはそのたびにまずダイヤの指輪はどうかと申しあげてから、何か別のものを提案していたのです。それはいわば身内のジョークになっていました。そのダイヤが、ついに奥様のものになったのです。ダイヤモンドは奥様のお気に入りの宝石でした。いつだったたか、何かの催しのために盛装された奥様が、こちらに向き直っておっしゃいました。「どう見えて、ローズ?」即座にぴったりの答えがひらめきました。「カルティエの店先ですね、奥様」

奥様の最後の数年間は、それなりの苦労はあったにしても、さほどの波乱はなしに過ぎていきました。すでにご紹介した化膿性扁桃腺炎を除けば、ご病気も一度もされていません。心身ともに弱ってはこられても、ぼけの兆候はまったく見られませんでした。頭はしっかりしていて、最後までひと筋縄ではいかない方でした。老衰による死は、いよいよそのときが近づくと、しばしば物悲しさで見る者の心をゆさぶります。まるで一本の木が倒れていく光景のように。倒れゆく木を起こすことはできず、葉がだんだんとしなびて枯れていく。奥様もそんなふうでした。一九六四年の四月中旬、わたしはお休みをいただいてウォルトン・オン・テムズの自宅で週末を過ごしていました。奥様はその週末をウィシー様のお住まいであるグリムソープで過ごされることになっていたからです。

土曜日に、奥様は客間で軽い発作を起こし、ベッドに運ばれました。月曜の朝に迎えの車が来て、わたしはグリムソープに向かいました。奥様のお姿に驚きはしませんでした。奥様は言葉つきこそ全体として前よりゆっくりになっていましたが、ときたま昔の威勢のよさがちらりと顔をのぞかせることもありました。最期が近づいていることはご存じだったと思いますが、奥様はあきらめるでもなく、死を遠ざけておこうとあがくでもありませんでした。医者が呼ばれていて、やがて住み込みの看護婦も雇われました。奥様は彼らの存在をいやがりはしませんでしたが、ご自分の知っている人間にそばにいてほしがりました。

一週間ほどすると、奥様は昏睡状態に陥られました。それでもまだ周囲で何が起きているのかは把握されていて、わたしが付き添っていることもわかっておいででした。おそばにいるあいだ、わたしはずっと奥様の手を握っていて、握る力を変えることで、お互いに何かを伝えることができていた気がします。おやすみなさいのキスをすると、奥様の手に力がこもるように感じられました。

奥様が痩せてこられると、わたしは、お腰にかかる負担を少しでもやわらげようと腰骨の下に手をさしこみました。奥様は看護婦の手で姿勢を変えられるのがお嫌いで、そのたびに「やめさせて、ローズ」と声をあげたものです。やがて昏睡はさらに深まりました。もはやわたしにできることは何もありません。あとはただおそばにいて、命の火がゆっくりと燃えつきていくのを見守るだけでした。五月一日の金曜日の晩、わたしは奥様が最後の言葉を口にされるのを聞きました。両手をさしあげてひと声「ウォルドーフ」と叫ばれたのです。わたしは八時に奥様のそばを離れました。

翌朝七時にウィシー様に起こされ、奥様が亡くなられたことを知らされました。たぶんわたしが取り乱すと思ったのでしょう。ウィシー様は「これ以上わたしにつらい思いをさせないでね、ローズ」とおっしゃいました。けれども寝耳に水の知らせというわけでもなく、すでに覚悟はできていました。グリムソープにいても、もう何もできることはありません。わたしは荷物をまとめました。家に帰るのです。その前に、あとひとつだけしたいことがありました。奥様への最後のご挨拶です。そう申しあげると、ウィシー様は「わたしもいっしょに行ったほうがいい？」とおっしゃいました。

「いいえ、結構です」わたしは答えました。

「だけど怖くないの？」

「いいえ、ウィシー様」わたしは申しあげました。「死は恐れるべきものではありません」

わたしは寝室に足を踏みいれました。奥様はそれはお美しく、このうえなく安らかに見えました。ほとんど苦しむことなく逝かれたのでしょう。そのお姿を目に焼きつけていけるのは、喜ばしいことでした。そしてもうひとつ、過去を思いだすよすがに持ち帰るべきものがありました。マダム——奥様の飼い犬です。わたしたちはひっそりとお屋敷をあとにしました。

こうして、わたしの使用人としての人生は幕を閉じました。それからの数週間、わたしはじっくりわが身を顧みることができました。われながら悪くない人生だったと思いました。自己満足がすべて悪だとしたら、わたしは過ちを犯したことになります。わたしは奥様に精いっぱいお仕えし、その結果として多くのものを与えられました。わたしは自分の念願を叶えました。世界じゅうを旅行し、興味深い人々と会い、たくさんの友人を作り、これが何よりも重要なことですが、すばらしい家族の一員になったのです。思いつくままに大きな幸運をいくつか並べてみましたが、いいことはほかにもどっさりありました。

もちろん奥様のいない日々が寂しくなかったわけではありません。とくに最初のうちは、奥様が亡くなられた直後には感じなかった、大きな喪失感にさいなまれました。けれどもこの本には、何はなくとも奥様の思い出がたくさん詰まっています。これからの歳月、何度でも脳裏によみがえらせることのできる思い出の数々が。それにご遺族の方々は、当時もいまもご健在です。そしてお子様方はよく、「おまえには一生不自由はさせないわ、ローズ」とおっしゃっていました。奥様はよくは、そのとおりになるよう取り計らってくださいました。わたしは年金を支給され、何かあったら助けを求めるよう言われています。お子様方も認めてくださると思いますが、こちらから何かをおねだりをしたことはほとんどありません。お子様方からはそのほかにも、引退後の生活を豊かにするものをいただいています。それは以前と変わらない愛情と関心です。こちらからお訪ねすることもあれば、あちらから訪ねてきてくださることもある。わたしはいまでも部族の一員なのです。

解説
カントリー・ハウスの盛衰が生んだドラマ

新井潤美

使用人の回顧録はそう多くない。イギリスにおいて二十世紀半ばまでは、使用人をひとりでもおくことが「ミドル・クラス」の絶対条件であり、家庭の使用人という仕事に就く人口が農業に次いで多かったことを思うと、これは不思議に思えるかもしれない。しかし、基本的にはイギリスの使用人は労働者階級出身で、長い文章を書くのが得意な人間がそう多くはなく、また優秀な使用人ほど、「主人の秘密を他言してはいけない」ことをたたきこまれていることを考えると、むしろ自然なことかもしれない。

著者のローズことロジーナ・ハリソンは、他にも『紳士つき紳士』（*Gentlemen's Gentlemen: My Friends in Service*, 1976）という題名の、執事や従僕の友人たちを描いた回想記を書いている。しかしやはりなんと言っても面白いのは、レイディ・アスターつきのメイドとしての人生を描いた本作だろう。イギリスの人気ドラマ『ダウントン・アビー』に描かれているような、大きな屋敷の使用人としての「典型的な」生活を、その経験者が鮮やかに描いているということ自体が興味深いのだが、それだけではない。女主人のレイディ・アスターが決して「典型的な」イギリスの上流階級の淑女ではないことも、ローズの回顧録を面白くしている重要な点のひとつである。ローズが最初にアスター家に入った際、執事のリー氏に言われたように、レイディ・アスターはローズがそれまで仕えてきた女主人たちのような淑女ではなかったのである。

イギリスの貴族や大地主たちの所有する屋敷は「カントリー・ハウス」と呼ばれ、広大な土地と館が、長子相続制度によって代々引き継がれていく。実際、これらの館の持ち主は自分たちを、正確には"owner"（持ち主）とは考えず、"custodian"（管理人）と考えているとよく言われる。先祖から相続した土地や屋敷をそっくりそのまま子孫に残すことが彼らの義務だったのである。しかし、十九世紀後半から本書で描かれる二十世紀にかけては、農業の不振などにより、カントリー・ハウスの維持そのものも難しくなってきていて、せめて土地を守るためにと、屋敷を解体したり手放したりする所有者が多くなっていた。また、純粋に住居としてのみ屋敷を残すために、規模を小さくして、高価な芸術品や装飾を売り払うということもなされた。ここからカントリー・ハウスの衰退が始まっていく。また、二十世紀になって、カントリー・ハウスに課される税金が大幅に増やされたのも、所有者が次々に屋敷を手放さざるを得なくなる要因であった。カントリー・ハウスを救うために政府が介入すべきだという議論もかわされたが、これには、所有者たちが反対した。国の干渉をこばむイギリスの伝統は根強いものだったのである。一九四五年に、イギリスにおいて労働党が初めて政権を握ったときに、カントリー・ハウスの行く末はいよいよ懸念されるようになる。第一次世界大戦後の一九一八年から、第二次世界大戦の終わる一九四五年まで、じつに四百以上ものカントリー・ハウスが取り壊されていたのだった。

カントリー・ハウス生き残りの手段として主流となったのは、館や庭園を一般に公開して入場料をとることだった。自分の家や庭園を、たとえ知らない相手に対してでも、乞われれば見せるというのは（ただし、相手も紳士淑女に限っていたが）、カントリー・ハウスの所有者にとってはひとつの慣習になっていた。そしていまや館の公開が、商業的に、利益のために行なわれたのである。たとえば六代目バース侯爵は、屋敷のほかに、サマーセット州のチェダーに鍾乳洞を所有しており、一九二〇年代から、一人一シリングの入場料で公開していたが、さらに一九四七年からは自分の屋敷と庭園も有料で公開しはじめた。他のカントリー・ハウスの所有者も、バース侯爵の例にならって、つぎつぎと家を公開するようになった。一九五二年にはボーリューという名前のカントリー・ハウスがモンタギュー侯爵によって公開されたが、モンタギュー侯は屋敷だけでなく、ガレージを改装したうえで「自動車博物館」にして注目を浴びた。また、一九五五年にはベッドフォード公爵が、ウォーバン・アビーを公開したのち広大な敷地にサファリ・パークを作り、現在でも多くの観光客で賑わっている。

カントリー・ハウスを救った大きな要因はもうひとつあった。いわゆる「アメリカン・マネー」である。たとえば一九二五年に、ウェールズのセント・ドナッツ城を買い上げて修復した新聞王、ウィリアム・ランドルフ・ハースト。実業家の娘で、ブルックリンに生まれ育ち、のちにウィンストン・チャーチルの母親となるレイディ・ランドルフ・チャーチル。そしてクリヴデンに居を構えたウォルドーフ・アスターとその妻ナンシー。

これらのアメリカの大富豪、あるいはその娘たちは、イギリスのカントリー・ハウスと貴族たちを経済的に救っただけでなく、新しい刺激をもたらした。なかにはウォルドーフ・アスターのように、イギリスで教育を受け、イギリスの伝統を重んじ、「イギリス人よりもイギリス的」と言われるようになる人々もいたが、多くは持ち前の生命力、好奇心と行動力を発揮して、古い世界に新しい風を吹き込んだのである。ナンシー・アスターもまさにそのような人物だった。女性で最初のイギリスの国会の下院議員となり、派手な言動で人の注目を集めた。ローズの反対を、お得意の「おだまり、ローズ」で押し切って、赤いドレスを着て国会に行ったエピソードは、本書で語られているとおりである。彼女の強烈な人柄、そして歯に衣を着せない言葉は有名で、実際には本人が言ったかどうか怪しい言葉さえ「レイディ・アスター語録」に入れられていたりする。

レイディ・アスターが有名だったのはイギリスだけではない。一九五三年にニューヨークで初演されて大ヒットとなり、ピューリッツァー賞やトニー賞などを受賞して、のちに映画化もされたジョン・パトリックの戯曲『八月十五夜の茶屋』には、「レイディ・アスター」という名前のヤギが登場する。この作品は沖縄のある村を舞台に、アメリカの占領軍の軍人が村の風習や伝統にとまどいながら、だんだんと自分の居場所をそこに見出していくという喜劇だが、その中で、村人に、自分のヤギに“classy”な（上流の）名前をつけてくれと頼まれた主人公が思いつくのが、「レイディ・アスター」なのである（このレイディ・アスターは、断固とした禁酒主義者として知られていた本物のレイディ・アスターと違って、村人が作った琉球泡盛を美味しそうにごくごくと飲んでけろっとしている。本物のレイディ・アスターがいかにいろいろな意味で名高かったかがわかるエピソードである。一九五六年の映画版ではヤギの名前は、当時アメリカの有名なコラムニストでセレブだったエルサ・マックスウェルに変わっている）。

クリヴデンの館では毎週、当時の著名な政治家や文筆家がつどい、豪華なディナーが催された。彼らは共産主義の新聞から「クリヴデン・セット」と呼ばれ、ドイツとの融和主義的な政策を語っていたと言われてきたが、今ではそれが本当であったかは定かでない。ローズはこのことについて、自分は主人夫妻の政治観や知識についてよく知っていたわけではないと断りながらも、彼らがそのような人々だということはありえないと語っている。自分が仕える上流階級の人々が国の指導者として常に国民のことを考え、正しい決断をしていると信じる使用人の姿は、たとえばカズオ・イシグロの『日の名残り』（一九八九年）の執事スティーヴンズを思わせる。しかしローズのこの信念は主人への信頼から来るというよりは、逆に彼女の欠点を知り尽くしたことから来るのであり、秘密が守れないし、すぐに気が変わり、ひじょうに気まぐれな自分の女主人のような人間と何か策略を練ろうとするほどドイツは馬鹿ではないと、きっぱりと言い切るのである。

政治的な性質の有無はともかく、毎週のように開かれるクリヴデンでの華やかな集まりが、マスコミの注目を浴びていたことはたしかだった。また、一九六三年に起こったいわゆるプロヒューモ事件は、イギリス中の話題となる。これはハロルド・マクミラン首相の内閣の陸軍大臣ジョン・プロヒューモが、十九歳のモデルでショーガールのクリスティーン・キーラーと性的関係を持っていたことが明るみにでて、しかもキーラーが同時にソビエト連邦大使館の海軍武官とも関係があったことがわかり、情報漏洩の疑惑がわき起こった事件だった。キーラーとこの二人の男性の仲を取り持ったのが整骨療法医のスティーヴン・ウォードである。ウォード医師は、レイディ・アスターの息子で当時はすでにクリヴデンの当主となっていたビリーの怪我を治療していた関係で親しくなり、屋敷の敷地内にあるコテージで週末を過ごすことが多かった。一九六一年の七月、キーラーはウォードとともに、クリヴデンで開かれたプールサイドのパーティに参加し、そこでプロヒューモと出会ったのである。その後ウォードは取り調べにあい、反道徳的行為の罪で逮捕されたが、裁判の判決が出る前に睡眠薬を飲んで死んだ（ちなみに、スティーヴン・ウォードのこの話をアンドリュー・ロイド・ウェバーが二〇一三年の十二月にミュージカルとして上演したが、評判はふるわず、四か月足らずで打ち切りとなっている）。このときにはレイディ・アスターはロンドンのイートン・スクェアで隠居生活を送っていたが、アメリカ的ピューリタンとも言える、道徳的で潔癖なこの女主人からこの事件を隠すことに、ローズたち使用人が涙ぐましい努力を払ったことが、本書で語られている。

このような環境にあってローズは、メイドという仕事をとおして、労働者階級出身の女性が普通は知りようのない世界に暮らし、さまざまな経験をする。労働者階級どころか、大部分のミドル・クラスやアッパー・ミドル・クラスにとっても無縁の世界である。こうした華やかな屋敷に勤める使用人が、自分のもとの出身階級だけでなく、本来ならば上にあったミドル・クラスの人々をも見下すようになることが多いのも無理はないだろう。『ダウントン・アビー』では、伯爵家のディナーに招かれたミドル・クラスの事務弁護士に向かって、給仕をする下男が「私が野菜の皿を持っていますから、ご自分でとりわけてください」と囁き、憤慨した相手に「そんなことはわかっている！」と怒られるが、こういう場面もあながちフィクションとは言い切れないのである。

こうした華やかな世界に入り、憧れていた旅行も主人のお供で心ゆくまで経験するローズだが、やはりこの回顧録でもっとも印象的なのは、ローズとレイディ・アスターとの関係である。女主人に仕えるレイディーズ・メイド（お付きメイド）は、男性に使える従僕と同じく、主人の身の回りの世話、洋服や小物の手入れをするだけでなく、主人がその日に着る洋服を選んだり、アドバイスをし、着付けを手伝い、従僕の場合は主人の髭剃りまでする場合がある。つまり、物理的には家族よりも親密な関係となるのである。そんなに近いところで接するのであるから、主人が不快に思わないように、清潔に、身ぎれいにしている必要があるし、言葉も、主人に通じないと困るので、あまり強い労働者階級の訛りは修正しなければならない。また、四六時中一緒にいるので、容姿も主人にとって好ましい必要があるとさえ言われる。こうした使用人が想像力をかきたてるのは無理もないことで、小説や戯曲ではレイディーズ・メイドや従僕が主人のすべてを知る腹心の友だったり、あるいはその秘密を他人に漏らすスパイだったたり、従僕の場合は主人との恋愛関係が示唆されたり（女主人とメイドの恋愛関係がフィクションでもあまり姿を現さないのは、やはりレズビアニズムのほうがタブー性が強いせいか）することが多い。しかし現実はと言うと、「本物の」淑女（そして紳士）はそこまで使用人の前で自分をさらすことがないというのが普通だったようだ。ローズは最初の女主人、パトリシア・タフトンとの関係について、「友達関係ではなかった」と書き、「互いに打ち明け話をすることもなかったし、人の噂もしなかったし、親密になるようなことは話さなかった」と語り、それが当時は当然のことだったと言っている。このような関係は、その次のレイディ・クランボーンの時も同じで、この女主人は完璧な淑女だったと描写されている。メイドの前で取り乱したり感情を露わにしたりはしなかったのである。

しかしレイディ・アスターは違っていた。レイディ・アスターとローズの口論や揚げ足の取り合い、互いをやりこめようとするバトルなどが、いわば典型的な淑女とメイドの間ではまったく起こりえないとまでは言えないが、ここまでするのは、やはりこの二人だからこそだとは言えるだろう。そして何よりも二人の間の愛情と信頼関係は胸を打つ。ローズはレイディ・アスターが昏睡状態に陥った後もずっと手を握り、自分の寝室に退く前にはお休みのキスをする。気まぐれで、意地悪で、意固地で、決して良い主人とは言えないレイディ・アスターのもっとも近くに、ローズは最後までいつづけたのである。

ローズがアスター卿夫妻を時にはひいき目に、時には美化して描いている面があるのは無理もないことだが、この回顧録のもっとも大きな魅力は、基本的には全体が英語で言う“no-nonsense”（地に足が着いた）——つまり率直でぶっきらぼうとも言える調子で書かれていることだろう。ヨークシャー出身の、実直で勤勉、そして頭が良くて実際的という、まさに理想的な使用人である著者が、本来の自分とはもっとも離れたきらびやかなセレブの世界に暮らす女主人の姿を、実直にかつユーモアたっぷりに書き上げている。そして本書の翻訳ではこの絶妙な語り口、ローズとレイディ・アスターとのやりとりや他の使用人との愉快な会話のニュアンスやテンポが見事に再現されている。これは使用人についての貴重な和文の資料であると共に、ひじょうに楽しめる読み物ともなっているのである。

（東京大学人文社会系研究科・文学部教授）

訳者あとがき

すでに本文および解説をお読みくださった方、読んでくださってありがとうございます。読むかどうか決める前に、まずあとがきに目を通してみようと思われた方、本書を手にとってくださってありがとうございます。引き続き本文もお読みいただければと思います。

いまこの文を読んでくださっている方々が本書を手にとられた理由をランクづけすれば、帯の魅力的な惹句やアスター子爵夫人の肖像画をあしらった表紙の美しさと並んで、『おだまり、ローズ』というインパクトある題名もかなり上位に入るのではないでしょうか。

実はこの題名、仮題の段階ではおとなしく『ローズ――子爵夫人付きメイドの回想』でした。ところが編集者とのあいだでタイトルの話が出て、白水社さんらしい上品なよい題名ですねと申しあげ、でも、これがギャグまんがだったら題名はずばり、レディ・アスターの決めぜりふの「おだまり、ローズ」で決まりよね、と笑ってからじきに、ヒョウタンから駒というか、会議の席で出た『おだまり』案が大受けで、いまの題名に落ちついたのだそうです。

たしかに、著者のロジーナ（ローズ）・ハリソンが仕えた女性たちのなかでも、三十五年にわたって生活をともにしたレディ・アスターの存在感は圧倒的ですし、かなり強烈な個性を持つこの主従のキャラによりふさわしい題名はどちらかと言われれば、それはもう間違いなく『おだまり』のほう。「おだまり、ローズ」を連発するパワフルで毒舌家の奥様と、何かというと〝使用人の分をわきまえて〟だの、〝メイドの身でそんなことは言えません（できません）〟だのと書いているわりに、北部ヨークシャー訛りまるだしで奥様にがんがん口答えしたり皮肉を言ったり、ときには命令までしてしまう口八丁手八丁のメイドのバトルは実に愉快で、訳者もたっぷり笑わせてもらいました。

また、脇役陣もそれぞれいい味を出していて、主役二人の片方または両方が登場しなくても、楽しい場面はどっさり。そんな数々の笑いに加えて、涙と感動もふんだんに詰まったこの回想録を、ひとりでも多くの方にお楽しみいただければ、訳者としてそれに勝る喜びはありません。

ここで表記についてひとこと。貴族の奥方・令嬢の敬称「レディ」は、英語の発音に忠実に書けばむしろ「レイディ」で、監修者の新井先生もそう表記なさいます。ただ、日本ではレディのほうがなじみがあり、一般読者にはこちらのほうがしっくりくるのでは、という理由から、お許しをいただいてこう表記することになりました。また、訳者のこだわりでカタカナの分量を抑えるため、そのほうが一般的かもしれない語でも、あえて英語のカナ書きを避けた場合もあることをあわせてお断りしておきます。

最後に、お忙しいなか数々の専門的な助言を与えてくださったばかりか、訳者が見落としていた点をいくつもご指摘くださった新井潤美先生、そして大量の調べものから始まって最後までさまざまな形で訳者を支えてくださった編集部の糟谷泰子さんに、心からお礼を申しあげます。

と、ここまでがハードカバーのあとがきで、日付は二〇一四年七月。あの熱気あふれるてんやわんやの校正作業がもう十年も前のことだと思うと感慨深いものがあります。

ひと足先に仲間に入れていただいた弟分の『わたしはこうして執事になった』に半年ほど遅れてのUブックス入り。お姉さん格の本書もお楽しみいただけると幸いです。

二〇二四年十月

新井雅代

著者紹介

1899年イギリス、ヨークシャーに、石工の父と洗濯メイドの母の長女として生まれる。1918年、18歳でお屋敷の令嬢付きメイドとしてキャリアをスタート、1928年にアスター子爵家の令嬢付きメイドとなり、同年、子爵夫人ナンシー・アスター付きメイドに昇格する。以後35年にわたってアスター家に仕えた。1975年に本書、76年に『わたしはこうして執事になった』を刊行、1989年没。

監修者紹介

東京大学大学院比較文学比較文化専攻博士号取得（学術博士）。東京大学大学院人文社会系研究科教授。主要著訳書：『執事とメイドの裏表—イギリス文化における使用人のイメージ』、『ノブレス・オブリージュ　イギリスの上流階級』（以上、白水社）、『英語の階級 執事は「上流の英語」を話すのか？』（講談社選書メチエ）、『不機嫌なメアリー・ポピンズ　イギリス小説と映画から読む「階級」』（平凡社新書）、『パブリック・スクール——イギリス的紳士・淑女のつくられかた』（岩波新書）、他に、『わたしはこうして執事になった』（白水社）を監修。

訳者紹介

津田塾大学学芸学部国際関係学科卒。主要訳書：ロバート・ウーリー『オークションこそわが人生』、ポール・カートリッジ『古代ギリシア　11の都市が語る歴史』、ロジーナ・ハリソン『わたしはこうして執事になった』（以上、白水社）

本書は2014年に単行本として小社より刊行された。

白水uブックス　1139

おだまり、ローズ　子爵夫人付きメイドの回想

著　者　ロジーナ・ハリソン
監修者©新井潤美
訳　者©新井雅代
発行者　岩堀雅己
発行所　株式会社 白水社
東京都千代田区神田小川町3-24
振替00190-5-33228　〒101-0052
電話（03）3291-7811（営業部）
（03）3291-7821（編集部）
www.hakusuisha.co.jp

2025年1月10日　第1刷発行
2025年4月5日　第2刷発行

本文印刷　株式会社理想社
表紙印刷　クリエイティブ弥那
製　　本　誠製本株式会社
Printed in Japan

ISBN 978-4-560-72139-1

乱丁・落丁本は送料小社負担にてお取り替えいたします。